职业教育·道路运输类专业教材

# 公路概论

Gonglu Gailun

## 第2版

刘治新　杨庆振　主　编
崔梦璇　刘　娜　副主编
安　平　丁　伟　主　审

人民交通出版社股份有限公司
北京

## 内 容 提 要

本书为职业教育道路运输类专业教材。全书内容共分为八章，分别为总论、公路线形、路基工程、路面工程、桥涵工程、隧道工程、公路交叉、交通工程及沿线设施。

本书可作为交通类职业院校道路与桥梁工程施工、公路养护与管理专业及公路工程相关专业教材使用。

本书配有数字资源，读者可通过扫描封二上的二维码免费观看。本书配套多媒体课件，教师可通过加入职教路桥教学研讨群(QQ:561416324)获取。

### 图书在版编目(CIP)数据

公路概论/刘治新,杨庆振主编. —2版. —北京：
人民交通出版社股份有限公司,2022.6
ISBN 978-7-114-17198-7

Ⅰ.①公… Ⅱ.①刘…②杨… Ⅲ.①道路工程—高等职业教育—教材 Ⅳ.①U41

中国版本图书馆CIP数据核字(2021)第247409号

职业教育·道路运输类专业教材

| | |
|---|---|
| 书　　名： | 公路概论(第2版) |
| 著 作 者： | 刘治新　杨庆振 |
| 责任编辑： | 刘　倩 |
| 责任印制： | 刘高彤 |
| 出版发行： | 人民交通出版社股份有限公司 |
| 地　　址： | (100011)北京市朝阳区安定门外外馆斜街3号 |
| 网　　址： | http://www.ccpcl.com.cn |
| 销售电话： | (010)59757973 |
| 总 经 销： | 人民交通出版社股份有限公司发行部 |
| 经　　销： | 各地新华书店 |
| 印　　刷： | 北京武英文博科技有限公司 |
| 开　　本： | 880×1230　1/16 |
| 印　　张： | 17 |
| 字　　数： | 390千 |
| 版　　次： | 2017年8月　第1版<br>2022年6月　第2版 |
| 印　　次： | 2024年6月　第2版　第4次印刷　总第9次印刷 |
| 书　　号： | ISBN 978-7-114-17198-7 |
| 定　　价： | 45.00元 |

(有印刷、装订质量问题的图书由本公司负责调换)

# 第2版前言

公路作为我国重要的交通基础设施,对促进我国的经济发展和繁荣稳定具有重要的作用。我国不仅重视交通基础设施的建设,更加注重高素质技术技能人才的培养与储备。中共中央、国务院印发的《交通强国建设纲要》中指出:弘扬劳模精神和工匠精神,造就一支素质优良的知识型、技能型、创新型劳动者大军。职业院校要与行业、企业加强合作互通,培养大国工匠、能工巧匠。

"公路概论"是交通类职业院校道路与桥梁工程施工、公路养护与管理专业基础课程之一,学习本课程的目的是使学生对路桥知识有概貌性了解,为学生后续专业课的学习打下良好的基础。本书是在考察了许多已建和在建高等级公路,收集了大量工程资料,召集了常年从事公路施工、养护、监理并具有多年工程实践经验的专家及教学经验丰富的教师进行研讨的基础上编写而成的,教材资源丰富,内容贴近工程实际。

《公路概论》首版于2017年出版,本次改版延续了上一版教材的结构体系,主要根据《公路桥涵地基与基础设计规范》(JTG 3363—2019)、《公路路基施工技术规范》(JTG/T 3610—2019)、《公路路基路面现场测试规程》(JTG 3450—2019)、《公路交通安全设施施工技术规范》(JTG/T 3671—2021)等最新规范,对书中相关内容进行了修订。

本书具有以下特点:

(1) 全书内容融入行业最新规范,适应当前公路工程施工的特点,符合先进性、科学性、规范性等要求。

(2) 根据公路工程组成划分,本书相应分为总论、公路线形、路基工程、路面工程、桥涵工程、隧道工程、公路交叉、交通工程及沿线设施8个部分,融入公路工程施工中的新材料、新技术、新工艺等内容,重在培养学生的综合职业能力。

(3) 理论联系实际,内容深入浅出,文字通俗易懂,图文并茂。本书采用大量工程实例图片,符合技师技工类院校、职业院校学生的认知特点,使学生"一看就懂,一学就会"。

(4) 知识、技能"零"距离贴近工程实际,符合技能型人才培养的要求,利于学生"零距离就业"。

(5) 为进一步提高学生学习效果,书中部分知识点增配了数字资源,可扫描封二上的二维码进行观看。另外,本版教材配套了教学课件和课程标准,便于教师授课。

本书编写分工如下:山东公路技师学院刘娜编写第一章和第二章,山东公路技师学院刘治新、李俊、崔梦璇编写第三章和第四章,山东公路技师学院杨庆振、初磊、郭瑞东、刘新翠编写第五章和第六章,云南交通职业技术学院庄文君、山东公路技师学院徐文娟编写第七章和第八章。全书由刘治新、杨庆振担任主编,崔梦璇、刘娜担任副主编,日照交通发展集团有限公司安平、丁伟担任主审。

  本书涉及内容较多,尽管编者在编写过程中反复推敲、琢磨,但由于水平有限,书中遗漏、不足之处在所难免,敬请广大读者批评、指正,提出宝贵意见,以便进一步修改、完善。

编 者<br>2022 年 3 月

# 本书配套资源

各位读者,为便于您更好地学习并掌握书中相关知识点,本书提供了若干视频动画资源(资源持续更新中),资源列表如下:

| 序号 | 资源名称 | 资源类型 | 页码 |
|---|---|---|---|
| 1 | 平面、纵断面、横断面的定义 | 动画 | 14 |
| 2 | 全超车视距 | 动画 | 27 |
| 3 | 路基不均匀沉陷 | 动画 | 57 |
| 4 | 土基沉陷 | 动画 | 57 |
| 5 | 路基边坡的剥落 | 动画 | 57 |
| 6 | 路基边坡的滑塌 | 动画 | 57 |
| 7 | 路基边坡的崩塌 | 动画 | 57 |
| 8 | 球形钢支座 | 动画 | 160 |
| 9 | 柱式桥墩 | 动画 | 162 |
| 10 | 重力式U形桥台构造 | 动画 | 164 |

观看方法:请先用微信扫描封二的数字资源码,进行绑定后,点击"购买成功通知"的"查看详情"进入观看。也可进入"交通教育"微信公众号,点击下方菜单"用户服务—开始学习",选择已绑定的教材进行观看。

# 目录

## 第一章 总论 … 1
- 第一节 绪论 … 1
- 第二节 公路功能、分级与设计依据 … 4
- 第三节 公路基本组成及公路工程设计阶段划分 … 11
- 复习思考题 … 13

## 第二章 公路线形 … 14
- 第一节 公路平面 … 14
- 第二节 公路纵断面 … 35
- 第三节 公路横断面 … 48
- 复习思考题 … 54

## 第三章 路基工程 … 56
- 第一节 路基概述 … 56
- 第二节 路基排水 … 68
- 第三节 路基防护与加固 … 77
- 复习思考题 … 95

## 第四章 路面工程 … 97
- 第一节 路面概述 … 97
- 第二节 路面排水 … 103
- 第三节 路面基层和底基层 … 107
- 第四节 路面面层 … 116
- 复习思考题 … 127

## 第五章 桥涵工程 … 128
- 第一节 桥梁概述 … 128
- 第二节 桥梁上部结构 … 139
- 第三节 梁桥支座 … 158
- 第四节 桥梁下部结构 … 160
- 第五节 涵洞 … 175

复习思考题 ································································································· 185
第六章　隧道工程 ······························································································ 187
　　第一节　隧道工程概述 ··················································································· 187
　　第二节　隧道设备 ························································································· 200
　　第三节　隧道的防水与排水 ············································································ 213
　　第四节　隧道施工 ························································································· 218
　　复习思考题 ································································································· 224
第七章　公路交叉 ······························································································ 225
　　第一节　公路与公路平面交叉 ········································································ 226
　　第二节　公路与公路立体交叉 ········································································ 230
　　第三节　公路与其他路线交叉 ········································································ 233
　　复习思考题 ································································································· 236
第八章　交通工程及沿线设施 ············································································· 237
　　第一节　交通工程安全防护设施 ···································································· 237
　　第二节　道路交通标志与标线 ········································································ 245
　　第三节　交通工程机电设施 ··········································································· 248
　　复习思考题 ································································································· 254
课程标准 ············································································································ 255
参考文献 ············································································································ 263

# 第一章 总论

### 知识点

公路运输的特点、我国公路发展概况；
公路功能、公路分级与组成、公路设计依据和设计阶段。

### 技能点

区分公路技术等级。

## 第一节 绪 论

### 一、概述

交通运输是我国国民经济的重要组成部分，是国民经济的命脉。它把国民经济各领域和各地区联系起来，担负着国家建设中原材料与产品的集散、城乡间的物资交流运输任务，满足人们在物质文化生活上的需要，是联系工业和农业、城市和乡村、生产和消费的纽带，在国家的政治、经济、军事、文化建设中具有重要的作用。

现代交通运输方式包括铁路运输、水路运输、航空运输、管道运输和公路运输五种。

（1）铁路运输适用于远程的大宗货物及旅客运输，其特点是运量大、速度快，一般在远距离运输上占有优势，但受车站和轨道布设的限制大，属线性运输。

（2）水路运输是通航地区最廉价的运输方式，包括内河及海洋（近海、远洋）运输，其特点是速度慢，受限大（江、河、湖、海），受自然因素制约大，但运量大、运价低（最经济）。

（3）航空运输适用于快速运送旅客、紧急物资、邮件等，其特点是速度快、成本高、能耗大（需大量服务设施）。

（4）管道运输是液态、气态及散装粉状材料运输的专用方式，如石油部门采用该方式运输液体、气体等。

（5）公路运输适用于旅客及货物各种运距的批量运输。

公路运输与其他运输方式相比，具有如下特点：

①机动灵活，能做到人流、货物直达运输，不需中转；可以实现"门到门"的运输，节约时间和费用，减少货损。

②适应性强，受地形、地物和地质条件的影响小。

③服务面广,可服务农村、城市、机关单位、学校、工矿企业,甚至是家庭。
④投资少,资金周转快,社会效益高。
⑤对于短距离运输是最迅速、最方便的运输方式。
⑥由于汽车燃料较贵、服务人员多、单位运量少,故运输成本相对较高。

公路是联结城镇、乡村和工矿基地等,主要供汽车行驶并且具有一定技术条件和设施的道路。它是一种建在陆地上的供行车使用的带状空间结构物,主要承受汽车车轮荷载的重复作用并经受各种自然因素的长期影响。公路是我国重要的交通基础设施,构成公路的七大要素包括:

(1)在指定位置人为修建的带状构筑物。
(2)由路基、路面、桥梁、隧道、涵洞等组成。
(3)配有必要的防护、排水、交通安全等附属设施。
(4)达到规定的技术标准。
(5)经交通运输主管部门或公路管理机构验收合格。
(6)用于联结各城镇、乡村和工矿基地等。
(7)主要供汽车行驶。

## 二、我国公路发展概况

1. 我国公路建设发展历程

我国公路建设始于20世纪初,起步较其他国家并不晚,但初期建设发展较为缓慢。截至1949年年底,全国公路通车里程约8.1万km。中华人民共和国成立后,我国公路建设事业才逐步发展,迈入现代化建设时期。

中华人民共和国成立后,我国公路事业发展主要经历了以下阶段:

(1)国民经济恢复时期(1949—1952年)。

这一时期,逐步建立了公路管理机构及设计、施工和养护队伍,建设了川藏、青藏等重点公路。截至1952年年底,公路通车里程12.6万km,有路面的里程达5.5万km。

(2)"一五"时期(1953—1957年)。

这一时期,公路通车里程25.4万km,有路面的里程达12.1万km。1954年12月25日,"两藏"公路通车,揭开了西藏建设新的一页,使天堑变通途,周总理评价其"工程艰险,意义重大"。青藏公路全长1900多千米,平均海拔在4000m以上,整条公路铺筑于"世界屋脊"——青藏高原。该地区山高谷深,空气稀薄,气候严寒,被国外探险家称为"人类生活的禁区"。川藏公路北线长2412km,南线长2146km,平均海拔在3000m以上。

(3)"大跃进"和国民经济调整时期(1958—1965年)。

这一时期,公路里程猛增,进入巩固阶段。截至1965年年底,公路通车里程51.4万km,有路面的里程达30.5万km,其中,高级、次高级路面5547km。

(4)"文革"时期(1966—1976年)。

这一时期,渣油路面发展较快。截至1975年年底,公路通车里程82.3万km,有路面的里程达58万km,其中,高级、次高级路面10.8万km。

(5) 社会主义经济建设起步时期(1977—1983 年)。

这一时期是公路建设的调整恢复时期,重点为加强公路的养护与管理,扭转了公路路况差的局面。7 年间共新增里程 9 万 km,建成了北京—密云、沈阳—抚顺、南京—六合等一、二级公路。截至 1983 年年底,公路通车里程 92 万 km,有路面的里程 71 万 km。

(6) 向现代化迈进的新时期(1984 年至今)。

1988 年 10 月 31 日,沪嘉高速公路建成通车,实现了我国大陆高速公路"零"的突破。1990 年 9 月 1 日,沈大(沈阳—大连)高速公路建成通车,全长 375km,被誉为"神州第一路"。1999 年年底,我国高速公路通车里程突破 1 万 km。2002 年年底,我国高速公路通车里程一举突破 2.5 万 km,位居世界第二。2014 年年底,我国高速公路通车里程超过 11 万 km,居世界第一。截至 2020 年年底,全国公路总里程达 519.81 万 km,公路密度为 54.15km/百 km$^2$。其中,高速公路里程已达 16.10 万 km。

2019 年 9 月 19 日,中共中央、国务院印发《交通强国建设纲要》,明确从 2021 年开始,到本世纪中叶,分两个阶段推进交通强国建设。其中,到 2035 年,要基本建成交通强国,形成"三张交通网"(发达的快速网、完善的干线网、广泛的基础网)、两个"123"交通圈("全国 123 出行交通圈"和"全球 123 快货物流圈")。到本世纪中叶,全面建成人民满意、保障有力、世界前列的交通强国。

2. 国家路网

"为加快建设综合交通运输体系,促进现代物流业发展,构建布局合理、功能完善、覆盖广泛、安全可靠的国家公路网络,实现首都辐射省会、省际多路连通、地市高速通达、县县国道覆盖"的目标,《国家公路网规划(2013—2030 年)》中提出,到 2030 年,"国家公路网总规模约 40.1 万 km,由普通国道和国家高速公路两个路网层次构成"。

1) 普通国道网

普通国道网由 12 条首都放射线、47 条北南纵线、60 条东西横线和 81 条联络线组成,总规模约 26.5 万 km。普通国道网将全面连接县级及以上行政区、交通枢纽、边境口岸和国防设施。

(1) 首都放射线(12 条)。

北京—沈阳、北京—抚远、北京—滨海新区、北京—平潭、北京—澳门、北京—广州、北京—香港、北京—昆明、北京—拉萨、北京—青铜峡、北京—漠河、北京环线。

(2) 北南纵线(47 条)。

鹤岗—大连、黑河—大连、绥化—沈阳、烟台—上海、秦皇岛—深圳、威海—汕头、乌兰浩特—海安、二连浩特—淅川、苏尼特左旗—北海、满都拉—防城港、银川—榕江、兰州—龙邦、策克—磨憨、西宁—澜沧、马鬃山—宁洱、红山嘴—吉隆、阿勒泰—塔什库尔干、霍尔果斯—若羌、喀纳斯—东兴、东营—深圳、同江—哈尔滨、嘉荫—临江、海口—三亚(东)、海口—三亚(中)、海口—三亚(西)、张掖—孟连、丹东—东兴、饶河—盖州、通化—武汉、嫩江—双辽、牙克石—四平、克什克腾—黄山、兴隆—阳江、新沂—海丰、芜湖—汕尾、济宁—宁德、南昌—惠来、正蓝旗—阳泉、保定—台山、呼和浩特—北海、甘其毛都—钦州、开县—凭祥、乌海—江津、巴中—金平、遂宁—麻栗坡、景泰—昭通、兰州—马关。

(3) 东西横线(60 条)。

绥芬河—满洲里、珲春—阿尔山、集安—阿巴嘎旗、丹东—霍林郭勒、庄河—西乌珠穆沁旗、绥中—珠恩嘎达布其、黄骅—山丹、文登—石家庄、青岛—兰州、连云港—共和、连云港—栾川、上海—霍尔果斯、乌鲁木齐—红其拉甫、西宁—吐尔尕特、长乐—同仁、成都—噶尔、上海—聂拉木、高雄—成都、上海—瑞丽、广州—成都、瑞安—友谊关、瑞金—清水河、福州—昆明、广州—南宁、秀山—河口、连云港—固原、启东—老河口、舟山—鲁山、洞头—合肥、丹东—阿勒泰、萝北—额布都格、三合—莫力达瓦旗、龙井—东乌珠穆沁旗、承德—塔城、天津—神木、黄骅—榆林、海兴—天峻、滨州港—榆林、东营港—子长、胶南—海晏、日照—凤县、大丰—卢氏、东台—灵武、启东—那曲、上海—安康、南京—德令哈、武汉—大理、察雅—萨嘎、利川—炉霍、台州—小金、张家界—巧家、宁德—福贡、南昌—兴义、福州—巴马、湄洲—西昌、东山—泸水、石狮—水口、佛山—富宁、文昌—临高、陵水—昌江。

(4)联络线(81条)。

此处略。

2)国家高速公路网

国家高速公路网由7条首都放射线、11条北南纵线、18条东西横线,以及地区环线、并行线、联络线等组成,总里程约11.8万km。另规划远期展望线约1.8万km,远期展望线主要布设在西部地广人稀的地区。

(1)首都放射线(7条)。

北京—哈尔滨、北京—上海、北京—台北、北京—港澳、北京—昆明、北京—拉萨、北京—乌鲁木齐。

(2)北南纵线(11条)。

鹤岗—大连、沈阳—海口、长春—深圳、济南—广州、大庆—广州、二连浩特—广州、呼和浩特—北海、包头—茂名、银川—百色、兰州—海口、银川—昆明。

(3)东西横线(18条)。

绥芬河—满洲里、珲春—乌兰浩特、丹东—锡林浩特、荣成—乌海、青岛—银川、青岛—兰州、连云港—霍尔果斯、南京—洛阳、上海—西安、上海—成都、上海—重庆、杭州—瑞丽、上海—昆明、福州—银川、泉州—南宁、厦门—成都、汕头—昆明、广州—昆明。

此外,包括6条地区性环线以及若干条并行线、联络线等。

# 第二节 公路功能、分级与设计依据

公路建设时,首先按地区特点、交通特性、路网结构综合分析确定公路的功能,然后根据公路功能,结合交通量、地形条件等选用技术等级和主要技术指标。

## 一、公路功能

在公路网中,每一条公路都有其自身的功能。公路的功能是指公路在路网中为车辆出行提供畅通直达、汇集疏散和出入通达的交通服务能力。

公路按照交通功能分为干线公路、集散公路、支线公路三类。其中,干线公路分为主要干线公路和次要干线公路,集散公路分为主要集散公路和次要集散公路。公路功能分类指标见表1-1。

**公路功能分类指标**　　　　　　　　　　　　　　　　表 1-1

| 分类指标 | 功能分类 | | | | |
|---|---|---|---|---|---|
| | 主要干线公路 | 次要干线公路 | 主要集散公路 | 次要集散公路 | 支线公路 |
| 适应地域与路网连续性 | 人口20万以上的大中城市 | 人口10万以上的重要的市县 | 人口5万以上的县城或连接干线公路 | 连接干线公路与支路公路 | 直接对应于交通发生源 |
| 路网服务指数① | ≥15 | ≥10，<15 | ≥5，<10 | ≥1，<5 | <1 |
| 期望速度 | 80km/h以上 | 60km/h以上 | 40km/h以上 | 30km/h以上 | 不要求 |
| 出入控制 | 全部控制出入 | 部分控制出入或接入管理 | 接入管理 | 视需要控制横向干扰 | 不控制 |

注：①路网服务指数为公路车公里比率与公路里程比率之比。路网服务指数越大，公路功能类别越高。干线公路具有畅通直达的功能，集散公路具有汇集疏散的功能，支线公路具有出入通达的功能。

## 二、公路分级

根据《中华人民共和国公路法》及其释义、《国务院办公厅关于深化农村公路管理养护体制改革的意见》（国办发〔2019〕45号）、《农村公路建设管理办法》（中华人民共和国交通运输部令2018年第4号）、《公路路线设计规范》（JTG D20—2017）等，我国公路按行政等级和技术等级进行划分。

1. 公路行政等级

公路按行政等级分为国道、省道、县道、乡道、村道和专用公路六个等级。其中，国道包括普通国道和国家高速公路，省道包括普通省道和省级高速公路。

（1）国道。

国道是指公路网中具有全国性经济、政治意义的干线公路，包括重要的国际公路和国防公路，连接首都与各省省会、自治区首府和直辖市，连接各大经济中心、港站枢纽和战略要地。

①普通国道编号由国道标识符"G"和三位数字编号组成，例如G318。里程碑上的国道编号一般用红字标记。普通国道编号标志及里程碑如图1-1所示。

普通国道编号规则：数字编号的第一位用"1、2、3、5"分别标识首都放射线、北南纵线、东西横线和联络线。

②国家高速公路的主线编号，由国道标识符"G"和一至两位数字编号组成，例如G2、G20，如图1-2所示。国家高速公路的地区环线、联络线和并行线编号，由国道标识符"G"和四位数字表示，例如G2001（济南绕城高速公路）。

国家高速公路编号规则：数字编号1~9表示首都放射线；编号10~90中，偶数表示该路线为东西横线，奇数表示北南纵线；编号91~99为地区环线。

a)普通国道编号标志　　　　b)普通国道里程碑

图1-1　普通国道编号标志及里程碑　　　　图1-2　国家高速公路编号标志

(2)省道。

省道是指具有全省(自治区、直辖市)经济、政治意义,连接省内中心城市和主要经济区的公路,以及不属于国道的省际重要公路。

①普通省道编号由省道标识符"S"和三位数字编号组成,例如S242。里程碑上的省道编号一般用蓝字标记。普通省道编号标志及里程碑如图1-3所示。

a)普通省道编号标志　　　　b)普通省道里程碑

图1-3　普通省道编号标志及里程碑

②省级高速公路的主线编号规则宜与国家高速公路主线的编号规则保持一致,由省道标识符"S"加一到两位数字编号组成,例如S29,如图1-4所示。省级高速公路的城市环绕线和联络线的编号,宜由省道标识符"S"加两位数字表示。

(3)县道。

县道是指除国道、省道以外的县际间公路以及连接县级人民政府所在地与乡级人民政府所在地和主要商品生产、集散地的公路。

县道编号由字母"X"和三位数字编号组成,如图1-5所示。

图1-4　省级高速公路编号标志　　　图1-5　县道编号标志示意图

(4)乡道。

乡道是指除县道及县道以上等级公路以外的乡际间公路,以及连接乡级人民政府所在地与建制村的公路。

乡道编号由字母"Y"和三位数字编号组成,如图1-6所示。

(5)村道。

村道(图1-7)是指除乡道及乡道以上等级公路以外的连接建制村与建制村、建制村与自然村、建制村与外部的公路,但不包括村内街巷和农田间的机耕道。

村道编号由村道标识符"C"和三位数字编号组成。

图1-6　乡道编号标志示意图

(6)专用公路。

专用公路是指专供或主要供厂矿、林区、农场、油田、旅游区、军事要地等用于外部联系的公路,如图1-8所示。

专用公路编号由专用公路标识符"Z"和三位数字编号组成。

图1-7　村道　　　　图1-8　三峡专用公路

2.公路技术等级

我国公路根据交通特性及控制干扰的能力分为高速公路、一级公路、二级公路、三级公路及四级公路五个技术等级。

(1)高速公路。

高速公路为专供汽车分方向、分车道行驶,全部控制出入的多车道公路。高速公路的设计交通量宜在15000辆小客车/日以上,如图1-9所示。

(2)一级公路。

一级公路为供汽车分方向、分车道行驶,可根据需要控制出入的多车道公路。一级公路的设计交通量宜在15000辆小客车/日以上,如图1-10所示。

图1-9　四车道高速公路　　　图1-10　六车道一级公路

一级公路是连接高速公路或某些大城市的城乡接合部、开发区经济带及人烟稀少地区的干线公路。它具有两种功能：一种是干线功能，部分控制出入；另一种是用作集散公路，通常采取接入管理措施，合理控制公路和周围土地接口位置、数量、形式，以提高安全保障和服务水平。

（3）二级公路。

二级公路为供汽车行驶的双车道公路。二级公路的设计交通量宜为5000～15000辆小客车/日，为中等以上城市的干线公路或者是通往大型工矿区、港口的公路。为保证汽车的行驶速度，维护交通安全，在混合交通量大的路段，可设置慢车道供非汽车交通行驶，如图1-11所示。

图1-11　双车道二级公路

（4）三级公路。

三级公路为供汽车、非汽车交通混合行驶的双车道公路。三级公路的设计交通量宜为2000～6000辆小客车/日。三级公路允许拖拉机等慢行车辆和非机动车使用行车道，其混合交通特征明显，如图1-12所示。

（5）四级公路。

四级公路为供汽车、非汽车交通混合行驶的双车道或单车道公路。双车道四级公路设计交通量宜在2000辆小客车/日以下，单车道四级公路设计交通量宜在400辆小客车/日以下。四级公路允许拖拉机等慢行车辆和非机动车使用行车道，其混合交通特征明显，如图1-13所示。

图1-12　双车道三级公路　　　　图1-13　四级公路

3. 公路技术等级选用

公路技术等级选用应在论证确定公路功能的基础上，结合项目所在地区的综合运输体系、远景发展规划及设计交通量论证确定，并应遵循下列原则：

（1）主要干线公路作为公路网中结构层次最高的主通道，应选用高速公路。

（2）次要干线公路作为主要干线公路的补充，应选用二级及二级以上公路。

（3）主要集散公路连接干线公路与支线公路，宜选用一级公路、二级公路。

（4）次要集散公路服务于县乡区域交通，宜选用二级公路、三级公路。

（5）支线公路宜选用三级公路、四级公路。当公路设计交通量达到5000辆小客车/日时，宜选用二级公路。

当既有公路不能满足功能需要时,应结合公路网发展规划,有计划地进行改扩建。

### 三、公路设计依据

公路最基本的设计依据有设计车辆、设计速度、交通量、通行能力和服务水平等。

1. 设计车辆

公路上行驶的车辆主要是汽车,对于混合交通的公路还有一部分非机动车。设计车辆的外廓尺寸、载质量和动力性能是确定公路几何参数的主要依据。

公路设计中所采用的设计车辆可分为五类,即小客车、大型客车、铰接客车、载重汽车、铰接列车。公路路线与路线交叉几何设计中应根据公路功能、车辆组成等因素选用设计车辆,设计车辆外廓尺寸如表1-2所示。

**设计车辆外廓尺寸** 表1-2

| 类型 | 总长(m) | 总宽(m) | 总高(m) | 前悬(m) | 轴距(m) | 后悬(m) |
|---|---|---|---|---|---|---|
| 小客车 | 6 | 1.8 | 2 | 0.8 | 3.8 | 1.4 |
| 大型客车 | 13.7 | 2.55 | 4 | 2.6 | 6.5+1.5 | 3.1 |
| 铰接客车 | 18 | 2.5 | 4 | 1.7 | 5.8+6.7 | 3.8 |
| 载重汽车 | 12 | 2.5 | 4 | 1.5 | 6.5 | 4 |
| 铰接列车 | 18.1 | 2.55 | 4 | 1.5 | 3.3+11 | 2.3 |

注:铰接列车的轴距(3.3+11)m中的"3.3m"为第一轴至铰接点的距离,"11m"为铰接点至最后轴的距离。

2. 设计速度

设计速度是指在气候正常、交通密度小的情况下,汽车运行只受道路本身条件的影响时,一般驾驶员能保持安全而舒适行驶的最大行车速度。设计速度是确定公路设计指标并使其相互协调的设计基准速度。各级公路的设计速度如表1-3所示。

**各级公路设计速度** 表1-3

| 公路技术等级 | 高速公路 | | | 一级公路 | | | 二级公路 | | 三级公路 | | 四级公路 | |
|---|---|---|---|---|---|---|---|---|---|---|---|---|
| 设计速度(km/h) | 120 | 100 | 80 | 100 | 80 | 60 | 80 | 60 | 40 | 30 | 30 | 20 |

设计速度的选用应根据公路功能与技术等级,结合地形、工程经济、预期的运行速度、沿线土地利用性质等因素综合论证确定,并应符合下列规定:

(1)高速公路设计速度不宜低于100km/h,其目的是保证驾驶员在高速公路上行驶时安全与舒适;受地形、地质等条件限制时,可选用80km/h。

(2)作为干线的一级公路,设计速度宜采用100km/h;受地形、地质等条件限制时,可采用80km/h。作为集散的一级公路,设计速度宜采用80km/h;受地形、地质等条件限制时,可采用60km/h。

(3)高速公路和作为干线的一级公路的局部特殊困难路段,且因新建工程可能诱发工程地质灾害时,经技术、经济、安全、环保和社会等方面的综合比选论证,该局部路段的设计速度可采用60km/h,但长度不宜大于15km,或仅限于相邻两互通式立体交叉之间的路段。

(4)作为干线的二级公路,设计速度宜采用80km/h;受地形、地质等条件限制时,可采用60km/h。作为集散的二级公路,设计速度宜采用60km/h;受地形、地质等条件限制时,可采用40km/h。

(5)三级公路设计速度宜采用40km/h;受地形、地质等条件限制时,可采用30km/h。

(6)四级公路设计速度宜采用30km/h;受地形、地质等条件限制时,可采用20km/h。

采用设计速度进行公路设计时,应采用运行速度进行检验,从而保证相邻路段运行速度的协调性和一致性,提高公路运行安全水平和使用质量。

运行速度是指路面平整、潮湿,自由流状态下,行驶速度累计分布曲线上对应于85%分位值的速度。采用运行速度进行检验时,相邻路段运行速度之差应小于20km/h,同一路段运行速度与设计速度之差宜小于20km/h。

长期以来,公路限制速度一直是由公路交通管理部门根据设计速度确定的,由于与驾驶员的期望有差距而成为社会质疑的热点。选取运行速度$v_{85}$作为限速取值依据,同时考虑路段的安全记录、路侧环境等情况,比较符合实际。公路限制速度设计是公路设计的一个重要环节。在设计阶段科学合理地确定公路的限制速度以及限速方式和方法,不仅可以保障车辆安全运行,还可以充分发挥道路的运输效率。

3. 交通量

交通量是指单位时间内通过道路某断面的车辆数目。其具体数值由具体调查和交通预测来确定。

(1)设计交通量(规划交通量)是指拟建道路到预测年限时所能达到的年平均日交通量。

$$AADT = ADT \times (1 + \gamma)^{n-1}$$

式中:AADT——设计交通量(辆/日);

ADT——起始年平均交通量(辆/日);

$\gamma$——年平均增长率(%);

$n$——预测年限(年)。

(2)设计小时交通量是指预期到设计年限末,用以作为道路设计控制要素的以1h为单位的交通量,是确定车道数和车道宽度,评价服务水平的依据。

公路设计小时交通量宜采用年第30位小时交通量,也可根据当地公路小时交通量的变化特征,采用年第20~40位小时之间最为经济合理时位的交通量。

(3)交通量换算采用小客车为标准车型。各汽车代表车型及车辆折算系数如表1-4所示。

**各汽车代表车型及车辆折算系数**　　　　　　　　　　　　表1-4

| 汽车代表车型 | 车辆折算系数 | 说　明 |
|---|---|---|
| 小客车 | 1.0 | 座位≤19座的客车和载质量≤2t的货车 |
| 中型车 | 1.5 | 座位>19座的客车和2t<载质量≤7t的货车 |
| 大型车 | 2.5 | 7t<载质量≤20t的货车 |
| 汽车列车 | 4.0 | 载质量>20t的货车 |

(4)公路设计交通量预测应符合下列规定：

①高速公路和一级公路设计交通量预测年限为20年；二级公路、三级公路设计交通量预测年限为15年；四级公路可根据实际情况确定。

②设计交通量预测年限的起算年为该项目的计划通车年。

③设计交通量的预测应充分考虑走廊带范围内远期社会、经济的发展规划和对综合运输体系的影响。

4.通行能力和服务水平

公路设计应进行通行能力和服务水平的分析与评价，使公路的服务水平保持协调均衡。

(1)通行能力。

公路的通行能力是指在正常的公路条件、交通条件和驾驶行为等情况下，在一定的时段(通常取1h)内可能通过公路设施的最大车辆数。公路通行能力反映了公路设施所能疏导交通流的能力，是公路规划、设计和运营管理的重要参数。

通行能力根据使用性质和要求可分为基准通行能力、设计通行能力和实际通行能力三种形式。

分析通行能力的目的是确定交通运行质量，因此通行能力的分析、评价必须与服务水平的分析、评价同时进行。

(2)服务水平。

服务水平指的是公路使用者在不同的交通流状况下，所能得到的在速度、舒适性、经济性等方面的服务程度，反映公路在某种交通条件下为驾驶者和乘客所能提供的运行服务质量。服务水平通常由平均行驶速度、行驶时间、驾驶自由度、交通延误等指标来表征。

各级公路对应的设计服务水平如表1-5所示。公路设计服务水平应根据公路功能、技术等级、地形条件等合理选用，并不低于表1-5的规定。承担集散功能的一级公路或路段，设计服务水平可降低一级。公路长隧道及特长隧道路段、非机动车及行人密集路段、条件受限的互通式立体交叉匝道、分合流及交织区段，设计服务水平也可降低一级。

各级公路设计服务水平　　　　表1-5

| 公路技术等级 | 高速公路 | 一级公路 | 二级公路 | 三级公路 | 四级公路 |
|---|---|---|---|---|---|
| 服务水平 | 三级 | 三级 | 四级 | 四级 | — |

# 第三节　公路基本组成及公路工程设计阶段划分

## 一、公路基本组成

公路由线形和结构两大部分组成。

1. 线形组成

公路线形是指道路中线在空间的几何形状和尺寸。道路中线是一条三维空间曲线，由直线和曲线组成。公路线形设计是从平面线形、纵面线形和空间线形（又叫平、纵组合线形）三个方面来研究的。

2. 结构组成

公路结构组成主要包括路基、路面、桥涵、隧道、路线交叉、交通工程及沿线设施等。

## 二、公路的基本要求

公路应满足以下基本要求：
（1）平顺的平面线形；
（2）缓和的纵坡；
（3）合理的横断面组成；
（4）坚实稳定的路基；
（5）平整和防滑的路面；
（6）牢固、可靠的桥涵；
（7）必要的防护工程；
（8）良好的排水设施；
（9）满足公路交通要求的沿线设施。

## 三、公路工程基本建设程序和设计阶段

1. 公路工程基本建设程序

公路工程基本建设从计划到竣工交付使用的全过程大致可分为规划与研究阶段、设计阶段、施工阶段、交付使用阶段。公路工程基本建设程序如图1-14所示。

2. 公路设计阶段

公路工程基本建设项目，根据路线性质和要求，可分为一阶段设计、两阶段设计和三阶段设计。

（1）一阶段设计：根据批准的设计任务书进行定线测量，编制施工图设计文件和施工预算。一阶段设计适用于技术简单、方案明确的小型建设项目。

（2）两阶段设计：根据批准的设计任务书，经过初步测量，编制初步设计和设计概算，再根据批准的初步设计进行定线测量，编制施工图设计文件和施工预算。一般的建设项目都采用两阶段设计，即初步设计和施工图设计。

（3）三阶段设计：在初步设计文件和设计概算批准后，通过补充测量，编制技术设计文件和修正概算，然后根据批准的技术设计文件进行定线测量，编制施工图设计文件和施工预算。对技术复杂、基础资料缺乏和不足的建设项目或建设项目中的特大桥、长隧道、大型地质灾害治理等，必要时应采用三阶段设计，即初步设计、技术设计、施工图设计。

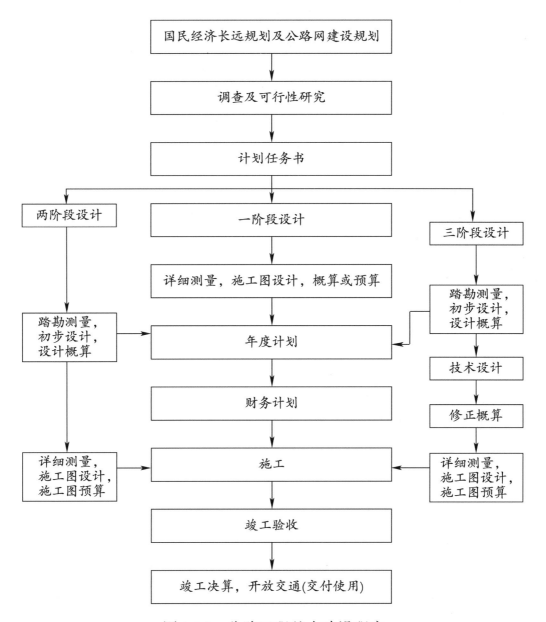

图 1-14　公路工程基本建设程序

## 复习思考题

1. 公路的定义是什么？
2. 现代交通运输方式有哪些？其特点如何？
3. 简述国家路网的构成。
4. 公路按照交通功能划分，可分为哪几类？
5. 我国公路按行政等级和技术等级分别划分为哪几类？各级公路的功能是什么？
6. 公路的设计依据有哪些？
7. 公路设计速度的定义是什么？各级公路的设计速度是如何规定的？
8. 什么是设计交通量和设计小时交通量？
9. 简述公路的线形组成及结构组成。
10. 公路设计工作分为哪几个阶段？简述各阶段的主要任务。

# 第二章 公路线形

### 知识点

公路平面线形组成及标准要求；
公路纵断面线形组成及标准要求；
公路横断面线形组成及标准要求。

### 技能点

识读公路平面图、纵断面图、横断面图(数字资源01)；
公路平曲线要素和竖曲线要素计算。

## 第一节 公路平面

公路在水平面上的投影，称为公路平面。公路中心线在水平面上的投影，称为公路平面线形。汽车在公路表面上，沿着公路中心线的方向行驶，公路的中心线就是汽车运动的轨迹。公路平面线形由直线、圆曲线、缓和曲线等三种线形要素组成。其中，公路平面缓和曲线应采用回旋线。公路平面线形组成如图2-1所示。

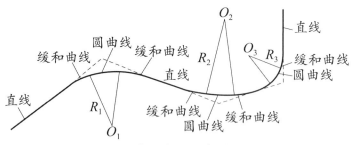

a)平面线形示意图

b)平面线形实例图

图2-1 公路平面线形组成

## 一、直线

直线是公路几何线形的主要组成部分。在公路平面线形中,圆曲线间直线过短,会造成线形组合生硬、视觉上不连续等问题;而直线过长,则会出现公路线形单调,容易导致驾驶员疲劳的情况,这对行车安全不利。因此,设计时直线的最大与最小长度应有所限制。

(1)公路平面的直线不宜过长。受地形条件或其他特殊情况限制而采用长直线时,应结合沿线具体情况采取相应的技术措施。

(2)两圆曲线间以直线径相连接时,直线长度不宜过小。

①设计速度大于或等于60km/h时,同向圆曲线间最小直线长度(以m计)以不小于设计速度(以km/h计)的6倍为宜;反向圆曲线间的最小直线长度(以m计)以不小于设计速度(以km/h计)的2倍为宜。

②设计速度小于或等于40km/h时,可参照上述规定执行。

## 二、圆曲线

圆曲线是平曲线的主要组成部分。各级公路平面不论转角大小均应设置圆曲线,圆曲线的主要技术指标是圆曲线半径。圆曲线半径的选择,应与设计速度相适应。

1. 决定圆曲线半径的主要因素

决定圆曲线半径的因素主要有如下几种:

(1)汽车在曲线上行驶的横向稳定性(横向滑移、倾覆)。

(2)汽车在曲线上停车时的稳定性。

(3)汽车与路面表面层的摩阻系数。

2. 圆曲线最小半径

圆曲线最小半径是根据汽车在曲线部分能安全又顺适地行驶所需要的条件而确定的。其实质是汽车在曲线部分行驶时,所产生的离心力等横向力不超过轮胎与路面的摩阻力所允许的界限。圆曲线最小半径有"一般值""极限值"和"不设超高最小半径"三种类型。

"一般值"是为保证按设计速度行驶的车辆的安全性与舒适性而建议的采用值。

"极限值"是为保证车辆按设计速度安全行驶所规定的圆曲线半径最小值。

"不设超高最小半径"是指当圆曲线半径较大,离心力的影响较小时,不必设置超高就能满足行驶稳定性的圆曲线最小半径。

公路圆曲线最小半径应根据设计速度按表2-1的规定确定。

**公路圆曲线最小半径** 表2-1

| 设计速度(km/h) | | | 120 | 100 | 80 | 60 | 40 | 30 | 20 |
|---|---|---|---|---|---|---|---|---|---|
| 圆曲线最小半径(一般值)(m) | | | 1000 | 700 | 400 | 200 | 100 | 65 | 30 |
| 圆曲线最小半径(极限值)(m) | 最大超高值 | 10% | 570 | 360 | 220 | 115 | — | — | — |
| | | 8% | 650 | 400 | 250 | 125 | 60 | 30 | 15 |
| | | 6% | 710 | 440 | 270 | 135 | 60 | 35 | 15 |
| | | 4% | 810 | 500 | 300 | 150 | 65 | 40 | 20 |

续上表

| 不设超高的圆曲线最小半径(m) | 路拱≤2% | 5500 | 4000 | 2500 | 1500 | 600 | 350 | 150 |
|---|---|---|---|---|---|---|---|---|
| | 路拱>2% | 7500 | 5250 | 3350 | 1900 | 800 | 450 | 200 |

注:"一般值"为正常情况下的采用值;"极限值"为条件受限制时可采用的值;"—"为不考虑采用对应最大超高值的情况。

3. 选择圆曲线半径的注意事项

选择圆曲线半径时应注意以下几点:

(1)选用圆曲线半径时,既要适应沿线地形、地物条件变化,又要注意前后线形协调,不应突然采用小半径圆曲线。

(2)设置圆曲线时应与地形相适应,宜采用表 2-1 中超高为 2%~4% 对应的圆曲线半径。

(3)当受地形条件限制时,可采用大于或接近圆曲线最小半径的"一般值",但应保证相应的视距要求。

(4)平面设计中,应根据沿线地形等情况,合理选用不小于"极限值"的圆曲线半径。在不得已的情况下,方可采用"极限值"。

(5)圆曲线半径应与设计速度相适应,同相衔接路段的平、纵线形要素相协调,构成连续、均衡的曲线线形,避免选择小半径圆曲线和陡坡相重合的线形。

(6)圆曲线最大半径不宜超过 10000m。

4. 圆曲线的几何要素

圆曲线的几何要素如图 2-2 所示。

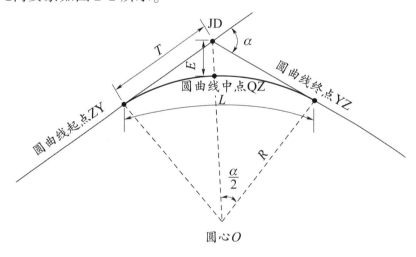

图 2-2 圆曲线几何要素

圆曲线几何要素计算公式如下:

切线长:

$$T = R \cdot \tan \frac{\alpha}{2}$$

曲线长:

$$L = \frac{\pi}{180°} \cdot \alpha \cdot R$$

外距:
$$E = R\left(\sec\frac{\alpha}{2} - 1\right)$$

切曲差(或校正值):
$$D = 2T - L$$

式中:$T$——切线长(m);

$L$——圆曲线长(m);

$E$——外距(m);

$D$——切曲差或校正值(m);

$R$——圆曲线半径(m);

$\alpha$——转角(°)。

【例2-1】 已知交点的里程桩号为K3+182.76,测得路线转角$\alpha_{右}=25°48'$,圆曲线半径$R=300$m,试计算圆曲线要素。

解:圆曲线要素的计算

$$T = R \cdot \tan\frac{\alpha}{2} = 300 \times \tan\frac{25°48'}{2} = 68.71(\text{m})$$

$$L = \frac{\pi}{180°} \cdot \alpha \cdot R = \frac{\pi}{180°} \times 25°48' \times 300 = 135.09(\text{m})$$

$$E = R\left(\sec\frac{\alpha}{2} - 1\right) = 300 \times \left(\sec\frac{25°48'}{2} - 1\right) = 7.77(\text{m})$$

$$D = 2T - L = 2 \times 68.71 - 135.09 = 2.33(\text{m})$$

## 三、缓和曲线

公路平面线形中,在直线与圆曲线之间或两半径不同的圆曲线之间设置曲率连续变化的曲线,称为缓和曲线。缓和曲线应采用回旋线线形,如图2-3所示。

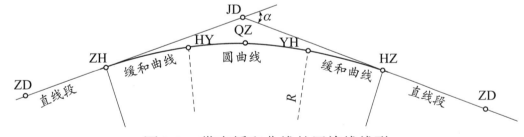

图2-3 带有缓和曲线的回旋线线形

1. 回旋线的作用

回旋线的作用如下:

(1)便于驾驶员操纵转向盘。

(2)满足乘客乘车的舒适性与稳定性要求,减少离心力变化(减少离心力的突变)。

(3)满足超高、加宽缓和段的过渡,有利于平稳行车。

(4)与圆曲线配合得当,提升线形美观度。

2. 回旋线的设置条件

回旋线设置需满足以下条件:

(1)高速公路、一级公路、二级公路、三级公路的直线同小于表2-1不设超高的圆曲线最小半径径相连接处,应设置回旋线。四级公路的直线同小于表 2-1 不设超高的圆曲线最小半径径相连接处,可不设置回旋线,但应设置超高、加宽过渡段。

(2)半径不同的同向圆曲线径相连接处,应设置回旋线。但符合下列条件时可不设回旋线:

①小圆半径大于不设超高的圆曲线最小半径(表 2-1)时。

②小圆半径大于临界圆曲线半径(表 2-2),且符合下列条件之一者:

a. 小圆按最小回旋线长度设回旋线,大圆与小圆的内移值之差小于 0.10m 时;

b. 设计速度大于或等于 80km/h,大圆半径与小圆半径之比小于 1.5 时;

c. 设计速度小于 80km/h,大圆半径与小圆半径之比小于 2.0 时。

**复曲线中小圆临界圆曲线半径**　　表 2-2

| 设计速度(km/h) | 120 | 100 | 80 | 60 | 40 | 30 |
|---|---|---|---|---|---|---|
| 临界圆曲线半径(m) | 2100 | 1500 | 900 | 500 | 250 | 130 |

3. 回旋线的设置要求

(1)回旋线最小长度,见表 2-3。

**回旋线最小长度**　　表 2-3

| 设计速度(km/h) | 120 | 100 | 80 | 60 | 40 | 30 | 20 |
|---|---|---|---|---|---|---|---|
| 回旋线最小长度(m) | 100 | 85 | 70 | 50 | 35 | 25 | 20 |

注:四级公路的回旋线最小长度为超高、加宽过渡段长度。

(2)回旋线长度应随圆曲线半径的增大而增长。

(3)圆曲线按规定需设置超高时,回旋线长度应不小于超高过渡段长度。

4. 回旋线要素计算

回旋线要素计算采用圆心不动平行移动法。未设回旋线时,按曲线半径 $R+p$ 插入回旋线,向内移动距离 $p$,圆曲线半径正好为 $R$,如图 2-4 所示。

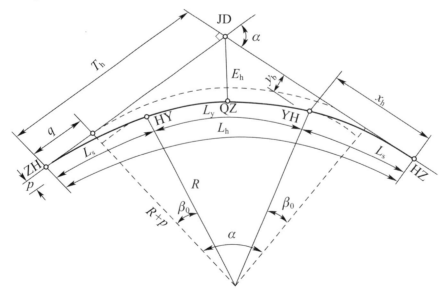

图 2-4　回旋线要素示意图

切线长:
$$T_h = (R+p)\tan\frac{\alpha}{2} + q$$

曲线长:
$$L_h = R(\alpha - 2\beta_0)\frac{\pi}{180°} + 2L_s \left[\text{主曲线长度}\ L_y = R(\alpha - 2\beta_0)\frac{\pi}{180°}\right]$$

外距:
$$E_h = (R+p)\sec\frac{\alpha}{2} - R$$

切曲差:
$$D_h = 2T_h - L_h$$

式中: $T_h$——切线长(m);

　　　$L_h$——曲线长(m);

　　　$E_h$——外距(m);

　　　$D_h$——切曲差(m);

　　　$R$——圆曲线半径(m);

　　　$\alpha$——转角(°);

　　　$p$——原有圆曲线内移值(m), $p = \dfrac{L_s^2}{24R}$;

　　　$q$——切线增长值(m), $q = \dfrac{L_s}{2} - \dfrac{L_s^3}{240R^2}$;

　　　$\beta_0$——回旋线角(°), $\beta_0 = \dfrac{180°}{\pi} \cdot \dfrac{L_s}{2R}$;

　　　$L_s$——回旋线长(m)。

【例2-2】 已知平原微丘区三级公路,交点 JD 的里程桩号为 K15+476.21,转角 $\alpha_{右}$ = 37°16′,圆曲线半径 $R = 300$m,回旋线长 $L_s = 60$m,试计算回旋线要素。

解:①计算回旋线常数。

$$\beta_0 = \frac{180°}{\pi} \cdot \frac{L_s}{2R} = \frac{180° \times 60}{3.1416 \times 2 \times 300} = 5°43′46″$$

$$p = \frac{L_s^2}{24R} = \frac{60^2}{24 \times 300} = 0.50(\text{m})$$

$$q = \frac{L_s}{2} - \frac{L_s^3}{240R^2} = \frac{60}{2} - \frac{60^3}{240 \times 300^2} = 29.99(\text{m})$$

②计算回旋线要素。

$$T_h = (R+p)\tan\frac{\alpha}{2} + q = 300.50 \times \tan 18°38′ + 29.99 = 300.50 \times 0.337 + 29.99 = 131.26(\text{m})$$

$$L_h = R(\alpha - 2\beta_0)\frac{\pi}{180°} + 2L_s = 300 \times (37°16′ - 2 \times 5°43′46″) \times \frac{3.1416}{180°} + 2 \times 60$$

$$= 135.12 + 120 = 255.12(\text{m})$$

$$E_h = (R+p)\sec\frac{\alpha}{2} - R = 300.50 \times \sec 18°38' - 300 = 317.12 - 300 = 17.12(\text{m})$$

$$D_h = 2T_h - L_h = 2 \times 131.26 - 255.12 = 7.40(\text{m})$$

### 四、圆曲线超高

在公路弯道中,汽车在圆曲线上行驶时,受横向力或离心力作用会产生滑移,为抵消车辆在圆曲线路段上行驶时所产生的离心力,保证车辆能安全、稳定、满足设计速度和经济、舒适地通过圆曲线,在该路段横截面上设置的外侧高于内侧的单向横坡称为超高,如图2-5所示。

a)    b)

图2-5 超高实例

所设的单向坡度称为超高横坡度,用 $i_b$ 表示。$i_b$ 为一定值时,所设的单向坡称为圆曲线上的全超高横坡度,如图2-6所示。

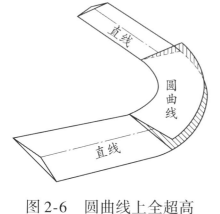

图2-6 圆曲线上全超高

1. 设置超高的目的

设置超高是为了使汽车在圆曲线上行驶时能获得一个向圆曲线内侧的横向分力,以克服离心力,减少横向力,保证汽车在平曲线上稳定行驶。

2. 设置超高的规定和要求

(1) 公路圆曲线半径小于不设超高圆曲线最小半径(表2-1)时,应在公路圆曲线上设置超高,并符合下列规定:

① 各级公路圆曲线部分的最大超高值应符合表2-4的规定。

② 各级公路圆曲线部分的最小超高值应与该公路直线部分的正常路拱横坡度值一致。

**各级公路圆曲线最大超高值**　　表2-4

| 公路技术等级 | 高速公路、一级公路 | 二级公路、三级公路、四级公路 |
| --- | --- | --- |
| 一般地区(%) | 8 或 10 | 8 |
| 积雪冰冻地区(%) | 6 | |
| 城镇区域(%) | 4 | |

注:一般地区公路,圆曲线最大超高应采用8%;以通行中、小型客车为主的高速公路和一级公路,最大超高可采用10%。

(2) 在二级公路、三级公路、四级公路接近城镇且混合交通量较大的路段,车速受到限制时,圆曲线最大超高值可按表2-5采用。

**车速受限制时最大超高值** 表 2-5

| 设计速度(km/h) | 80 | 60 | 40 | 30 | 20 |
|---|---|---|---|---|---|
| 超高值(%) | 6 | 4 | 2 | | |

（3）各圆曲线半径所设置的超高值应根据设计速度、圆曲线半径、公路条件、自然条件等经计算确定，必要时应按运行速度验算。

3. 超高缓和段

从直线段的双向路拱横断面逐渐过渡到圆曲线段的全超高单向横断面，其间必须设置超高缓和段，如图 2-7 所示。

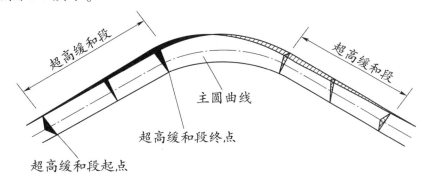

图 2-7 超高缓和段

1）超高缓和段的过渡方式

（1）无中间带的公路。

① 当超高横坡度等于路拱横坡度时，将外侧车道绕路中线旋转，直至超高横坡度。

② 当超高横坡度大于路拱横坡度时，分别采用以下三种方式过渡。

a. 绕内侧车道边缘旋转：如图 2-8a)所示，新建工程宜采用此种方式。

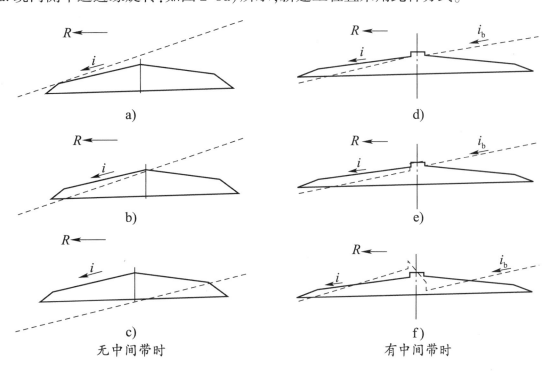

图 2-8 超高缓和段过渡方式

b. 绕路中线旋转:如图2-8b)所示,改建工程可采用此种方式。

c. 绕外侧车道边缘旋转:如图2-8c)所示,路基外缘高程受限制或路容美观有特殊要求时可采用此种方式。

(2)有中间带的公路。

①绕中央分隔带两侧边缘分别旋转:如图2-8d)所示,各种宽度中间带的公路均可采用此种方式。

②绕中央分隔带的中心线旋转:如图2-8e)所示,中间带宽度小于或等于4.5m的公路可采用此种方式。

③绕中央分隔带两侧行车道中线旋转:如图2-8f)所示,车道数大于4条的公路可采用此种方式。

2)无中央分隔带的公路超高缓和段的形成

(1)绕内边轴旋转(图2-9)。

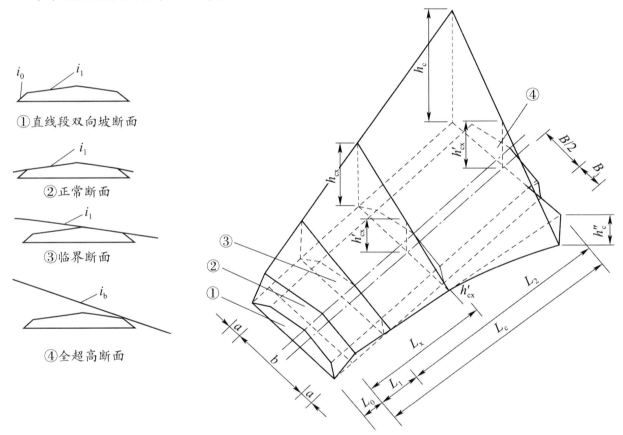

图2-9 绕内边轴旋转的超高缓和段过渡

形成过程:

①两侧路肩分别旋转至$i_1$,$i_0 \to i_1$所需长度为$L_0$(一般取1~2m);

②外侧路面绕中轴旋转到内外一致的横坡$i_1$,形成单向横坡($i_1$),所需长度为$L_1$;

③由单向横坡$i_1$绕内边轴旋转到全超高横坡度$i_b$,所需长度为$L_2$。

超高缓和段长度$L_c = L_1 + L_2$。

(2)绕中轴旋转(图2-10)。

形成过程:

①两侧路肩分别旋转至 $i_1$,$i_0 \rightarrow i_1$ 所需长度为 $L_0$(一般取 1~2m);
②外侧路面绕中轴旋转到内外一致的横坡 $i_1$,形成单向横坡($i_1$),所需长度为 $L_1$;
③由单向横坡 $i_1$ 绕路面中轴旋转到全超高横坡度 $i_b$,所需长度为 $L_2$。
超高缓和段长度 $L_c = L_1 + L_2$。

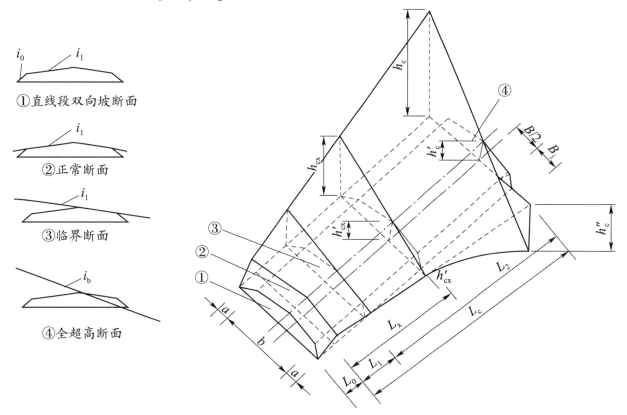

图 2-10 绕中轴旋转的超高缓和段过渡

## 五、圆曲线加宽

当汽车在平曲线上行驶时,各个车轮的轨迹半径是不同的,后轴内侧车轮的行驶轨迹半径最小,前轴外侧车轮的行驶轨迹半径最大。在弯道上行驶的汽车所占的路面宽度,要比在直线上所占的路面宽度大些,为适应行车需要,应将曲线内侧的路面予以加宽。

1. 圆曲线上的全加宽值

圆曲线起点至圆曲线终点的路面加宽值是一个定值,这个定值称为圆曲线上的全加宽值,简称加宽值,如图 2-11 所示。圆曲线上的路面全加宽值与圆曲线半径、车型、行车速度等因素有关。

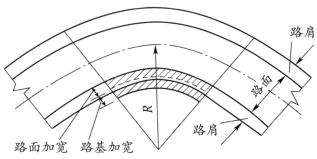

图 2-11 圆曲线上的全加宽

## 2. 圆曲线加宽的规定和要求

（1）设置加宽的规定。二级公路、三级公路、四级公路圆曲线半径小于或等于250m时，应在圆曲线内侧设置加宽。

（2）双车道公路路面加宽值应符合表2-6的规定。

**双车道路面的加宽值**（单位：mm）　　　　　表2-6

| 加宽类别 | 设计车辆 | 圆曲线半径(m) | | | | | | | | |
|---|---|---|---|---|---|---|---|---|---|---|
| | | 200~250 | 150~200 | 100~150 | 70~100 | 50~70 | 30~50 | 25~30 | 20~25 | 15~20 |
| 第1类 | 小客车 | 0.4 | 0.5 | 0.6 | 0.7 | 0.9 | 1.3 | 1.5 | 1.8 | 2.2 |
| 第2类 | 载重汽车 | 0.6 | 0.7 | 0.9 | 1.2 | 1.5 | 2.0 | — | — | — |
| 第3类 | 铰接列车 | 0.8 | 1.0 | 1.5 | 2.0 | 2.7 | — | — | — | — |

注：单车道公路路面加宽值应为表列规定值的一半。

（3）加宽类型选用。

①作为干线的二级公路，应采用第3类加宽值。

②作为集散的二级公路和三级公路，在考虑铰接列车通行时，应采用第3类加宽值；不考虑通行铰接列车时，可采用第2类加宽值。

③作为支线的三级公路、四级公路可采用第1类加宽值。

④有特殊车辆通行的专用公路应根据特殊车辆验算确定其加宽值。

（4）圆曲线上的路面加宽应设置在圆曲线的内侧。各级公路的路面加宽后，路基也应相应加宽。

（5）加宽过渡。从直线段的标准横断面宽度向曲线全加宽后的横断面宽度过渡的区域称为加宽过渡段。

①加宽过渡段长度（$L_j$）。

a. 设置回旋线或超高过渡段时，加宽过渡段长度应采用与回旋线或超高过渡段长度相同的数值；

b. 不设置回旋线或超高过渡段时，加宽过渡段长度应按渐变率1:15且长度不小于10m的要求设置。

②加宽过渡方式。

二级公路、三级公路、四级公路的加宽过渡段的设置，应采用在相应的回旋线或超高、加宽过渡段全长范围内，按其长度成比例增加的方式，如图2-12所示。

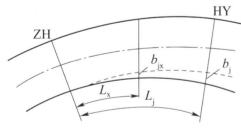

图2-12　加宽过渡方式

$$b_{jx} = \frac{L_x}{L_j} b_j$$

式中：$b_{jx}$——缓和段上加宽值(m)；

$L_x$——缓和段上任意点至缓和段起点的距离(m)；

$L_j$——加宽缓和段的长度(m)；

$b_j$——全加宽值(m)。

## 六、平曲线长度

1. 平曲线长度的定义

平曲线长度是指从平曲线的起点到平曲线终点的曲线长度。

2. 平曲线最小长度的考虑因素

平曲线如果太短,会使驾驶员频繁操作转向盘,加速度变化频繁,乘客感觉不舒适。因此,平曲线的最小长度应考虑以下因素:

(1)满足驾驶员操纵转向盘的需要。驾驶员操纵转向盘不感到困难所需的时间至少为6s。

(2)满足离心加速度变化的要求。乘客感到不舒适的离心加速度变化率为$0.6m/s^3$,故小于$0.6m/s^3$时乘客会感到舒适。

(3)满足驾驶员视觉的要求。当平曲线转角α<7°时,驾驶员容易产生错觉,即识别不出曲线,采用较长平曲线可以满足此要求。

3. 平曲线设置的规定和长度要求

(1)公路的转角不论大小均应设置平曲线。

(2)平曲线最小长度应满足表2-7的要求。

(3)路线转角小于或等于7°时,应设置较长的平曲线,长度应大于表2-8规定的"一般值"。受地形条件及其他特殊情况限制时,可采用表2-8中的"最小值"。

(4)当有回旋线时,平曲线的最小长度不应小于2倍回旋线长。

**平曲线最小长度**　　　　　　　　　　　　　　　　　　　　　　　表2-7

| 设计速度(km/h) | | 120 | 100 | 80 | 60 | 40 | 30 | 20 |
|---|---|---|---|---|---|---|---|---|
| 平曲线最小长度(m) | 一般值 | 600 | 500 | 400 | 300 | 200 | 150 | 100 |
| | 最小值 | 200 | 170 | 140 | 100 | 70 | 50 | 40 |

注:"一般值"为正常情况下的采用值,"最小值"为条件受限时可采用的值。

**公路转角小于或等于7°时的平曲线长度**　　　　　　　　　　　　表2-8

| 设计速度(km/h) | 120 | 100 | 80 | 60 | 40 | 30 | 20 |
|---|---|---|---|---|---|---|---|
| 一般值(m) | 1400/Δ | 1200/Δ | 1000/Δ | 700/Δ | 500/Δ | 350/Δ | 280/Δ |
| 最小值(m) | 200 | 170 | 140 | 100 | 70 | 50 | 40 |

注:表中Δ为路线转角值(°),当Δ<2°时,按Δ=2°计算。

## 七、视距

视距是指在车辆正常行驶中,驾驶员从正常驾驶位置能连续看到公路前方行车道范围内路面上一定高度障碍物,或者看到公路前方交通设施、路面标线的最远距离。这里的距离是指沿车道中心线测量得到的长度。

1. 视距的种类

公路视距主要包括停车视距、会车视距、超车视距及识别视距等。

(1)停车视距。

停车视距是指车辆以一定速度行驶的过程中,自驾驶员看到前方障碍物时起,至到达障碍物前安全停车止,所需的最短行驶距离。在停车视距检验时,小客车停车视距采用的驾驶员视点高度为1.2m,货车停车视距采用的驾驶员视点高度为2.0m,视点前方路面上障碍物顶点高度为0.1m。

停车视距由反应距离、制动距离和安全距离三部分组成,如图2-13所示。

$$S_{停} = S_1 + S_2 + S_0$$

式中:$S_{停}$——汽车的停车视距(m);

$S_1$——汽车驾驶员的反应距离(m),反应时间一般为3s;

$S_2$——汽车制动距离(m);

$S_0$——安全距离,一般取5~10m。

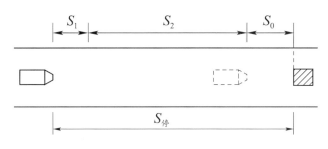

图2-13 停车视距

高速公路、一级公路的视距应采用停车视距。高速公路、一级公路的一般路段,每条车道的停车视距应不小于表2-9的规定。

高速公路、一级公路停车视距　　　　表2-9

| 设计速度(km/h) | 120 | 100 | 80 | 60 |
|---|---|---|---|---|
| 停车视距(m) | 210 | 160 | 110 | 75 |

(2)会车视距。

会车视距是指在同一车道上对向行驶车辆,为避免发生迎面相撞,自驾驶员互相发现对向来车起,至驾驶员同时采取合理的减速操作后两车安全停止、不发生相撞所需的最短行驶距离。会车视距由反应距离、制动距离和安全距离三部分组成,一般取停车视距的两倍。

二、三、四级公路的视距应采用会车视距。受地形条件或其他特殊情况限制而采取分道行驶措施的路段,可采用停车视距。二、三、四级公路会车视距与停车视距应不小于表2-10的规定。

二、三、四级公路会车视距与停车视距  表2-10

| 设计速度(km/h) | 80 | 60 | 40 | 30 | 20 |
|---|---|---|---|---|---|
| 会车视距(m) | 220 | 150 | 80 | 60 | 40 |
| 停车视距(m) | 110 | 75 | 40 | 30 | 20 |

(3)超车视距(数字资源02)。

超车视距是指在需要临时占用对向车道完成超车的公路上,后车超越前车的过程中,自开始驶离原车道起,至可见对向来车并能超车后安全驶回原车道所需的最短行驶距离,如图2-14所示。超车视距最小值见表2-11。

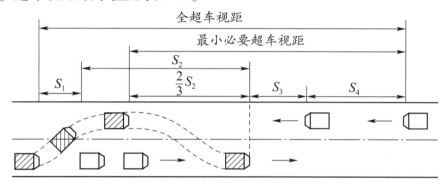

$S_1$-加速距离;$S_2$-超车(逆向行驶)距离;$S_3$-安全距离;$S_4$-对向车行驶距离

图2-14 超车视距

超车视距最小值  表2-11

| 设计速度(km/h) | | 80 | 60 | 40 | 30 | 20 |
|---|---|---|---|---|---|---|
| 超车视距最小值(m) | 一般值 | 550 | 350 | 200 | 150 | 100 |
| | 极限值 | 350 | 250 | 150 | 100 | 70 |

注:"一般值"为正常情况下的采用值;"极限值"为条件受限时可采用的值。

(4)识别视距。

识别视距是指车辆以一定速度行驶的过程中,驾驶员自看清前方分流、合流、交叉、渠化、交织等各种行车条件变化时的导流设施、标志、标线,做出制动减速、变换车道等操作,至变化点前使车辆达到必要的行驶状态所需要的最短行驶距离。

2.视距的保证

公路视距除应满足表2-9~表2-11的要求外,还应满足下列要求:

(1)互通式立交、停车区、服务区、爬坡车道、避险车道等各类出入口区域应满足识别视距要求。

(2)双车道公路应间隔设置满足超车视距的路段。

(3)高速公路、一级公路以及大型车比例较高的二、三级公路,应采用货车停车视距对相关路段进行检验。

(4)积雪冰冻路段的停车视距宜适当增加。

（5）视距长度沿行车道中心线测得。汽车在弯道上行驶时，弯道内侧树木、路堑边坡及建筑物等可能会阻挡行车视线，要保证行车的平面视距，必须清除弯道内侧一定范围内的障碍物，如图2-15所示。公路纵断面上，上、下坡的转折处应设凸形竖曲线来保证视距。

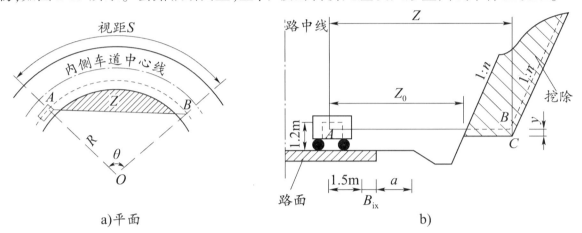

图2-15 弯道平面视距保证

$a$-土路肩宽度；$B_{ix}$-路面加宽值；$Z$-最大横净距；$Z_0$-障碍物线与驾驶员视点轨迹线之间距离

## 八、平面线形的基本组合

平面线形有基本形、S形、卵形、凸形、复合形等。

1. 基本形

基本形采用直线—回旋线—圆曲线—回旋线—直线的线形组合。

2. S形

两个反向圆曲线用回旋线连接起来的线形为S形，如图2-16所示。

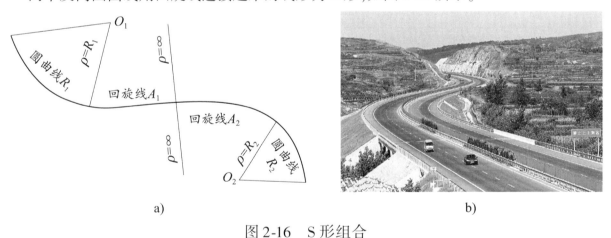

图2-16 S形组合

3. 卵形

用一个回旋线连接两个同向圆曲线的线形为卵形，如图2-17所示。

4. 凸形

两个同向回旋线间不插入圆曲线而直接径相连接组合的线形为凸形，一般情况下不宜采用，如图2-18所示。

5. 复合形

将两个以上的同向回旋线在曲率相等处相互连接起来的线形组合为复合形，如图2-19所示。

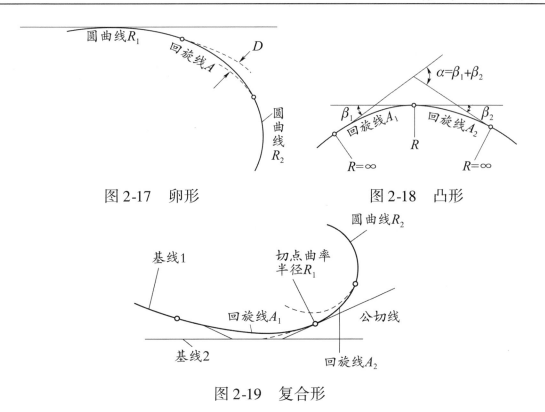

图 2-17　卵形　　　　　图 2-18　凸形

图 2-19　复合形

## 九、平面设计成果

路线平面设计的主要成果有直线、曲线及转角一览表,逐桩坐标表以及路线平面图。

### 1. 直线、曲线、转角一览表

直线、曲线、转角一览表是设计文件的内容之一,也是平面设计的主要成果之一。它是通过测角、丈量中线、设置曲线后获得的成果,如表 2-12 所示。

### 2. 逐桩坐标表

高等级公路对线形指标要求较高,表现在平面上是圆曲线半径较大、回旋线较长,在测设和放样时必须采用坐标法才能保证其测量精度。

逐桩坐标即各个中桩的坐标,其计算和测量的方法是按"从整体到局部"的原则进行的。一般步骤如下:

(1)计算导线点坐标,如表 2-13 所示。

(2)计算交点坐标。

(3)计算各中桩坐标(制作逐桩坐标表)。逐桩坐标表是公路中线每隔一定间距中桩的 $x$、$y$ 坐标值及方位角一览表,如表 2-14 所示。

### 3. 路线平面图

路线平面图包括以下内容:

(1)平面图的比例尺。比例尺一般为 1∶2000～1∶5000。

(2)依据直线、曲线、转角一览表按比例绘出的公路中线图。

(3)在公路中线图上绘注公路起终点、里程桩、百米桩、曲线要素桩、桥涵桩及位置。

(4)根据水准测量中平记录,用铅笔标注出各桩处的高程。

路线平面图实例见图 2-20。

## 直线、曲线及转角一览表

表2-12

| 交点号 | 交点坐标 x | 交点坐标 y | 交点桩号 | 转角值 | 半径 | 缓和曲线长度 | 缓和曲线参数 | 曲线要素值(m) 切线长度 | 曲线长度 | 外距 | 校正值 | 曲线主点桩号 第一缓和曲线起点 | 第一缓和曲线终点或圆曲线起点 | 曲线中点 | 第二缓和曲线起点或圆曲线终点 | 第二缓和曲线终点 | 直线段长(m) | 直线长度及方向 交点间距(m) | 计算方位角 | 备注 |
|---|---|---|---|---|---|---|---|---|---|---|---|---|---|---|---|---|---|---|---|---|
| 1 | 2 | 3 | 4 | 5 | 6 | 7 | 8 | 9 | 10 | 11 | 12 | 13 | 14 | 15 | 16 | 17 | 18 | 19 | 20 | 21 |
| BP | 9902.491 | 67076.281 | -K0+277.940 | | | | | | | | | | | | | | 0.000 | | | |
| JD1 | 9863.090 | 67073.705 | -K0+238.454 | 26°19′36.1″(Z) | 160 | 0 51.425 | 0 110.000 | 39.486 53.011 | 91.003 | 4.800 | 1.494 | | -K0+277.940 | -K0+258.151 | -K0+238.362 | -K0+186.937 | 0.000 | 39.486 | 183°44′24.1″ | |
| JD2 | 9788.729 | 67104.638 | -K0+159.410 | 6°18′09.1″(Z) | 500 | | | 27.528 | 55.000 | 0.757 | 0.056 | | -K0+186.937 | -K0+159.437 | -K0+131.937 | | 0.000 | 80.538 | 157°24′48″ | |
| JD3 | 9318.634 | 67364.029 | K0+377.445 | 102°56′04.3″(Z) | 400 | 51.200 135.000 | 320.000 232.379 | 509.383 570.342 | 791.239 | 243.766 | 288.486 | K0+131.937 | K0+186.937 | K0+221.782 | K0+524.301 | K0+659.301 | 0.000 | 536.911 | 151°06′38.9″ | |
| JD4 | 9942.765 | 68061.501 | K1+024.912 | 45°29′37.9″(Y) | 710 | 135.000 | 309.597 | 365.611 | 698.753 | 61.039 | 32.469 | K0+659.301 | K0+794.301 | K1+008.677 | K1+223.054 | K1+358.054 | 0.000 | 935.952 | 48°10′34.6″ | |
| JD5 | 9909.512 | 68579.922 | K1+511.929 | 5°43′41.7″(Y) | 2076.1 | 100 | 455.64 | 153.875 | 307.560 | 2.798 | 0.191 | K1+358.054 | K1+458.054 | K1+511.834 | K1+565.613 | K1+665.613 | 0.000 | 519.486 | 93°40′12.5″ | |
| JD6 | 9946.329 | 68946.427 | K2+536.905 | 20°24′36.5″(Y) | 920 | 120 | 332.265 | 225.727 | 447.726 | 15.451 | 3.728 | K2+311.178 | K2+431.178 | K2+535.041 | K2+638.904 | K2+758.904 | 645.564 | 1025.167 | 87°56′30.7″ | |
| JD7 | 9784.029 | 69604.427 | K3+048.655 | 28°37′18.5″(Z) | 900 | 120 | 328.634 | 289.751 | 569.590 | 29.510 | 9.911 | K2+758.904 | K2+878.904 | K3+043.699 | K3+208.494 | K3+328.494 | 0.000 | 515.478 | 108°21′07.2″ | |
| JD8 | 9959.159 | 70093.688 | K4+021.055 | 12°37′48″(Y) | 4000 | | | 442.664 | 881.741 | 24.419 | 3.588 | | K3+578.391 | K4+019.261 | | K4+460.132 | 249.896 | 982.312 | 79°43′48.7″ | |
| JD9 | 9895.371 | 71060.262 | K5+566.403 | 18°52′44.5″(Z) | 1500 | 150 | 474.342 | 324.484 | 644.252 | 21.223 | 4.716 | K5+241.919 | K5+391.919 | K5+564.045 | K5+736.171 | K5+886.171 | 781.787 | 1548.936 | 92°21′36.8″ | |
| JD10 | 10264.376 | 72607.884 | K6+859.493 | 32°34′09.1″(Y) | 1000 | 120 | 346.41 | 352.297 | 688.440 | 42.421 | 16.154 | K6+507.196 | K6+627.196 | K6+851.416 | K7+075.636 | K7+195.636 | 621.025 | 1297.806 | 73°28′52.2″ | |
| JD11 | 9868.889 | 73852.125 | K8+273.764 | 22°25′51.8″(Z) | 1500 | 175 | 512.348 | 385.089 | 762.244 | 30.071 | 7.935 | K7+888.675 | K8+063.675 | K8+269.797 | K8+475.919 | K8+650.919 | 693.039 | 1430.425 | 106°03′01.3″ | |
| JD12 | 10069.645 | 75226.791 | K10+072.262 | 28°27′59.1″(Y) | 1400 | 175 | 494.975 | 442.838 | 870.566 | 45.277 | 15.110 | K9+629.424 | K9+804.424 | K10+064.707 | K10+324.990 | K10+499.990 | 978.505 | 1806.432 | 83°37′09.6″ | |
| JD13 | 9337.974 | 77022.033 | K12+003.117 | 85°14′08.9″(Y) | 900 | 120 | 328.634 | 888.716 | 1458.881 | 323.922 | 318.551 | K11+114.401 | K11+234.401 | K11+843.842 | K12+453.282 | K12+573.282 | 614.411 | 1945.965 | 112°05′08.6″ | |
| EP | 7086.775 | 78123.108 | K14+042.709 | | | | | | | | | | | | | | 1469.427 | 2358.143 | 197°19′17.6″ | |

注：①负号表示受实际地形情况影响，点的桩号在路线起点反向位置，余同。

## 导线点成果表

表2-13

| 导线点 | 坐标 | | 高程（m） | 备注 |
|---|---|---|---|---|
| | N(X) | E(Y) | | |
| DX60 | 3879510.787 | 471296.306 | 78.024 | |
| DX61 | 3878929.951 | 471161.073 | 82.782 | |
| DX62 | 3878130.493 | 470851.416 | 78.953 | |
| DX63 | 3877107.155 | 470774.558 | 75.601 | |
| DX64 | 3876600.922 | 470771.724 | 75.403 | |
| DX65 | 3876183.454 | 470720.924 | 76.779 | |
| DX66 | 3875242.556 | 470662.103 | 81.033 | |
| DX67 | 3875300.583 | 470239.473 | 80.934 | |
| DX68 | 3874561.379 | 470811.168 | 76.791 | |
| DX69 | 3873893.094 | 470873.466 | 70.663 | |
| DX70 | 3873261.837 | 470936.145 | 69.569 | |
| DX71 | 3872493.873 | 470998.120 | 65.731 | |
| DX72 | 3871811.202 | 470941.493 | 62.536 | |
| DX73 | 3871050.467 | 470818.941 | 62.025 | |
| DX74 | 3871080.230 | 470514.252 | 61.963 | |
| DX75 | 3870337.288 | 470732.624 | 61.991 | |
| DX76 | 3869496.211 | 470603.115 | 61.556 | |
| DX77 | 3868788.982 | 470633.708 | 61.731 | |
| DX78 | 3868760.871 | 470812.261 | 61.823 | |
| DX79 | 3868230.768 | 470384.132 | 60.371 | |
| DX80 | 3867542.715 | 470435.233 | 61.322 | |
| DX81 | 3866548.907 | 470302.845 | 61.886 | |
| DX82 | 3866473.637 | 470553.368 | 59.062 | |
| DX83 | 3866053.231 | 470095.433 | 58.616 | |
| DX84 | 3865248.844 | 470290.748 | 62.928 | |
| DX85 | 3864675.398 | 469998.141 | 58.750 | |
| DX86 | 3864614.431 | 470184.718 | 57.399 | |
| DX87 | 3864038.592 | 469942.556 | 58.165 | |

逐桩坐标表

表 2-14

| 桩号 | 坐标 N(X) | 坐标 E(Y) | 桩号 | 坐标 N(X) | 坐标 E(Y) | 桩号 | 坐标 N(X) | 坐标 E(Y) |
|---|---|---|---|---|---|---|---|---|
| K0+000 | 9660.684 | 67198.272 | K0+300 | 9553.485 | 67470.977 | K0+600 | 9659.900 | 67744.432 |
| K0+025 | 9644.235 | 67217.092 | K0+325 | 9554.278 | 67495.960 | K0+625 | 9676.181 | 67763.404 |
| K0+050 | 9628.992 | 67236.903 | K0+350 | 9556.629 | 67520.845 | K0+650 | 9692.760 | 67782.115 |
| K0+075 | 9615.017 | 67257.628 | K0+375 | 9560.530 | 67545.535 | K0+659.301 | 9698.961 | 67789.048 |
| K0+100 | 9602.364 | 67279.184 | K0+400 | 9565.966 | 67569.933 | K0+675 | 9709.425 | 67800.751 |
| K0+125 | 9591.082 | 67301.489 | K0+425 | 9572.914 | 67593.943 | K0+700 | 9726.013 | 67819.455 |
| K0+150 | 9581.215 | 67324.455 | K0+450 | 9581.349 | 67617.473 | K0+725 | 9742.402 | 67838.333 |
| K0+175 | 9572.801 | 67347.993 | K0+475 | 9591.237 | 67640.430 | K0+750 | 9758.465 | 67857.489 |
| K0+200 | 9565.875 | 67372.010 | K0+500 | 9602.540 | 67662.725 | K0+775 | 9774.070 | 67877.020 |
| K0+221.782 | 9561.073 | 67393.253 | K0+524.301 | 9614.841 | 67683.678 | K0+794.301 | 9785.717 | 67892.410 |
| K0+225 | 9560.461 | 67396.412 | K0+525 | 9615.213 | 67684.270 | K0+800 | 9769.079 | 67897.012 |
| K0+250 | 9556.583 | 67421.106 | K0+550 | 9629.164 | 67705.011 | K0+825 | 9803.384 | 67917.513 |
| K0+275 | 9554.255 | 67445.993 | K0+575 | 9644.147 | 67725.021 | K0+850 | 9816.960 | 67938.504 |
| | | | | | | K0+875 | 9829.787 | 67959.691 |
| | | | | | | K0+900 | 9841.852 | 67981.856 |
| | | | | | | K0+925 | 9853.138 | 68004.162 |
| | | | | | | K0+950 | 9863.632 | 68025.851 |
| | | | | | | K0+975 | 9873.321 | 68049.896 |
| | | | | | | K1+000 | 9882.192 | 68073.267 |
| | | | | | | K1+008.677 | 9885.078 | 68081.450 |
| | | | | | | K1+025 | 9890.235 | 68096.937 |
| | | | | | | K1+050 | 9879.440 | 68120.875 |
| | | | | | | K1+075 | 9903.798 | 68145.052 |
| | | | | | | K1+100 | 9909.300 | 68169.437 |
| | | | | | | K1+125 | 9913.941 | 69194.001 |
| | | | | | | K1+150 | 9917.714 | 68218.714 |

续上表

| 桩号 | 坐标 N(X) | 坐标 E(Y) | 桩号 | 坐标 N(X) | 坐标 E(Y) | 桩号 | 坐标 N(X) | 坐标 E(Y) |
|---|---|---|---|---|---|---|---|---|
| K1+175 | 9920.615 | 68243.544 | K1+425 | 9915.317 | 68493.186 | K1+650 | 9914.480 | 68718.095 | 
| K1+200 | 9922.640 | 68268.460 | K1+450 | 9914.099 | 68518.156 | K1+665.613 | 9915.038 | 68733.698 |
| K1+223.054 | 9923.729 | 68291.487 | K1+458.054 | 9913.762 | 68526.203 | K1+675 | 9915.375 | 68743.079 |
| K1+225 | 9923.787 | 68293.432 | K1+475 | 9913.154 | 68543.138 | K1+700 | 9916.273 | 68768.063 |
| K1+250 | 9924.087 | 68318.430 | K1+500 | 9912.509 | 68568.130 | K1+725 | 9917.171 | 68793.046 |
| K1+275 | 9923.684 | 68343.426 | K1+511.834 | 9912.309 | 68579.962 | K1+750 | 9918.069 | 68818.030 |
| K1+300 | 9922.738 | 68368.408 | K1+525 | 9912.166 | 68593.127 | K1+775 | 9918.967 | 68843.014 |
| K1+325 | 9921.415 | 68393.372 | K1+550 | 9912.123 | 63618.127 | K1+800 | 9919.864 | 68867.998 |
| K1+350 | 9919.876 | 68418.325 | K1+565.613 | 9912.249 | 68633.740 | K1+825 | 9920.762 | 68892.982 |
| K1+358.054 | 9919.362 | 68426.362 | K1+575 | 9912.381 | 68643.125 | K1+850 | 9921.660 | 68917.966 |
| K1+375 | 9918.281 | 68443.274 | K1+600 | 9912.908 | 68668.120 | K1+875 | 9922.558 | 68942.950 |
| K1+400 | 9916.736 | 68468.226 | K1+625 | 9913.633 | 68693.109 | K1+900 | 9923.456 | 68967.934 |
| | | | | | | K1+925 | 9924.354 | 68992.917 |
| | | | | | | K1+950 | 9925.251 | 69017.901 |
| | | | | | | K1+975 | 9926.149 | 69042.885 |
| | | | | | | K2+000 | 9927.047 | 69067.869 |
| | | | | | | K2+025 | 9927.945 | 69092.853 |
| | | | | | | K2+050 | 9928.843 | 69117.837 |
| | | | | | | K2+075 | 9929.741 | 69142.821 |
| | | | | | | K2+100 | 9930.638 | 69167.805 |
| | | | | | | K2+125 | 9931.536 | 69192.788 |
| | | | | | | K2+150 | 9932.434 | 69217.772 |
| | | | | | | K2+175 | 9933.332 | 69242.755 |
| | | | | | | K2+200 | 9934.230 | 69267.740 |

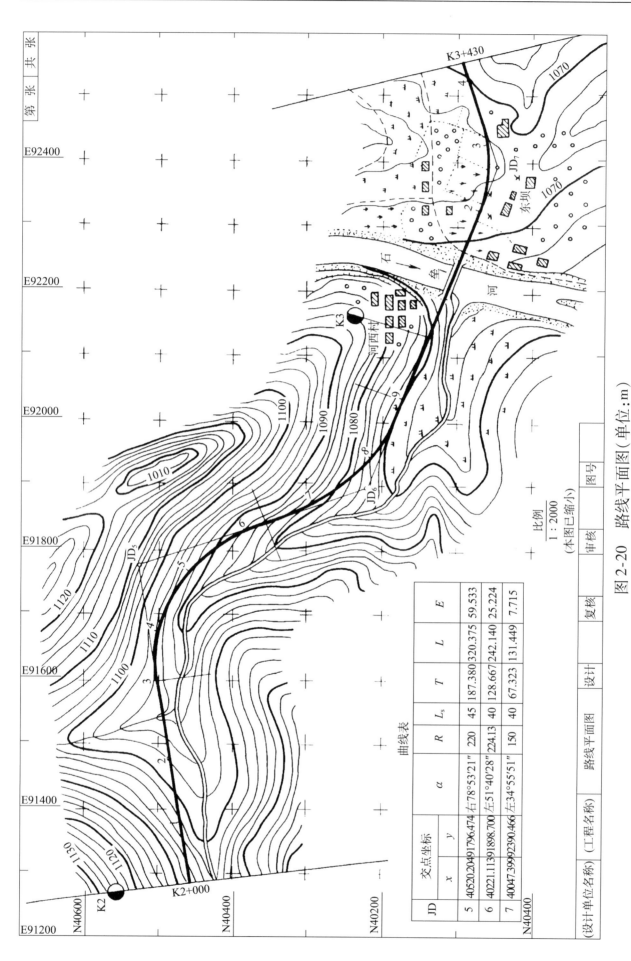

图 2-20 路线平面图（单位：m）

(5)横断面范围内的地形等高线。

(6)中线左右各100~200m范围内的地形等高线,地物、地貌、建筑物的位置和名称。

(7)本页图例、平曲线要素、编注页码和指北方向。

## 第二节 公路纵断面

公路纵断面是沿着公路的中心线用假想的铅垂面纵向剖切,并沿路线长度方向展开形成的铅垂剖切面(即将平曲线沿里程方向拉成直线)。

公路纵断面的设计依据主要有汽车的动力性能、公路的等级、自然因素(地形、地物、气候、地质、水文、土质条件等)、路基水稳定性及工程量等。

公路纵断面的设计应满足纵坡和缓、行车安全和迅速、路基稳定、排水畅通、工程造价低、营运费用合理、乘客舒适度高等要求。

公路纵断面设计图是路线纵断面设计的成果,如图2-21所示。纵断面设计图主要包括以下内容:

(1)地面线:根据中线上的各个桩号地面高程而点绘的一条不规则折线,即相邻地面高程点的连线。它基本反映了沿着路中线地面的起伏变化情况。

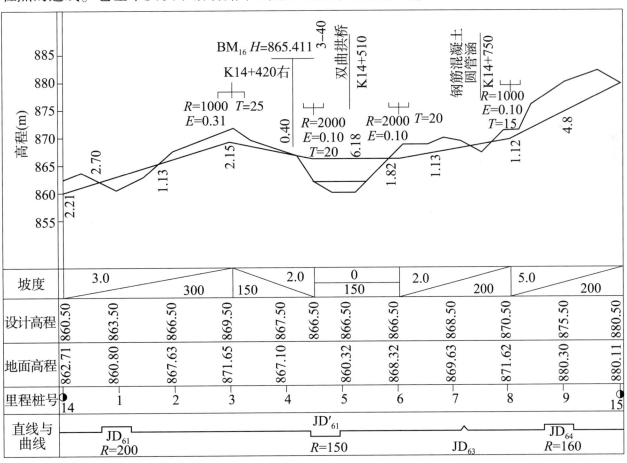

图2-21 纵断面设计图(单位:m)

(2)设计线:根据公路等级、汽车的爬坡性能、地形条件、路基临界高度及视觉等方面的要求,通过技术、经济以及美学上多方面的比较后设计出的一条形状规则的几何线。纵断面设计线是由直线段(匀坡线)和竖曲线组成的。

(3)设计高程:设计线上各点的高程。

纵断面上的设计高程即路基设计高程,应符合下列规定。

新建公路的路基设计高程,高速公路和一级公路宜采用中央分隔带的外侧边缘高程;二级公路、三级公路、四级公路宜采用路基边缘高程,在设置超高、加宽路段为设超高、加宽前该处边缘高程。

改建公路的路基设计高程:宜按新建公路的规定执行,也可视具体情况采用中央分隔带中线或行车道中线高程。

(4)设计线纵坡度(坡度):相邻两变坡点的高差(高程之差)与水平距离(公路里程)之比的百分数。通常用 $i$ 表示,即 $i = h/l \times 100\% = \tan\alpha$,上坡为"+",下坡为"-"。

(5)坡长:在纵断面上两相邻变坡点间的路线长度(水平距离)。

(6)施工高度:同一横断面上设计高程与公路中线地面高程的差,也称填挖高度。填高为 $T$,挖深为 $W$。

(7)转坡点(变坡点):纵断面上相邻两条坡度线相交点。一般设在整桩号处。

(8)平面直线和平曲线示意图(直线与平曲线):为了表示路段的平面线形,通常要画出平面直线和平曲线的位置、转向(平曲线以开口矩形表示,开口向上表示左转,开口向下表示右转),并注明平曲线有关资料(一般只需注明交点编号和圆曲线半径)。其对纵坡设计时确定平纵线形组合、转坡点位置和纵坡的大小都具有十分重要的作用。

## 一、纵坡设计

1. 纵坡的一般规定与要求

(1)纵面线形应平顺、圆滑、视觉连续,并与地形相适应,与周围环境相协调。

(2)纵坡设计应考虑填挖平衡,并将挖方就近作为填方,以减轻对自然地面横坡与环境的影响。

(3)相邻纵坡之代数差小时,应采用大的竖曲线半径。

(4)连续设置长、陡纵坡的路段,上坡方向应满足通行能力的要求,下坡方向应考虑行车安全,并结合前后路段各技术指标设置情况,采用运行速度对连续上坡方向的通行能力及下坡方向的行车安全性进行检验。

(5)路线交叉处前后的纵坡应平缓。

(6)位于积雪或冰冻地区的公路,应避免采用陡坡。

(7)平原地区的纵坡应均匀、平缓。

(8)丘陵地区的纵坡应避免过分迁就地形而起伏过大。

(9)越岭线的纵坡应力求均匀,不宜采用最大值或接近最大值的坡度,更不宜连续采用不同纵坡最大坡长值的陡坡夹短距离缓坡的纵坡线形。

(10)山脊线和山腰线,除结合地形不得已采用较大的纵坡外,在可能的条件下应采用平缓的纵坡。

2. 最大纵坡

在纵断面设计中,各级公路允许采用的最大坡度值为最大纵坡,它是路线设计中纵断面设计的主要控制指标。

最大纵坡根据汽车的动力性能、公路等级、自然条件、车辆安全行驶以及工程运营经济等因素进行确定。各级公路的最大纵坡应不大于表2-15的规定,并应符合下列其他规定:

(1)对于设计速度为120km/h、100km/h、80km/h的高速公路,受地形条件或其他特殊情况限制时,经技术经济论证,其最大纵坡可增加1%。

(2)公路改建中,设计速度为40km/h、30km/h、20km/h的利用原有公路的路段,经技术经济论证,其最大纵坡可增加1%。

(3)四级公路位于海拔2000m以上或积雪冰冻地区的路段,最大纵坡不应大于8%。

(4)设计速度小于或等于80km/h且位于海拔3000m以上高原地区的公路,最大纵坡应按表2-16的规定予以折减。最大纵坡折减后小于4%的应采用4%。

(5)高速公路、一级公路经论证应采用合理的平均纵坡,对存在连续长、陡纵坡的路段应进行安全性评价。

**各级公路最大纵坡** 表2-15

| 设计速度(km/h) | 120 | 100 | 80 | 60 | 40 | 30 | 20 |
|---|---|---|---|---|---|---|---|
| 最大纵坡(%) | 3 | 4 | 5 | 6 | 7 | 8 | 9 |

**高原纵坡折减值** 表2-16

| 海拔(m) | 3000~4000 | 4000~5000 | 5000以上 |
|---|---|---|---|
| 纵坡折减(%) | 1 | 2 | 3 |

3. 最小纵坡

为了保证挖方路段、设置边沟的低填方路段和横向排水不畅路段的排水通畅,以防止积水渗入路基而影响路基的稳定性,一般避免在这些路段采用水平纵坡,否则将导致边沟采用排水纵坡而使边沟挖得过深。因此,公路的纵坡不宜小于0.3%。横向排水不畅的路段或长路堑路段,采用平坡(0%)或小于0.3%的纵坡时,应对其边沟作纵向排水设计。

4. 坡长限制

坡长限制主要是对较陡纵坡的最大长度和一般纵坡的最小长度加以限制。

(1)最小坡长限制。

为保证汽车行驶的安全与平顺,其纵坡坡长不宜过短。最短长度以不小于设计速度行驶9~12s的路程为宜。各级公路的最小坡长应符合表2-17的规定。

**各级公路的最小坡长** 表2-17

| 设计速度(km/h) | 120 | 100 | 80 | 60 | 40 | 30 | 20 |
|---|---|---|---|---|---|---|---|
| 最小坡长(m) | 300 | 250 | 200 | 150 | 120 | 100 | 60 |

(2)最大坡长限制。

若连续纵坡大于5%的坡段过长,则上坡时汽车需克服升坡阻力,从而出现车速降低、水箱开锅、汽车爬坡无力、熄火等现象。下坡时汽车制动次数太多,易发生事故。各级公路不同纵坡的最大坡长应符合表2-18的规定。

**各级公路不同纵坡的最大坡长**（单位：m）　　　　表2-18

| 设计速度（km/h） | | 120 | 100 | 80 | 60 | 40 | 30 | 20 |
|---|---|---|---|---|---|---|---|---|
| 纵坡坡度（%） | 3 | 900 | 1000 | 1100 | 1200 | — | — | — |
| | 4 | 700 | 800 | 900 | 1000 | 1100 | 1100 | 1200 |
| | 5 | — | 600 | 700 | 800 | 900 | 900 | 1000 |
| | 6 | — | — | 500 | 600 | 700 | 700 | 800 |
| | 7 | — | — | — | — | 500 | 500 | 600 |
| | 8 | — | — | — | — | 300 | 300 | 400 |
| | 9 | — | — | — | — | — | 200 | 300 |
| | 10 | — | — | — | — | — | — | 200 |

5.平均纵坡与合成坡度

(1)平均纵坡。

平均纵坡是指某一路段的起、终点高差与水平距离之比，以百分数（%）计。它是衡量线形设计质量的重要指标之一。

二级公路、三级公路、四级公路的越岭路线连续上坡或下坡路段，相对高差为200～500m时，平均纵坡应不大于5.5%；相对高差大于500m时，平均纵坡应不大于5%。任意连续3km路段的平均纵坡宜不大于5.5%。

(2)合成坡度。

公路在平曲线路段，若纵向有纵坡且横向有超高，则最大坡度既不在纵坡上，也不在超高上，而是在纵坡和超高的合成方向上，这时的最大坡度称为合成坡度。

在设有超高的平曲线上，超高与纵坡的合成坡度值不得超过表2-19的规定。

**公路最大合成坡度**　　　　表2-19

| 公路技术等级 | 高速公路、一级公路 | | | | 二级公路、三级公路、四级公路 | | | | |
|---|---|---|---|---|---|---|---|---|---|
| 设计速度（km/h） | 120 | 100 | 80 | 60 | 80 | 60 | 40 | 30 | 20 |
| 合成坡度值（%） | 10.0 | 10.0 | 10.5 | 10.5 | 9.0 | 9.5 | 10.0 | 10.0 | 10.0 |

6.纵坡设计简介

纵坡设计是根据公路等级和有关规定，以及沿线自然条件和拟建构造物的高程要求，确定路线适当的高程、各坡段的纵坡度和坡长，并在转坡点处设置竖曲线。纵坡设计主要由计算机完成。

(1)准备工作。

①准备《公路工程技术标准》（JTG B01—2014）（以下简称《标准》）、《公路路线设计规范》（JTG D20—2017）（以下简称《规范》）；

②收集现场勘测、调查资料；

③确定施工方案；

④收集有关平面设计资料;
⑤准备绘图工具、计算机等。
(2)纵坡设计一般步骤。
①确定纵坡控制点。

a.纵断面控制点。纵断面控制点是指根据选线记录及有关资料,在纵断面上沿线控制高程的点。

b.纵断面控制点类型。纵断面控制点可分为地形控制点和经济控制点两类。地形控制点包括路线的起终点、垭口、桥涵、地质不良地段,最小填土高度,沿河线的洪水位,隧道,路线交叉等。经济控制点主要指填挖平衡点,以节约工程量、降低造价为目的。

②试定纵坡线。

根据定线的意图,全面考虑地面线情况和控制点的要求来试定纵坡线,多考虑几个转坡点。

③调整纵坡线。

根据《标准》《规范》要求、工程量大小及均衡情况以及周围地形、地物的要求,调整纵坡线。调整纵坡线的方法有抬高、降低、延长或缩短纵坡长度,加大或缩小坡度等。

④核对纵坡线。

根据纵坡调整线和横断面,对重要和控制严格的点、填挖量较大和挡土墙等断面认真审查,必要时再调整纵坡线。

⑤确定纵坡线。

起点的高程是事先确定好的,其他各点的高程可以根据起点高程和纵坡度计算得出。

⑥竖曲线的设置。

根据相邻坡度的大小选择竖曲线半径,设置竖曲线,计算竖曲线各点的高程。

## 二、竖曲线

为保证行车安全、舒适且满足视距要求,在变坡点设置的纵向曲线称为竖曲线。公路纵坡变更处应设置竖曲线,竖曲线可采用圆曲线或抛物线。竖曲线的形式有凸形竖曲线和凹形竖曲线,如图2-22所示。

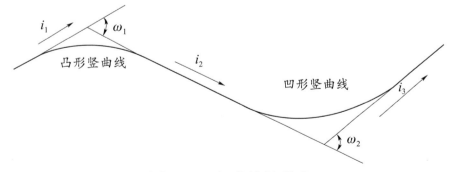

图 2-22  竖曲线的形式

1.竖曲线半径及竖曲线长度

(1)竖曲线半径。

①凸形竖曲线半径的选择依据:以改善纵坡的舒适性,保证行车视距为目的。

②凹形竖曲线半径的选择依据：以缓和行车时的颠簸为目的。

③竖曲线最小半径分为"一般值"和"极限值"。各级公路竖曲线最小半径见表2-20。表中所列各级公路竖曲线最小半径的"极限值"，只是受地形等特殊原因限制不得已时方可采用。在实际设计中，为满足行车安全性和舒适性要求，应采用表中所列"一般值"的1.5～2.0倍或更大值。

**各级公路竖曲线最小半径**　　　　　　　　　　　　　　　　　表2-20

| 设计速度(km/h) | | 120 | 100 | 80 | 60 | 40 | 30 | 20 |
|---|---|---|---|---|---|---|---|---|
| 凸形竖曲线半径(m) | 一般值 | 17000 | 10000 | 4500 | 2000 | 700 | 400 | 200 |
| | 极限值 | 11000 | 6500 | 3000 | 1400 | 450 | 250 | 100 |
| 凹形竖曲线半径(m) | 一般值 | 6000 | 4500 | 3000 | 1500 | 700 | 400 | 200 |
| | 极限值 | 4000 | 3000 | 2000 | 1000 | 450 | 250 | 100 |

注：表中所列"一般值"为正常情况下的采用值；"极限值"为条件受限制时，经技术经济论证后的采用值。

(2)竖曲线长度。

竖曲线长度过短，会在纵面上给驾驶员一种急促折曲的感觉，影响行车的舒适性。最小竖曲线长度是按3s设计速度的行程确定的。各级公路竖曲线长度规定见表2-21。

**各级公路竖曲线长度**　　　　　　　　　　　　　　　　　　　表2-21

| 设计速度(km/h) | | 120 | 100 | 80 | 60 | 40 | 30 | 20 |
|---|---|---|---|---|---|---|---|---|
| 竖曲线长度(m) | 一般值 | 250 | 210 | 170 | 120 | 90 | 60 | 50 |
| | 极限值 | 100 | 85 | 70 | 50 | 35 | 25 | 20 |

注：表中所列"一般值"为正常情况下的采用值；"极限值"为条件受限制时，经技术经济论证后的采用值。

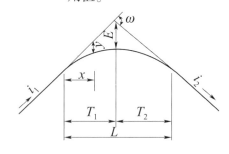

图2-23　竖曲线要素

2. 竖曲线要素计算

(1)转坡角计算(图2-23)。

$$\omega = i_1 - i_2$$

式中：$i_1$、$i_2$——变坡处相邻两纵坡度，以小数计，上坡取"+"，下坡取"−"；

$\omega$——转坡角，正值为凸形竖曲线，负值为凹形竖曲线。

(2)竖曲线长、切线长、外距计算。

竖曲线长：

$$L = R \cdot |\omega|$$

切线长：

$$T = \frac{L}{2} = \frac{R|\omega|}{2}$$

外距：

$$E = \frac{T^2}{2R}$$

式中：$L$——竖曲线长(m)；

$T$——切线长(m)；

$E$——外距(m)；

$R$——竖曲线半径(m)；

$\omega$——转坡角，以小数计。

(3)竖曲线起、终点桩号和设计高程计算。

相对而言，当转坡角很小时，计算桩号时可用水平距离代替坡道距离。

①竖曲线起点桩号 = 转坡点桩号 $- T$。

②竖曲线终点桩号 = 转坡点桩号 $+ T$。

③竖曲线上的设计高程：

a. 凸形竖曲线设计高程 = 未设竖曲线时的坡道高程 $- y$。

b. 凹形竖曲线设计高程 = 未设竖曲线时的坡道高程 $+ y$。

其中：

$$y = \frac{x^2}{2R}$$

式中：$x$——竖曲线上任意一点与起点的距离(m)；

$y$——竖曲线上任意一点的纵距(m)。

【例2-3】 某二级公路，设计速度 $v = 60 \text{km/h}$，相邻两坡段纵坡度 $i_1 = +4\%$，$i_2 = -3\%$，竖曲线半径 $R = 3000 \text{m}$，变坡点里程桩号为 K5 + 030.00，高程为 427.68 m。试计算竖曲线各要素及桩号为 K5 + 000.00 和 K5 + 100.00 处的设计高程。

解：①计算竖曲线要素。

转坡角：

$$\omega = i_1 - i_2 = 0.04 - (-0.03) = 0.07（为凸形竖曲线）$$

竖曲线长：

$$L = R \cdot |\omega| = 3000 \times 0.07 = 210(\text{m})$$

切线长：

$$T = \frac{L}{2} = \frac{210}{2} = 105(\text{m})$$

外距：

$$E = \frac{T^2}{2R} = \frac{105^2}{2 \times 3000} = 1.84(\text{m})$$

②计算设计高程。

竖曲线起点桩号 = (K5 + 030.00) $- 105$ = K4 + 925.00

竖曲线终点桩号 = (K5 + 030.00) $+ 105$ = K5 + 135.00

竖曲线起点高程 = $427.68 - 105 \times 0.04 = 423.48(\text{m})$

桩号 K5+000.00 处：

横距 $x_1 = (K5+000.00) - (K4+925.00) = 75(m)$

纵距 $y_1 = \dfrac{x_1^2}{2R} = \dfrac{75^2}{2 \times 3000} = 0.94(m)$

切线高程 $= 423.48 + 75 \times 0.04 = 426.48(m)$

设计高程 $= 426.48 - 0.94 = 425.54(m)$

桩号 K5+100.00 处：

横距 $x_2 = (K5+100.00) - (K4+925.00) = 175(m)$

纵距 $y_2 = \dfrac{x_2^2}{2R} = \dfrac{175^2}{2 \times 3000} = 5.10(m)$

切线高程 $= 423.48 + 175 \times 0.04 = 430.48(m)$

设计高程 $= 430.48 - 5.10 = 425.38(m)$

## 三、纵断面设计成果

路线纵断面设计成果主要包括路线纵断面图和路基设计表。

### 1.路线纵断面图

路线纵断面图主要反映公路的纵向设计线形、沿线地面的高低起伏情况以及地质和设置构造物的情况。

路线纵断面图(图2-24)主要包括以下内容：

(1)纵断面图采用直角坐标，横坐标表示水平距离，纵坐标表示高程。为了明显地表达地形起伏变化，通常横坐标的比例采用1∶2000，纵坐标采用1∶200。

(2)里程桩号、地面高程、地面线、设计高程、设计线、施工填挖值。

(3)设计线的纵坡线(坡度、坡长，以分式表示，分子表示坡度，分母表示坡长)。

(4)竖曲线及其要素(竖曲线编号、竖曲线半径、切线长、竖曲线长、外距)。

(5)平曲线资料(以开口矩形表示，开口向上表示左转，开口向下表示右转)。

(6)沿线桥涵、隧道及人工构造物的位置、结构及孔径。

(7)与铁路、公路交叉的桩号及路名。

(8)沿线跨越河流的名称、桩号、现有水位及最高洪水水位。

(9)水准点高程成果一览表如表2-22所示。

(10)沿线土壤、地质情况。

(11)断链(断链是指因改移路线而引起里程桩号的变动和中断)位置、桩号及长短链之间的关系。

### 2.路基设计表

路基设计表(表2-23)包括以下内容：

(1)里程桩号。

(2)平曲线(左转、右转)。

(3)纵坡度及坡长。

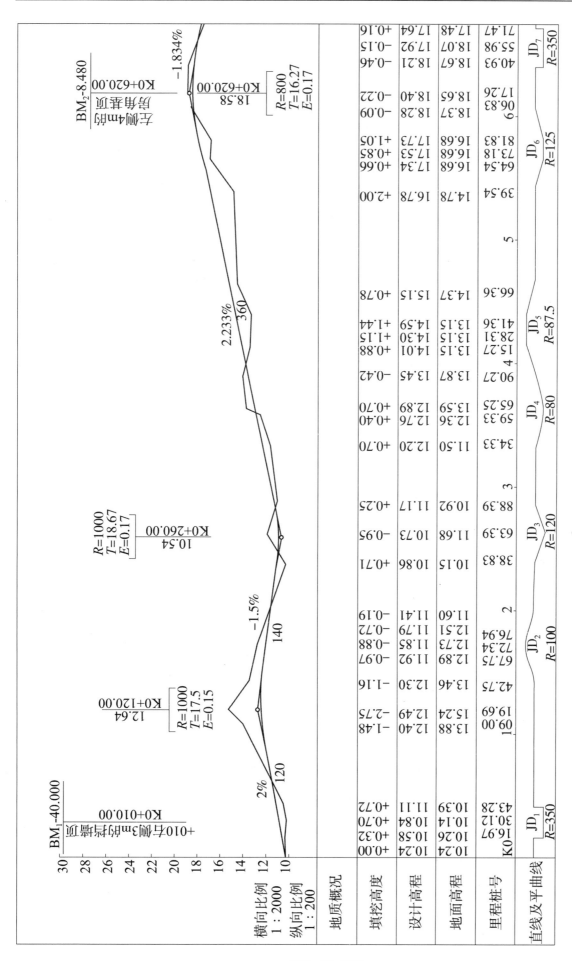

图 2-24 路线纵断面图（单位：m）

水准点高程成果一览表

表 2-22

| 序号 | 编号 | 高程(m) | 概略坐标 N(X) | 概略坐标 E(Y) | 位置 路线中心桩号 | 位置 距主线位置 | 位置 距离路中心线(m) | 位置 位置描述 | 备注 |
|---|---|---|---|---|---|---|---|---|---|
| 1 | BM01 | 94.992 | 3903804.119 | 481004.029 | K1+360 | 左侧 | 18 | 水泥路生产涵西北角帽石上 | |
| 2 | BM02 | 97.749 | 3903998.116 | 480385.974 | K2+010 | 左侧 | 14 | 小桥东南角护轮带上 | |
| 3 | BM03 | 100.457 | 3904257.328 | 479642.412 | K2+796 | 右侧 | 15 | 向北水泥路路边 | |
| 4 | BM04 | 101.119 | 3904488.447 | 478925.830 | K3+550 | 左侧 | 14 | 小桥东南角 | |
| 5 | BM05 | 104.098 | 3904818.615 | 478142.354 | K4+395 | 右侧 | 14 | 涵洞西北角帽石上 | |
| 6 | BM06 | 102.838 | 3904933.955 | 477235.154 | K5+310 | 右侧 | 11 | 京沪高速桥梁防撞墩东端 | |
| 7 | BM07 | 99.674 | 3905156.986 | 475735.988 | K6+840 | 右侧 | 6 | 汪沟鸿通汽车城西桥头西北角 | |
| 8 | BM08 | 98.233 | 3905510.020 | 474382.020 | K8+255 | 右侧 | 35 | 卧龙五金建材门口 | |
| 9 | BM09 | 94.568 | 3905268.595 | 473677.901 | K9+180 | 左侧 | 230 | 小桥东头水渠加固坎上 | |
| 10 | BM10 | 92.369 | 3904569.315 | 473342.634 | K10+238 | 左侧 | 65 | 养殖场向西大车路向南两颗杨树下 | |
| 11 | BM11 | 91.427 | 3903607.288 | 472952.601 | K11+240 | 右侧 | 190 | 鄣庄村中间水泥路向东小闸门东加固坎上 | |

续上表

| 序号 | 编号 | 高程(m) | 概略坐标 N(X) | 概略坐标 E(Y) | 路线中心桩号 | 距主线位置 | 距离路中心线(m) | 位置描述 | 备注 |
|---|---|---|---|---|---|---|---|---|---|
| 12 | BM13 | 89.895 | 3902196.890 | 472940.337 | K12+640 | 右侧 | 18 | 平定庄村西移动塔西南角螺栓上 | |
| 13 | BM14 | 90.772 | 3900836.600 | 472754.880 | K14+015 | 右侧 | 22 | 西大卜村土地庙平台东南角 | |
| 14 | BM15 | 90.957 | 3900155.941 | 472729.612 | K14+690 | 左侧 | 42 | 废高压线杆下 | |
| 15 | BM16 | 87.983 | 3899253.831 | 472401.812 | K15+600 | 右侧 | 235 | 长久东南过路水渠涵洞东南角上 | |
| 16 | BM17 | 85.990 | 3898209.468 | 472280.507 | K16+680 | 右侧 | 325 | 西朱汪庄西混凝土房屋门口 | |
| 17 | BM18 | 86.019 | 3896161.252 | 472254.430 | K18+760 | 右侧 | 27 | "大众化工"门口 | |
| 18 | BM19 | 84.832 | 3895563.768 | 472293.686 | K19+350 | 左侧 | 63 | 影视城指挥部、美味锅贴店门前水泥平台西南角 | |
| 19 | BM20 | 85.736 | 3894499.017 | 471822.334 | K20+500 | 右侧 | 42 | 小葛庄居民区、坊河桥南第三个巷道 | |
| 20 | BM21 | 84.618 | 3893654.128 | 471602.155 | K21+370 | 右侧 | 35 | 天成门业三层楼东北角台阶上 | |

续上表

| 序号 | 编号 | 高程(m) | 概略坐标 N(X) | 概略坐标 E(Y) | 路线中心桩号 | 距主线位置 | 距离路中心线(m) | 位置描述 | 备注 |
|---|---|---|---|---|---|---|---|---|---|
| 21 | BM22 | 83.411 | 3893019.882 | 471439.213 | K22+025 | 右侧 | 40 | 临沂三利木业门前,南面三层楼平台上 | |
| 22 | BM23 | 82.909 | 3892441.011 | 471381.947 | K22+605 | 左侧 | 30 | 废水泥厂北侧加油站内 | |
| 23 | BM24 | 83.159 | 3891936.367 | 471288.537 | K23+115 | 右侧 | 25 | 涑河桥南200米路西花圃西北角上 | |
| 24 | BM25 | 83.178 | 3891445.851 | 471253.712 | K23+610 | 右侧 | 33 | 国亮汽修南三层楼东北角台阶上 | |
| 25 | BM26 | 83.013 | 3890962.500 | 471218.602 | K24+090 | 右侧 | 40 | 鸿运煤场东被交路北侧 | |
| 26 | BM27 | 82.866 | 3890414.924 | 471216.058 | K24+640 | 右侧 | 14 | 宝丰超市前桥梁西北角 | |
| 27 | BM28 | 83.404 | 3889685.239 | 471157.641 | K25+350 | 右侧 | 75 | 临沂奥隆木业有限公司门口 | |
| 28 | BM29 | 82.853 | 3889273.983 | 471146.902 | K25+880 | 右侧 | 350 | 葛九路上小桥西北角 | |
| 29 | BM30 | 86.281 | 3888640.839 | 471071.180 | 26570 | 右侧 | 700 | 铁路桥北100米葛九路路西 | |

路 基 设 计 表

表 2-23

| 桩号 | 平曲线 | | 纵坡度(%)及坡长(m) | 竖曲线 | | 未设竖曲线之设计高程(m) | 至切点距离(m) | 改正值(m) | | 设计高程(m) | 地面高程(m) | 填挖高度(m) | | 路基宽度(m) | | 路基边缘及中桩与设计高程之高差(m) | | | 施工时中桩填挖高度(m) | | 备注 |
|---|---|---|---|---|---|---|---|---|---|---|---|---|---|---|---|---|---|---|---|---|---|
| | 左 | 右 | | 凹 | 凸 | | | + | − | | | 填 | 挖 | 左 | 右 | 左 | 中 | 右 | 填 | 挖 | |
| 1 | 2 | 3 | 4 | 5 | 6 | 7 | 8 | 9 | 10 | 11 | 12 | 13 | 14 | 15 | 16 | 17 | 18 | 19 | 20 | 21 | 22 |
| K13+225 | | | $i=1.3$<br>$L=270$ | +240 | | | | | | 215.65 | 217.92 | | 2.27 | 3.75 | 3.75 | 0 | 0.08 | 0 | | 2.19 | 表列为三级公路(设计速度为30km/h),路拱坡度2%,路肩坡度3%,路面宽度6.0m,路肩宽度0.75m |
| K13+236 | | | | | | | | | | 215.79 | 216.57 | | 0.78 | 3.75 | 3.75 | 0 | 0.08 | 0 | | 0.7 | |
| K13+250 | | | | | | 215.97 | 10 | 0.02 | | 215.99 | 217.77 | | 1.78 | 3.75 | 3.75 | 0 | 0.08 | 0 | | 1.7 | |
| K13+263 | | | | | | 216.14 | 23 | 0.09 | | 216.63 | 217.17 | | 0.94 | 3.75 | 3.75 | 0 | 0.08 | 0 | | 0.86 | |
| K13+279 | | | | | | 216.53 | 21 | 0.07 | | 216.6 | 220.23 | | 3.63 | 3.75 | 3.75 | 0 | 0.08 | 0 | | 3.55 | |
| K13+291 | | | | | | 216.92 | 9 | 0.01 | | 216.93 | 219.83 | | 2.9 | 3.75 | 3.75 | 0 | 0.08 | 0 | | 2.82 | |
| K13+300 | | | 变坡点<br>K13+270处<br>高程216.23m | +300 | | | | | | 217.22 | 221.49 | | 4.27 | 3.75 | 4.11 | 0.05 | 0.08 | 0 | | 4.19 | |
| K13+315 | | | | | | | | | | 217.72 | 221.55 | | 3.83 | 3.75 | 4.95 | 0.16 | 0.08 | −0.02 | | 3.75 | |
| (ZY)K13+321.97 | | | $i=3.3$<br>$L=170$ | | | | | | | 217.95 | 221.47 | | 3.52 | 3.75 | 4.95 | 0.16 | 0.08 | −0.02 | | 3.44 | |
| K13+342 | | | | | | | | | | 218.61 | 219.71 | | 1.1 | 3.75 | 4.95 | 0.16 | 0.08 | −0.02 | | 1.02 | |
| (QZ)K13+362.01 | | | | | | | | | | 219.27 | 221.9 | | 2.63 | 3.75 | 4.95 | 0.16 | 0.08 | −0.02 | | 2.55 | |
| K13+386 | | | | | +399 | | | | | 220.06 | 222.07 | | 2.01 | 3.75 | 4.95 | 0.16 | 0.08 | −0.02 | | 1.93 | |
| K13+400 | | | | | | 220.52 | 1 | | 0 | 220.52 | 222.4 | | 1.88 | 3.75 | 4.95 | 0.16 | 0.08 | −0.02 | | 1.8 | |
| (YZ)K13+402.05 | | | | | | 220.59 | 3.05 | | 0 | 220.59 | 222.37 | | 1.78 | 3.75 | 4.95 | 0.16 | 0.08 | −0.02 | | 1.7 | |
| K13+418 | | | | | | 221.11 | 19 | | 0.12 | 220.99 | 221.35 | 0.27 | 0.36 | 3.75 | 3.75 | 0 | 0.08 | 0 | 0.35 | 0.28 | |
| K13+435 | | | 变坡点<br>K13+440处<br>高程221.84m | | | 221.68 | 36 | | 0.43 | 221.25 | 220.98 | 0.87 | | 3.96 | 3.75 | 0 | 0.08 | 0.07 | 1.07 | | |
| (ZY)K13+452.05 | | | $i=-2.2$<br>$L=280$ | | | 221.57 | 28.95 | | 0.28 | 221.29 | 220.42 | 2.85 | | 5.15 | 3.75 | −0.11 | 0.2 | 0.43 | 3.05 | | |
| (QZ)K13+469.64 | | | | | | 221.19 | 11.36 | | 0.04 | 221.15 | 218.3 | | | 5.15 | 3.75 | −0.11 | 0.2 | 0.43 | | | |
| (YZ)K13+487.22 | | | | | +481 | | | | | 220.82 | 220.95 | 0.05 | 0.15 | 5.15 | 3.75 | −0.11 | 0.2 | 0.43 | 0.05 | | |

(4)竖曲线(凸形、凹形)。

(5)切线高程。

(6)竖曲线改正值。

(7)竖曲线设计高程(切线高程±改正值)。

(8)地面高程(测量所得)。

(9)填挖高度(设计高程－地面高程,"＋"为填,"－"为挖)。

(10)路基宽度。

(11)路基边缘及中桩与设计高程之高差。

(12)施工时中桩填挖高度。

# 第三节　公路横断面

公路中心线法线方向的剖面称为公路横断面。公路横断面的方向:直线段为该点垂直于公路中心线的方向;曲线段为垂直于该点切线的方向。

## 一、横断面设计

1. 公路建筑限界

公路建筑限界是为了保证公路上规定的车辆正常运行与安全,在一定宽度和高度范围内,不得有任何障碍物侵入的空间,通常用净空(包括净宽和净高)表示。公路标志、护栏、照明灯柱、电杆、管线、绿化以及跨线桥的梁底、桥台、桥墩等的任何部分也不得侵入公路建筑限界。各级公路的建筑限界应符合图2-25中的规定。

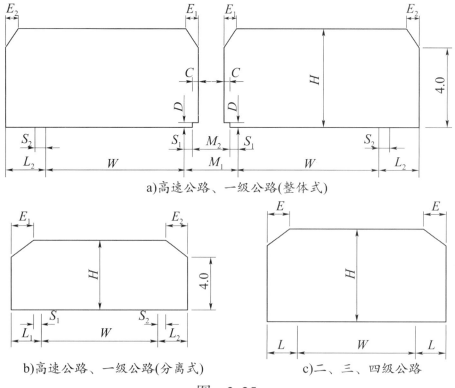

图 2-25

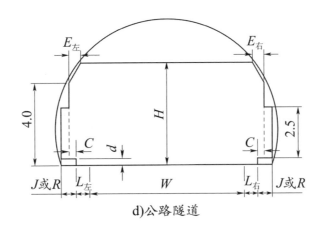

d) 公路隧道

**图2-25 各级公路的建筑限界(尺寸单位:m)**

图中:$W$——行车道宽度;

$L_1$——左侧硬路肩宽度;

$L_2$——右侧硬路肩宽度;

$S_1$——左侧路缘带宽度;

$S_2$——右侧路缘带宽度;

$L$——侧向宽度,二级公路的侧向宽度为硬路肩宽度,三、四级公路的侧向宽度为路肩宽度减去0.25m,设置护栏时,应根据护栏宽度的需要加宽路基;

$L_左$——隧道内左侧侧向宽度;

$L_右$——隧道内右侧侧向宽度;

$C$——当设计速度大于100km/h时为0.5m,设计速度小于或等于100km/h时为0.25m;

$D$——路缘石高度,小于或等于0.25m,一般情况下,高速公路可不设路缘石;

$M_1$——中间带宽度;

$M_2$——中央分隔带宽度;

$J$——检修道宽度;

$R$——人行道宽度;

$d$——检修道或人行道高度;

$E$——建筑限界顶角宽度,当$L \leq 1m$时,$E=L$,当$L>1m$时,$E=1m$;

$E_1$——建筑限界顶角宽度,当$L_1<1m$,$E_1=L_1$,或$S_1+C<1m$时,$E_1=S_1+C$;当$L_1 \geq 1m$或$S_1+C \geq 1m$时,$E_1=1m$;

$E_2$——建筑限界顶角宽度,$E_2=1m$;

$E_左$——建筑限界左顶角宽度,当$L_左 \leq 1m$时,$E_左=L_左$;当$L_左>1m$时,$E_左=1m$;

$E_右$——建筑限界右顶角宽度,当$L_右 \leq 1m$时,$E_右=L_右$;当$L_右>1m$时,$E_右=1m$;

$H$——净空高度。

2. 横断面设计方法

横断面设计在平面设计和纵断面设计完成之后进行。在横断面测量所得各桩号的横断面(地面线)上,按纵断面设计确定的路基填挖高度以及选定的路基宽度、超高加宽值、边坡坡度、边沟尺寸等,结合当地的地形、地质自然条件,参照典型路基横断面图式,逐桩号给出路基的外廓线,通常把这项工作称作"戴帽子"。这种横断面设计方法俗称"戴帽子法"。

一般横断面设计图如图2-26所示。

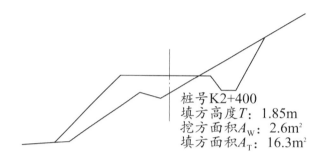

图2-26 一般横断面设计图

有超高的圆曲线段横断面设计图如图2-27所示。

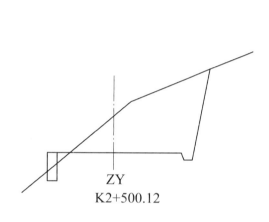

图2-27 有超高的圆曲线段横断面设计图

3. 横断面设计的内容

横断面设计的主要内容:横断面形式、路基宽度、车道数、中间带、路肩、爬坡车道、加减速车道、错车道、路拱坡度、净宽、净高等。

4. 横断面设计实例图

横断面设计实例如图2-28、图2-29所示。

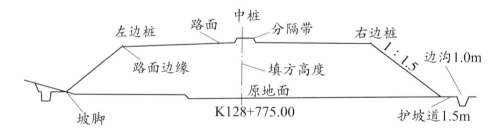

图2-28 填方路基横断面设计实例图

注:$T$-填方高度,$T=4.9$m;$ZN$-左边坡比,$ZN=1.5$;$YN$-右边坡比,$YN=1.5$;$A_T$-填方面积,$A_T=136$m$^2$;$A_W$-挖方面积,$A_W=2.3$m$^2$;$ZB$-左征地界距,$ZB=27.13$;$YB$-右征地界距,$YB=27.94$。

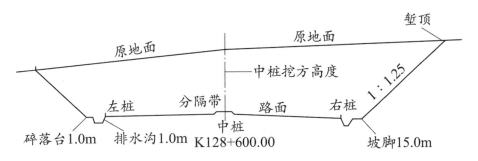

图 2-29 挖方路基横断面设计实例图

注:$W$-挖方高度,$W=6.28m$;$ZN$-左边坡比,$ZN=1.25$;$YN$-右边坡比,$YN=1.25$;$ZB$-左征地界距,$ZB=25.73$;$YB$-右征地界距,$YB=36.49$;$A_W$-挖方面积,$A_W=255.2m^2$。

## 二、横断面设计成果

横断面设计成果主要包括横断面设计图和土石方数量计算表。

1. 横断面设计图

横断面设计图主要包括以下内容:

(1)横断面的比例,通常采用1:200~1:100。

(2)横断面所处的桩号。

(3)横向地面线和横断面设计线。

(4)各桩号的填方高度($T$)、挖方高度($W$),中线左右的路基宽度和超高的数值。

(5)各断面的填挖面积。

(6)边沟、截水沟等的尺寸和边坡坡度。

(7)特殊断面的圬工种类及断面尺寸,如挡土墙等。

2. 土石方数量计算表

土石方数量计算表(表2-24)反映的主要内容如下:

(1)断面桩号。

(2)相应桩号的横断面填挖面积。

(3)相邻横断面的平均填挖面积。

(4)相邻断面的路线距离。

(5)两相邻断面之间的填挖数量:

$$填挖数量 = 平均填挖面积 \times 距离$$

(6)相邻断面路段内的土石方利用及填方缺额(简称填缺)或挖方余额(简称挖余):

$$填方 = 相邻断面区段内利用 + 填缺$$

$$挖方 = 相邻断面区段内利用 + 挖余$$

(7)远运利用及纵向调配。

(8)相邻断面内的借方(或弃方)数量及超运距单位数。

(9)根据借方(或弃方)数量和超运距单位数,计算该路段的总运量。

## 路基土石方

| 断面桩号 | 断面面积(m²) | | 平均面积(m²) | | 距离(m) | 挖方(m³) | | | 填方(m³) | | | | | 本桩利用 | | 挖余(m³) | | 填缺(m³) | |
|---|---|---|---|---|---|---|---|---|---|---|---|---|---|---|---|---|---|---|---|
| | | | | | | | | | 总体积 | 土 | | 石 | | | | | | | |
| | 挖 | 填 | 挖 | 填 | | 总体积 | 土 | 石 | | 压实方 | 天然方 | 压实方 | 天然方 | 土 | 石 | 土 | 石 | 土 | 石 |
| 1 | 2 | 3 | 4 | 5 | 6 | 7 | 8 | 9 | 10 | 11 | 12 | 13 | 14 | 15 | 16 | 17 | 18 | 19 | 20 |
| K0+000.000 | 13.3 | | | | | | | | | | | | | | | | | | |
| K0+014.500 | 13.6 | 1.7 | 13.4 | 0.9 | 14.50 | 195 | 58 | 136 | 12 | 12 | 14 | | | | | 14 | | 44 | 136 |
| K0+020.000 | 22.7 | | 18.1 | 0.9 | 5.50 | 100 | 30 | 70 | 5 | 5 | 5 | | | | | 5 | | 24 | 70 |
| K0+060.000 | 4.0 | 104.0 | 13.4 | 52.0 | 40.00 | 534 | 160 | 374 | 2079 | 1673 | 1940 | 407 | 374 | 160 | 374 | | | 1780 | |
| K0+080.000 | 3.3 | 205.1 | 3.7 | 154.5 | 20.00 | 74 | 22 | 51 | 3091 | 3035 | 3520 | 56 | 51 | 22 | 51 | | | 3498 | |
| K0+100.000 | 3.4 | 257.9 | 3.4 | 231.5 | 20.00 | 68 | 20 | 47 | 4630 | 4578 | 5311 | 51 | 47 | 20 | 47 | | | 5291 | |
| K0+120.000 | 4.9 | 221.9 | 4.2 | 239.9 | 20.00 | 84 | 25 | 59 | 4798 | 4734 | 3491 | 64 | 59 | 25 | 59 | | | 5466 | |
| K0+140.000 | 3.2 | 189.5 | 4.0 | 205.7 | 20.00 | 81 | 24 | 57 | 4114 | 4053 | 4701 | 62 | 57 | 24 | 57 | | | 4677 | |
| K0+160.000 | 2.3 | 296.4 | 2.7 | 243.0 | 20.00 | 54 | 16 | 38 | 4859 | 4818 | 5589 | 41 | 38 | 16 | 38 | | | 5573 | |
| K0+180.000 | | 376.5 | 1.1 | 336.5 | 20.00 | 23 | 7 | 16 | 6729 | 6712 | 7786 | 17 | 16 | 7 | 16 | | | 7779 | |
| K0+193.000 | | 394.2 | | 385.4 | 13.00 | | | | 5010 | 5010 | 5812 | | | | | | | 5812 | |
| K0+195.000 | | 397.0 | 扣除 | | | | | | | | | | | | | | | | |
| K0+201.500 | | 405.8 | | 401.4 | 6.50 | | | | 2609 | 2609 | 3026 | | | | | | | 3026 | |
| K0+207.500 | 5.8 | 213.7 | 2.9 | 309.7 | 6.00 | 17 | 5 | 12 | 1858 | 1845 | 2141 | 13 | 12 | 5 | 12 | | | 2135 | |
| K0+220.000 | 6.0 | 120.2 | 5.9 | 167.0 | 12.50 | 74 | 22 | 52 | 2087 | 2031 | 2356 | 56 | 52 | 22 | 52 | | | 2334 | |
| K0+240.000 | 5.4 | 98.3 | 5.7 | 109.3 | 20.00 | 114 | 34 | 80 | 2186 | 2099 | 2435 | 87 | 80 | 34 | 80 | | | 2401 | |
| K0+250.000 | 5.4 | 88.3 | 5.4 | 93.3 | 10.00 | 54 | 16 | 38 | 933 | 892 | 1035 | 41 | 38 | 16 | 38 | | | 1019 | |
| K0+253.150 | 5.1 | 54.5 | 5.2 | 71.4 | 3.16 | 16 | 5 | 12 | 225 | 213 | 247 | 13 | 12 | 5 | 12 | | | 242 | |
| K0+280.000 | 2.3 | 10.4 | 3.7 | 32.4 | 26.84 | 99 | 30 | 69 | 870 | 795 | 922 | 75 | 69 | 30 | 69 | | | 892 | |
| K0+291.990 | 5.3 | 21.1 | 3.8 | 11.3 | 11.99 | 46 | 14 | 32 | 135 | 100 | 116 | 35 | 32 | 14 | 32 | | | 103 | |
| K0+320.000 | 10.9 | 2.4 | 8.1 | 7.3 | 28.01 | 226 | 68 | 158 | 203 | 58 | 68 | 145 | 133 | 68 | 133 | | | | 25 |
| K0+330.810 | 18.7 | 1.1 | 14.8 | 1.7 | 10.81 | 160 | 48 | 112 | 19 | 19 | 22 | | | | 22 | 26 | 112 | | |
| K0+360.000 | 21.2 | 0.4 | 19.9 | 0.7 | 29.19 | 581 | 174 | 407 | 21 | 21 | 25 | | | | 25 | 150 | 407 | | |
| K0+390.810 | 13.2 | 2.5 | 17.2 | 1.4 | 30.81 | 529 | 159 | 370 | 44 | 44 | 51 | | | | 51 | 108 | 370 | | |
| K0+440.000 | 3.8 | 7.9 | 8.5 | 5.2 | 49.19 | 418 | 125 | 292 | 254 | 108 | 125 | 146 | 135 | 125 | 135 | | | 158 | |
| K0+480.000 | 3.5 | 8.7 | 3.7 | 8.3 | 40.00 | 147 | 44 | 103 | 331 | 219 | 255 | 112 | 103 | 44 | 103 | | | 211 | |
| K0+517.200 | 7.6 | 18.5 | 5.6 | 13.6 | 37.20 | 207 | 62 | 145 | 506 | 349 | 405 | 157 | 145 | 62 | 145 | | | 342 | |
| K0+520.000 | 7.7 | 18.9 | 7.6 | 18.7 | 2.90 | 21 | 6 | 15 | 52 | 36 | 42 | 16 | 15 | 6 | 15 | | | 35 | |
| K0+523.230 | 7.3 | 15.5 | 7.5 | 17.2 | 3.23 | 24 | 7 | 17 | 55 | 37 | 43 | 18 | 17 | 7 | 17 | | | 36 | |
| K0+540.000 | 3.2 | 10.7 | 5.2 | 13.1 | 16.77 | 88 | 26 | 61 | 219 | 152 | 177 | 67 | 61 | 26 | 61 | | | 150 | |
| K0+553.370 | 3.1 | 10.7 | 3.2 | 10.7 | 13.37 | 42 | 13 | 30 | 143 | 110 | 128 | 32 | 30 | 13 | 30 | | | 115 | |
| K0+580.000 | 1.4 | 6.1 | 2.3 | 8.4 | 26.63 | 61 | 18 | 42 | 224 | 177 | 206 | 46 | 42 | 18 | 42 | | | 188 | |
| K0+600.000 | 5.7 | 1.3 | 3.5 | 3.7 | 20.00 | 71 | 21 | 50 | 74 | 21 | 24 | 54 | 50 | 21 | 50 | | | 3 | |
| K0+611.000 | 7.2 | 1.1 | 6.4 | 1.2 | 11.00 | 71 | 21 | 50 | 13 | 3 | 15 | | | 15 | | 6 | 50 | | |
| 本页小计 | | | | | 609.01 | 4279 | 1280 | 2995 | 48338 | 46568 | 52033 | 1811 | 1668 | 922 | 1668 | 358 | 1328 | 53108 | |

## 数量计算表

表 2-24

| 远运利用及纵向调配示意图 | 弃 方 | | | | | | 借 方 | | | | | | 备注 |
|---|---|---|---|---|---|---|---|---|---|---|---|---|---|
| | 土 | | | 石 | | | 土 | | | 石 | | | |
| | 土(m³) | 运距(km) | 运量(m³/km) | 石(m³) | 运距(km) | 运量(m³/km) | 土(m³) | 运距(km) | 运量(m³/km) | 石(m³) | 运距(km) | 运量(m³/km) | |
| 21 | 22 | 23 | 24 | 25 | 26 | 27 | 28 | 29 | 30 | 31 | 32 | 33 | 34 |
| | 44 | | | 136 | | | | | | | | | |
| | 24 | | | 70 | | | | | | | | | |
| | | | | | | | 1780 | | | | | | |
| | | | | | | | 3498 | | | | | | |
| | | | | | | | 5291 | | | | | | |
| | | | | | | | 5466 | | | | | | |
| | | | | | | | 4677 | | | | | | |
| | | | | | | | 5573 | | | | | | |
| | | | | | | | 7779 | | | | | | |
| | | | | | | | 5812 | | | | | | |
| | | | | | | | 3026 | | | | | | |
| | | | | | | | 2135 | | | | | | |
| | | | | | | | 2334 | | | | | | |
| 一 | | | | | | | 2401 | | | | | | |
| | | | | | | | 1019 | | | | | | |
| | | | | | | | 242 | | | | | | |
| | | | | | | | 892 | | | | | | |
| | | | | | | | 103 | | | | | | |
| | | | | 25 | | | | | | | | | |
| | 26 | | | 112 | | | | | | | | | |
| | 150 | | | 407 | | | | | | | | | |
| | 108 | | | 370 | | | | | | | | | |
| | | | | 158 | | | | | | | | | |
| | | | | | | | 211 | | | | | | |
| | | | | | | | 342 | | | | | | |
| | | | | | | | 35 | | | | | | |
| | | | | | | | 36 | | | | | | |
| | | | | | | | 150 | | | | | | |
| | | | | | | | 115 | | | | | | |
| | | | | | | | 188 | | | | | | |
| | | | | | | | 3 | | | | | | |
| | 6 | | | 50 | | | | | | | | | |
| | 358 | | | 1328 | | | 53108 | | | | | | |

### 3. 土石方调配

（1）土石方调配的目的。

土石方调配的目的是将路堑的挖方合理地调运于路堤填方或适当的位置弃土，并合理地布置取土坑和弃土堆，从而减少公路用地，并尽量使运量最小，搬运最便利。

（2）土石方调配的一般要求。

①应尽可能在本桩位内移挖作填，即横向调配，以减少弃方和借方数量。

②综合考虑不同的施工方法、运输条件、地形情况等因素，选用合理的经济运距。

③弃方要妥善处理，尽量不占或少占耕地，防止乱堆乱弃。

④填方如需路外借土，则应根据借方数量，结合附近的地形、地质，综合考虑借土还田、整地造田进行调配。

⑤应考虑桥涵位置，一般不作跨沟调运；并考虑地形情况，一般也不宜往上坡方向调运。

⑥不同性质的土石方应分别调配，以做到分层填筑。

⑦土石方工程集中的路段，可单独进行调配。

⑧土石方调配一般在1km内进行，必要时也可在1km以外调配，但需将调配的方向及数量分别注明，以免混淆。

### 复习思考题

1. 如何确定圆曲线的半径？
2. 什么是回旋线？设置回旋线的作用、条件是什么？
3. 什么是公路超高？什么情况下设置超高？
4. 什么是超高缓和段？实现超高缓和过渡的方式有哪些？
5. 什么是圆曲线的加宽？圆曲线的加宽值应该如何选用？
6. 什么是停车视距、会车视距、超车视距？
7. 已知 $JD_9$ 桩号为 K10+655.72，转角 $\alpha = 33°25'20''$（右转），设计圆曲线半径 $R = 200m$，试计算圆曲线要素。
8. 已知 $JD_{10}$ 桩号为 K8+762.45，$R = 300m$，$\alpha = 20°24'06''$，拟用 $L_s = 50m$，试计算回旋线基本要素。
9. 公路平面设计的主要成果有哪些？
10. 什么是路线纵断面？
11. 什么是公路纵断面设计线、设计高程、设计纵坡坡度、坡长？
12. 新建公路的路基设计高程如何选取？
13. 什么是公路施工高度？
14. 什么是最大纵坡、最小纵坡？
15. 为什么限制公路最大坡长？
16. 什么是平均纵坡、合成坡度？
17. 纵坡设计的一般步骤是什么？
18. 公路纵断面设计成果包括哪些内容？

19. 某二级公路，设计竖曲线的半径 $R=10000\mathrm{m}$，相邻坡段的坡度 $i_1=3.4\%$，$i_2=1.5\%$，变坡点的里程桩号为 K6+180，变坡点高程为 398.69m，试计算竖曲线要素。

20. 某山岭区公路，转坡点桩号为 K6+770，其高程为 396.67m，相邻坡段的坡度 $i_1=3.4\%$，$i_2=1.5\%$，设计竖曲线的半径 $R=3000\mathrm{m}$，试计算竖曲线要素、起终点桩号及竖曲线上每隔 10m 桩号的设计高程。

21. 横断面设计图主要包括哪些内容？

22. 路基土石方数量计算表反映的主要内容是什么？

# 第三章 路基工程

**知识点**

路基的基本要求、路基分类；
路基地表排水设施和地下排水设施的类型；
路基防护与加固工程的类型。

**技能点**

识读路基排水设计图；
识读路基防护、加固设计图。

## 第一节 路基概述

路基是按路线位置和一定技术要求修筑的带状构造物，是路面的基础，承受由路面传来的荷载。路基横断面示意图如图 3-1 所示。

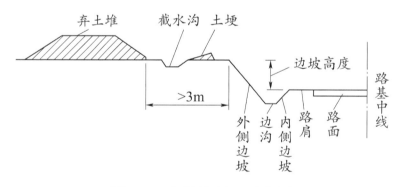

图 3-1 路基横断面示意图

### 一、路基的基本要求、技术要求和原地面处理要求

路基作为公路的组成部分，它贯穿公路全线，与沿线的桥梁、涵洞、隧道等相连接。因此，其质量关系到整个公路的质量。

路基是路面的基础，它与路面共同承受行车荷载的作用。实践证明，没有坚实、稳定的路基，就没有稳固的路面。路基的强度和稳定性是保证路面强度和稳定性的先决条件，提高路基的强度和稳定性，可以适当减小路面的结构层厚度，从而降低工程造价。

1.路基基本要求

在公路建设项目中,路基不仅工程数量和投资巨大,而且是占用土地最多、使用劳动力数量最大、牵涉面最广的工程。特别是在工程量集中、地质与水文条件复杂的地段,路基工程遇到的技术问题更多、更难,常常成为公路建设的关键。路基应满足下列基本要求:

(1)具有足够的整体稳定性。

路基是直接在地面上通过填筑或开挖建成的。修建路基后,会改变原地面的天然平衡状态。在工程地质不良的地区,修建路基可能加剧原地面的不平衡状态,从而导致路基发生各种破坏现象。因此,要防止路基结构在行车荷载及自然因素的作用下发生不允许的变形或破坏,如沉陷(堤身下陷和地基下陷)、边坡塌方(剥落、滑塌、崩塌)、路堤沿山坡滑动等现象,如图3-2～图3-5所示,见数字资源03～07。

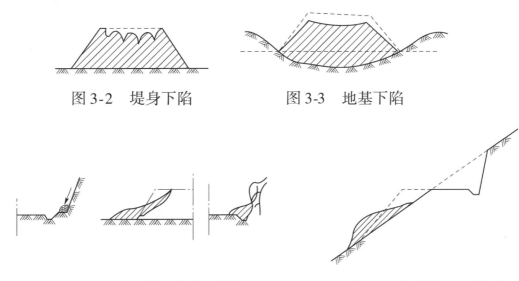

图3-2 堤身下陷　　图3-3 地基下陷

图3-4 边坡剥落、滑塌、崩塌　　图3-5 路堤沿山坡滑动

(2)具有足够的强度。

路基的强度是指在行车荷载的作用下,路基抵抗破坏的能力。路基直接承受路面结构自重和车辆传递下来的荷载,为保证路基在自身和外力作用下不产生超过容许范围的变形,要求路基必须具有足够的抵抗破坏的能力(足够的强度)。

(3)具有足够的水温稳定性。

路基的水温稳定性主要是指路基在水和温度的作用下保持其强度的能力。路基在地面水和地下水的作用下,其强度会显著降低。特别是在季节性冰冻地区,由于水和温度状况变化,路基将发生周期性冻融作用,出现冻胀和翻浆,使路基强度急剧下降。因此,路基不仅要具有足够的强度,还应保证在最不利的水和温度状况下,其强度不致显著降低,这就要求路基具有一定的水温稳定性。

2.路基技术要求和原地面处理要求

路基技术要求和原地面处理要求应符合下列规定:

(1)对路堤原地面应清理和压实。原地面强度、稳定性不足时,应进行处理,以保证路基稳定,减少工后沉降。

（2）路基压实度应根据公路技术等级、填挖深度、交通荷载等级、填料特点等因素确定，其中，土质路基压实度应满足表3-1的规定。

土质路基压实度标准　　　　　　　　　　　　　表3-1

| 填筑部位（路面底面以下深度）（m） | | | | 压实度（%） | | |
|---|---|---|---|---|---|---|
| | | | | 高速公路、一级公路 | 二级公路 | 三级公路、四级公路 |
| 填方路基 | 上路床 | | 0~0.3 | ≥96 | ≥95 | ≥94 |
| | 下路床 | 轻、中及重交通 | 0.3~0.8 | ≥96 | ≥95 | ≥94 |
| | | 特重、极重交通 | 0.3~1.2 | | | — |
| | 上路堤 | 轻、中及重交通 | 0.8~1.5 | ≥94 | ≥94 | ≥93 |
| | | 特重、极重交通 | 1.2~1.9 | | | — |
| | 下路堤 | 轻、中及重交通 | >1.5 | ≥93 | ≥92 | ≥90 |
| | | 特重、极重交通 | >1.9 | | | |
| 零填及挖方路基 | 上路床 | | 0~0.3 | ≥96 | ≥95 | ≥94 |
| | 下路床 | 轻、中及重交通 | 0.3~0.8 | ≥96 | ≥95 | — |
| | | 特重、极重交通 | 0.3~1.2 | | | |

注：1. 压实度以现行《公路土工试验规程》（JTG 3430）重型击实试验法为准。

2. 三级公路、四级公路铺筑水泥混凝土路面或沥青混凝土路面时，其压实度应采用二级公路的规定值。

3. 路堤采用特殊填料或处于特殊气候地区时，压实度标准在保证路基强度要求的前提下根据试验路段和当地工程经验确定。

4. 特殊干旱地区的压实度标准可降低2~3个百分点。

（3）在满足路基各层压实度的前提下，应根据路基实际采用的填料类型和路面结构设计要求，确定路床顶面回弹模量标准。对于重载交通路基、软弱和特殊土路基，可适当提高路床顶面回弹模量。

## 二、路基分类

路基可按路基横断面组成、路基横断面形式、路基填筑材料进行分类。

1. 按路基横断面组成分类

（1）高速公路、一级公路的路基标准横断面分为整体式和分离式两类。整体式路基标准横断面由车道、中间带（中央分隔带、左侧路缘带）、路肩（右侧硬路肩、土路肩）等部分组成；分离式路基标准横断面应由车道、路肩（右侧硬路肩、左侧硬路肩、土路肩）等部分组成。两种横断面如图3-6所示。

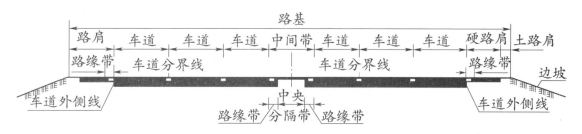

a) 高速公路、一级公路一般整体式断面形式

b) 整体式横断面实例图

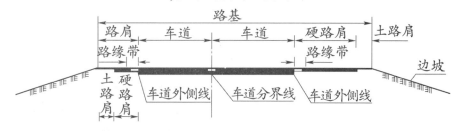

c) 高速公路、一级公路一般分离式断面形式(右幅断面)

d) 分离式横断面实例图

图 3-6 高速公路、一级公路一般路基标准横断面图

（2）二级公路路基的标准横断面应由车道、路肩（硬路肩、土路肩）等部分组成，如图 3-7 所示。

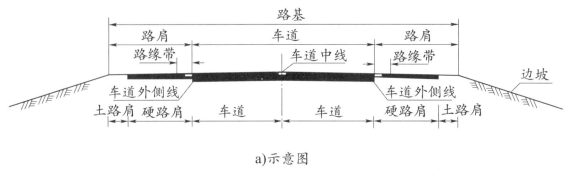

a) 示意图

b) 实例图

图 3-7 二级公路一般路基标准横断面图

(3) 三级公路、四级公路路基的标准横断面由车道、路肩等部分组成，如图 3-8 所示。

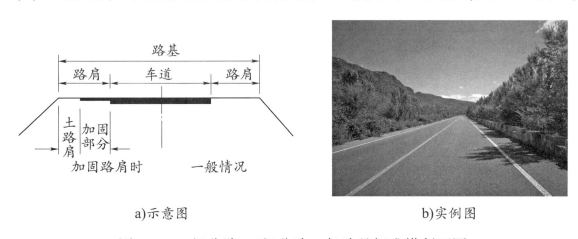

a) 示意图　　　　　　　　　　　　b) 实例图

图 3-8 三级公路、四级公路一般路基标准横断面图

2. 按路基横断面形式分类

路基按横断面形式不同，可分为路堤、路堑、半填半挖路基、零填零挖路基。在选择路基横断面形式时，应因地制宜，统筹考虑安全、环境、土地、经济等因素，选择合适的路基横断面形式。

(1) 路堤。

高于原地面的填方路基称为路堤，如图 3-9 所示。

(2) 路堑。

低于原地面的挖方路基称为路堑，如图 3-10 所示。

图 3-9 路堤

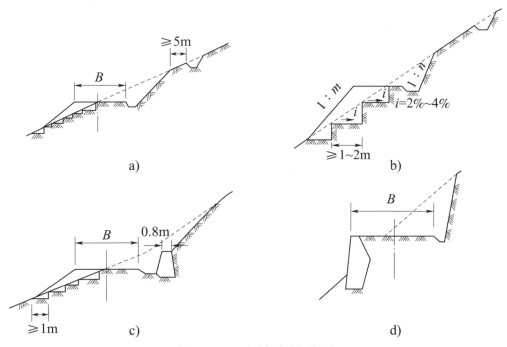

图 3-10 路堑

(3) 半填半挖路基。

在一个横断面内,部分为填方、部分为挖方的路基称为半填半挖路基,如图 3-11 所示。

图 3-11 半填半挖路基

注:$B$-路基宽度;$m$、$n$-坡度。

(4)零填零挖路基。

路基高程与原地面高程基本相同的路基称为零填零挖路基,如图 3-12 所示。

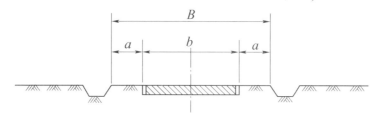

图 3-12　零填零挖路基

3. 按路基填筑材料分类

路基按填筑材料不同,可分为填土路基、填石路基、土石路基。

(1)填土路基。

用土质材料填筑的路基称为填土路基,如图 3-13 所示。

(2)填石路基。

用粒径大于 40mm 且含量超过总质量 70% 的石料填筑的路基称为填石路基,如图 3-14 所示。

a)　　　　　　　　　　　　　　b)

图 3-13　填土路基实例图

a)　　　　　　　　　　　　　　b)

图 3-14　填石路基实例图

(3)土石路基。

用石料含量占总质量 30%～70% 的土石混合材料填筑的路基称为土石路基,如图 3-15 所示。

## 三、路基有关概念及横断面尺寸

1. 路基有关概念

正确理解设计意图,准确掌握路基有关尺寸,才能合理地组织路基施工,保证路基的施工质量。

(1)路基宽度。

公路的路基宽度为车道宽度与路肩宽度之和,当设有中间带、加(减)速车道、爬坡车道、紧急停车带、错车

图 3-15 土石路基实例图

道、超车道、侧分隔带、非机动车道(或慢车道)和人行道等时,应包括上述部分的宽度,如图 3-16 所示。

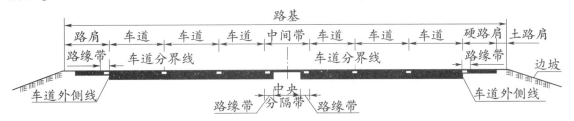

a)高速公路路基宽度

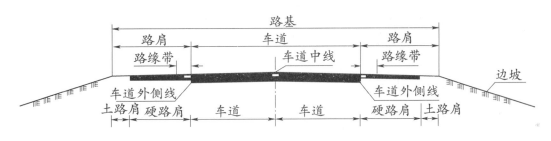

b)二、三、四级公路路基宽度

图 3-16 路基宽度

(2)路基填挖高度。

路基填挖高度,也称为路基的施工高度,是指路基设计高程与路中线原地面高程之差。"+"为填,"-"为挖。路基填挖高度设计应符合下列规定:

①路基填挖高度设计应使路肩边缘高出路基两侧地面积水高度,同时考虑地下水、毛细水和冰冻的作用,使其不影响路基的强度和稳定性。

②沿河及可能被水淹路段,按设计高程推算的最低侧路基边缘高程,应高出规定设计洪水频率的计算水位加壅水高、波浪侵袭高和 0.5m 的安全高度。路基设计洪水频率规定如表 3-2 所示。

**路基设计洪水频率** 表 3-2

| 公路技术等级 | 高速公路 | 一级公路 | 二级公路 | 三级公路 | 四级公路 |
|---|---|---|---|---|---|
| 设计洪水频率 | 1/100 | 1/100 | 1/50 | 1/25 | 按具体情况确定 |

新建公路路基设计高程:高速公路和一级公路采用中央分隔带的外侧边缘高程;二级公路、三级公路、四级公路宜采用路基边缘的高程;设置超高、加宽路段为设超高、加宽前该处

边缘高程,如图 3-17 所示。

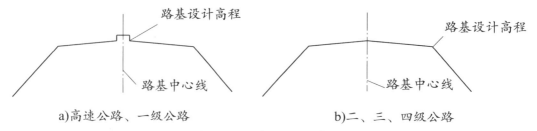

图 3-17 路基设计高程

改建公路的路基设计高程:宜按新建公路的规定执行,也可视具体情况采用中央分隔带中线或行车道中线的高程。

(3)路基边坡。

路基边坡是指路肩外边缘与坡脚(路堑则为边沟外侧沟底与坡顶)所构成的坡面(图 3-18)。

图 3-18 路基边坡(尺寸单位:m)

(4)路基的结构层。

路面结构层以下 0.80m 或 1.20m 范围内的路基部分称为路床,0.80m 或 1.50m 以下部分称为路堤,如图 3-19 所示。

上路床:路面结构层以下 0~0.30m。

下路床:轻、中及重交通路面结构层以下 0.30~0.80m;特重、极重交通路面结构层以下 0.30~1.20m。

上路堤:轻、中及重交通路面结构层以下 0.80~1.50m;特重、极重交通路面结构层以下 1.20~1.90m。

下路堤:轻、中及重交通路面结构层以下大于1.50m;特重、极重交通路面结构层以下大于1.90m。

图3-19 路基结构层

(5)中间带。

中间带由中央分隔带及两条左侧路缘带组成。高速公路、一级公路整体式路基标准横断面必须设置中间带。中间带具有以下功能:

①分离不同方向交通流,减少对向车辆的相互干扰,以防止无序的交叉运行和转弯运行。

②在不妨碍公路建筑限界的前提下,作为设置公路标牌的场地。

③在交叉路口为左转车辆提供避让区域。

④提供绿化带,以遮挡对向车灯的眩光(起防眩作用)。

⑤引导驾驶员视线,同时为失控车辆提供救险区域。

⑥埋设管线等设施。

路缘带是路肩或中间带的组成部分,与车道相连接,用不同的路面颜色表示或用车道外侧标线划分,其主要作用是引导驾驶员视线和分担侧向余宽,以利于行车安全。

(6)路肩。

路肩是位于行车道外缘至路基边缘之间,具有一定宽度的带状结构物。高速公路、一级公路应在右侧路肩宽度内设右侧路缘带,其宽度为0.5m。二、三、四级公路在路肩上设置的标志、防护设施等不得侵入公路建筑限界,必要时加宽路肩。

2.各级公路路基横断面尺寸

(1)车道宽度要求见表3-3。

车道宽度　　　　　　表3-3

| 设计速度(km/h) | 120 | 100 | 80 | 60 | 40 | 30 | 20 |
|---|---|---|---|---|---|---|---|
| 车道宽度(m) | 3.75 | 3.75 | 3.75 | 3.50 | 3.50 | 3.25 | 3.00 |

注:1.八车道及以上公路在内侧车道(内侧第1、2车道)仅限小客车通行时,其车道宽度可采用3.5m。

2.以通行中、小型客运车辆为主且设计速度为80km/h及以上的公路,经论证车道宽度可采用3.5m。

3.四级公路采用单车道时,车道宽度应采用3.5m。

4.设置慢车道的二级公路,慢车道宽度应采用3.5m。

5.需要设置非机动车道和人行道的公路,非机动车道和人行道等的宽度,宜视实际情况确定。

（2）高速公路、一级公路整体式路基标准横断面必须设置中间带，中间带由两条左侧路缘带和中央分隔带组成，并应符合下列规定：

①高速公路和作为干线的一级公路，中央分隔带宽度应根据公路项目中央分隔带功能确定。

②作为集散的一级公路，中央分隔带宽度应根据中间隔离设施的宽度确定。

③左侧路缘带宽度不应小于表3-4的规定。

左侧路缘带宽度    表3-4

| 设计速度（km/h） | | 120 | 100 | 80 | 60 |
|---|---|---|---|---|---|
| 左侧路缘带宽度（m） | 一般值 | 0.75 | 0.75 | 0.50 | 0.50 |
| | 最小值 | 0.50 | 0.50 | 0.50 | 0.50 |

注：1."一般值"为正常情况下的采用值。

2.设计速度为120km/h、100km/h时，受地形、地物限制的路段或多车道公路内侧仅限小型车辆通行的路段，可论证采用"最小值"。

（3）各级公路右侧路肩宽度要求见表3-5。

各级公路右侧路肩宽度    表3-5

| 公路技术等级（功能） | | 高速公路 | | | 一级公路（干线功能） | |
|---|---|---|---|---|---|---|
| 设计速度（km/h） | | 120 | 100 | 80 | 100 | 80 |
| 右侧硬路肩宽度（m） | 一般值 | 3.00（2.50） | 3.00（2.50） | 3.00（2.50） | 3.00（2.50） | 3.00（2.50） |
| | 最小值 | 1.50 | 1.50 | 1.50 | 1.50 | 1.50 |
| 土路肩宽度（m） | 一般值 | 0.75 | 0.75 | 0.75 | 0.75 | 0.75 |
| | 最小值 | 0.75 | 0.75 | 0.75 | 0.75 | 0.75 |
| 公路技术等级（功能） | | 一级公路（集散功能）和二级公路 | | | 三级公路、四级公路 | |
| 设计速度（km/h） | | 80 | 60 | 40 | 30 | 20 |
| 右侧硬路肩宽度（m） | 一般值 | 1.50 | 0.75 | — | — | — |
| | 最小值 | 0.75 | 0.25 | | | |
| 土路肩宽度（m） | 一般值 | 0.75 | 0.75 | 0.75 | 0.50 | 0.25（双车道）0.50（单车道） |
| | 最小值 | 0.50 | 0.50 | | | |

注：1.正常情况下，应采用"一般值"；在设爬坡车道、变速车道及超车道路段，受地形、地物等条件限制路段及多车道公路特大桥，可论证采用"最小值"。

2.高速公路和作为干线的一级公路以通行小客车为主时，右侧硬路肩宽度可采用括号内数值。

3.高速公路局部设计速度采用60km/h的路段，右侧硬路肩宽度不应小于1.50m。

（4）高速公路、一级公路分离式路基的左侧路肩宽度见表3-6。

**高速公路、一级公路分离式路基的左侧路肩宽度**　　表3-6

| 设计速度（km/h） | 120 | 100 | 80 | 60 |
|---|---|---|---|---|
| 左侧硬路肩宽度（m） | 1.25 | 1.00 | 0.75 | 0.75 |
| 左侧土路肩宽度（m） | 0.75 | 0.75 | 0.75 | 0.50 |

（5）公路路基标准横断面图如表3-7所示。

**公路路基标准横断面图**　　表3-7

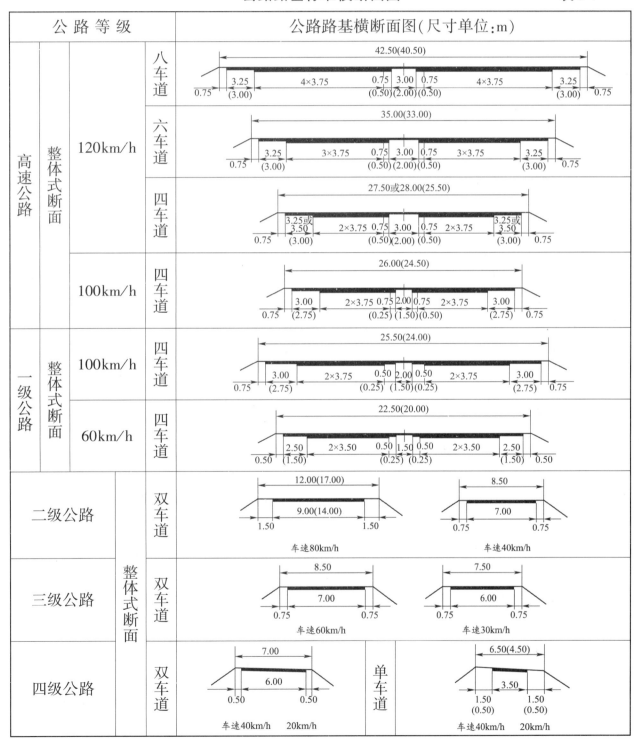

## 第二节 路基排水

水是造成路基及其沿线构造物病害的主要原因。危害路基的水可分为地表水和地下水两大类。

地表水的主要危害是冲刷路肩、边坡、路基、桥涵，破坏路基整体稳定性；积水的渗透可以使路基上层湿软乃至沉陷，导致路基强度降低。地下水的主要危害是使路基湿软，强度降低；季节性冻土地区会引起路基冻胀、翻浆或边坡坍塌，使整个路基沿倾斜基底滑动。

路基排水应符合下列规定：

（1）对路基排水应综合设计、合理布局，并与沿线排灌系统相协调，保护生态环境，防止水土流失和污染水源。

（2）根据公路等级，结合沿线气象、地形、地质、水文等自然条件，设置必要的地表排水、地下排水等设施，并与沿线排水系统相配合，形成完整的排水体系。

（3）特殊地质地段的路基排水设计，必须与该特殊工程整治措施相结合，进行综合设计。

（4）进行路基结构设计时应做防水设计，以减少路基结构水损害。

《标准》中着重指出：路基应设置排水设施与防护设施，取土、弃土应进行专门设计，防止水土流失、堵塞河道和诱发路基病害；应进行路基表土综合利用方案设计，充分利用资源。

路基排水系统是指为保证路基稳定而采取的汇集、排出地表水或地下水的措施，其目的在于确保路基始终处于干燥、坚实和稳定状态，其任务是将路基范围内的土基湿度降低到一定的范围。

### 一、地表排水设施

地表排水设施（统称沟渠）常见的类型有边沟、截水沟、排水沟、跌水、急流槽、蒸发池、油水分离池、排水泵站等。各种排水设施应结合地形和天然水系进行布设，并做好进出口的位置选择和处理工作，防止发生堵塞、溢流、渗漏、淤积、冲刷和冻结。

1. 边沟

边沟一般设置在路堑、矮路堤、零填零挖路基及陡坡路堤边缘外侧或坡脚外侧，主要用于汇集和排出路基范围之内和流向路基的少量地面水，多与路中线平行。

（1）边沟的横断面形式。

边沟的横断面形式主要有梯形、矩形、三角形和流线型，如图3-20、图3-21所示。

（2）边沟的有关规定。

①边沟断面形式及尺寸根据设计而定。

②边沟沟底纵坡宜与路线纵坡一致，且不宜小于0.3%，困难情况下，可减少至0.1%；沟底纵坡应衔接平顺，当纵坡大于3%时，应采取加固措施。

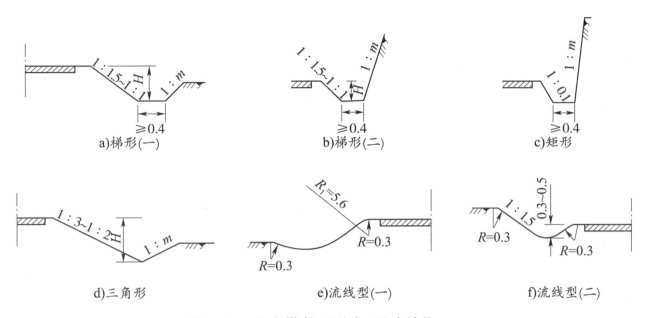

图 3-20 边沟横断面形式(尺寸单位:m)

图 3-21 边沟实例图

③路堑边沟的水流,不应流经隧道排出。

④有可能对边沟产生冲刷时,应进行防护。

2. 截水沟

截水沟一般设置在挖方路基上侧边坡坡顶以外,主要功能是汇集、拦截、排出山坡上方流向路基的地表水,截水沟的方向应尽量与地表水流的方向垂直,如图 3-22、图 3-23 所示。

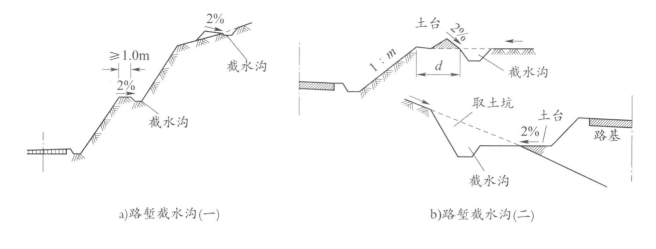

a) 路堑截水沟(一)　　　　　　　　b) 路堑截水沟(二)

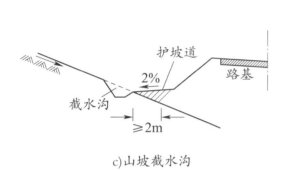

c) 山坡截水沟

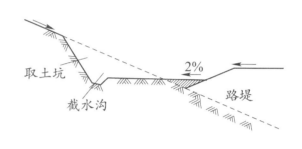

d) 设有取土坑的截水沟

图 3-22　截水沟

a)

b)

图 3-23　截水沟实例图

截水沟的有关规定如下：

（1）挖方路基的堑顶截水沟应设置在坡口 5m 以外，并结合地形布设。截水沟方向应与水流方向垂直。

（2）截水沟的横断面形式可采用矩形、梯形，沟底纵坡不宜小于 0.3%。

（3）截水沟的水应排至路界之外，不宜引入路堑边沟。

（4）截水沟应先施工，并与其他排水设施衔接平顺。

（5）对截水沟沟底、沟壁、出水口都应进行加固处理，防止水流渗漏和冲刷。

3. 排水沟

排水沟的作用是将边沟、截水沟、取土坑所汇集的水或路基附近的积水，引至桥涵或路基范围以外的天然河流、低洼地。公路排水沟施工过程如图3-24所示。

图3-24　公路排水沟施工过程

排水沟的有关规定如下：

(1)需将边沟、截水沟、取(弃)土场和路基附近低洼处汇集的水引向路基以外时,应设置排水沟。

(2)排水沟的横断面,一般采用梯形,底宽、沟深均不宜小于0.5m;排水沟的边坡坡度为1∶1～1∶1.5。

(3)排水沟的线形应平顺,沟底纵坡不宜小于0.3%,与其他排水设施的连接应顺畅;对易受水流冲刷的排水沟,应视实际情况采取防护、加固措施。

(4)排水沟的出水口,应设置跌水和急流槽将水引出路基或引入排水系统。

4.跌水和急流槽

跌水的作用主要是在较短的距离内,降低水流速度、消减水流能量,避免出水口下游的桥涵结构物、自然水道或农田受到冲刷。跌水由进水口、消力池(台阶)和出水口三部分组成,如图3-25所示。

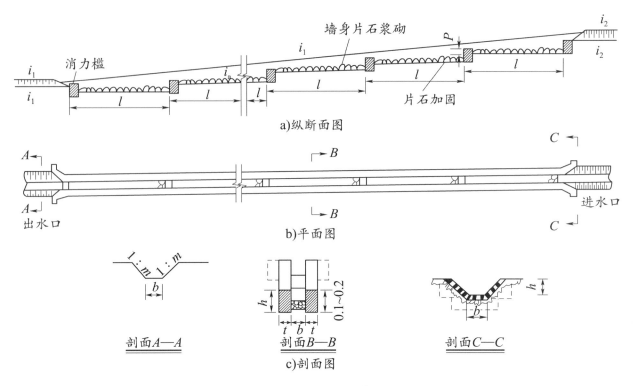

图 3-25　跌水(尺寸单位:m)

在陡坡或深沟地段设置的坡度较陡、排水落差很大、水流不离开槽底的沟槽称为急流槽。它由进口、槽身、出口三部分组成,主要作用是将上下游水位落差较大的水流引至桥涵进口或路基下方,如图 3-26 所示。

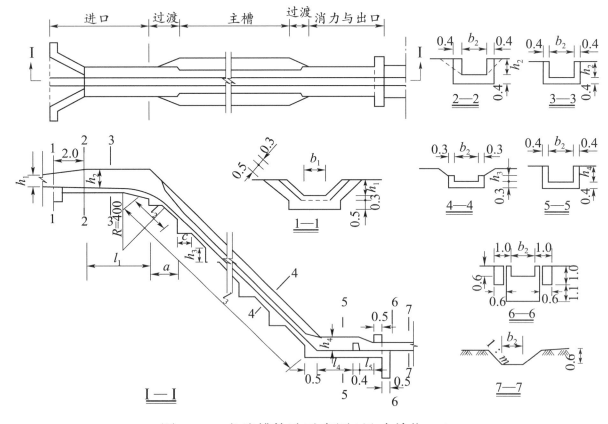

图 3-26　急流槽构造示意图(尺寸单位:m)

跌水和急流槽的有关规定如下：

(1) 水流通过坡度大于10%、水头高差大于1.0m的陡坡或特殊陡坎地段时，宜设置跌水或急流槽。

(2) 跌水和急流槽的纵坡应与地形相适应，台阶高度应小于600mm。

(3) 为防止基底滑动，急流槽底可设置防滑平台，或设置凸榫嵌入基底中。

(4) 片石砌缝应不大于40mm，砂浆饱满，急流槽底表面粗糙。

(5) 急流槽分节长度宜为5~10m，接头处应用防水材料填缝。混凝土预制块急流槽分节长度宜为2.5~5.0m，接头采用榫接。急流槽实例如图3-27所示。

a)

b)

图3-27 急流槽实例图

5. 其他排水设施

气候干旱地区且路域范围排水困难地段，可利用沿线的取土坑或专门设置蒸发池汇集地表水。

水环境敏感地段路基排水沟出口宜设置油水分离池，排泄的水质应满足现行《污水综合排放标准》(GB 8978)的有关规定。油水分离池宜采用沉淀法处理，大小应根据所在路段排水沟汇入水量确定，并保证流入分离池的油水能有足够的时间分离或过滤净化。

路基汇水无法自流排出时，可设置排水泵站。排水泵站包括集水池和泵房。

## 二、地下排水设施

常用的地下排水设施有暗沟(管)、渗沟、渗水隧洞及渗井、排水垫层、隔离层、检查(疏通)井等。

1. 暗沟(管)

暗沟(管)又称盲沟(管)，暗沟(管)是设置在地面以下，用于排出泉水或地下集中水流到路基范围以外的设施。它是引导水流的沟渠，本身不起渗水、汇水作用，如图3-28所示。

暗沟(管)的有关规定如下：

(1) 沟底必须埋入不透水层内，沟壁最低一排渗水孔应高出沟底至少200mm。

(2) 沟底纵坡应大于0.5%，出水口处应加大纵坡，并高出地面排水沟常水位200mm。寒冷地区出水口应做好防冻保温处理，出水口坡度宜不小于5%。

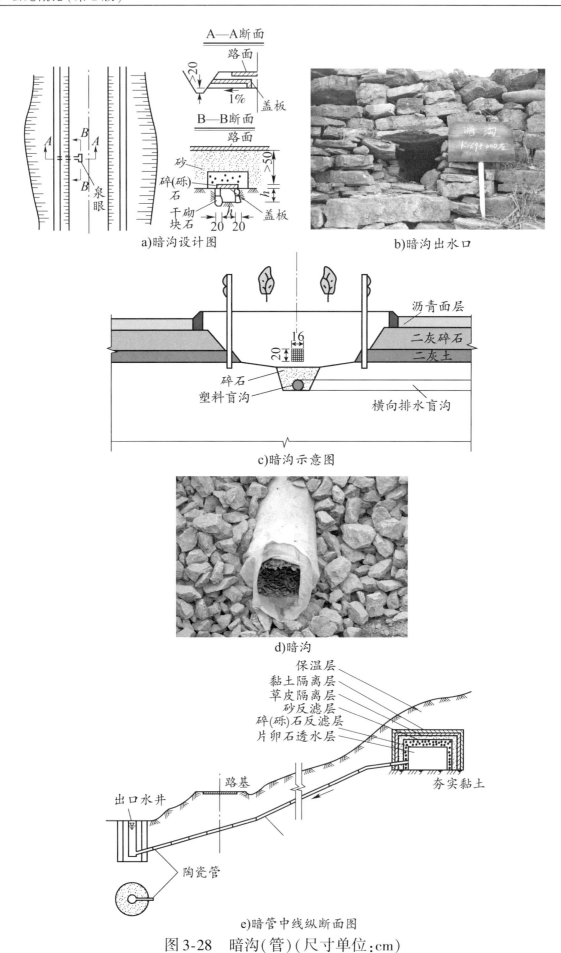

图 3-28 暗沟(管)(尺寸单位:cm)

(3)暗沟采用混凝土预制块或浆砌片石砌筑时,在沟壁与含水层接触面以上高度,应设置一排或多排向沟中倾斜的渗水孔。沟壁外侧应填筑粗粒透水性材料或土工合成材料形成反滤层,沿沟槽底每隔10～15m或软硬岩层分界处应设置沉降缝或伸缩缝。

(4)暗沟顶面应设置混凝土盖板或石料盖板,板顶上填土厚度应不小于500mm。

(5)暗沟(管)应采用透水性材料分层回填,层厚宜不大于150mm,材料粒径宜不大于50mm。

2.渗沟、渗水隧洞及渗井

渗沟、渗水隧洞及渗井用于降低地下水位或拦截地下水。当地下水埋藏较浅或无固定含水层时,宜采用渗沟;当地下水埋藏较深或有固定含水层时,宜采用渗水隧洞、渗井。

常用的渗沟形式有填石渗沟、管式渗沟、洞式渗沟,各类渗沟均应设置排水层、反滤层、封闭层。如图3-29～图3-32所示。

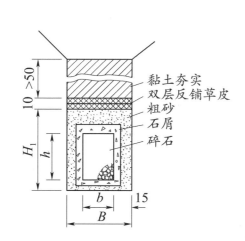

图3-29 填石渗沟(尺寸单位:cm)

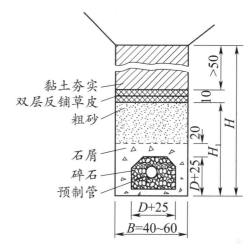

图3-30 管式渗沟(尺寸单位:cm)

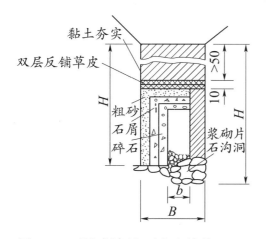

图3-31 洞式渗沟(尺寸单位:cm)

图3-32 渗沟实例图

渗沟(井)的有关规定如下:

渗沟(井)基底应埋入不透水层,沟(井)壁的一侧应设反滤层汇集水流,另一侧用黏土夯实或浆砌片石拦截水流;当渗沟(井)底部不能埋入不透水层时,两侧沟(井)壁均应设置反滤层。

渗沟(井)顶部应设置封闭层,封闭层宜采用浆砌片石勾缝,寒冷地区应设置保温层,保温层采用炉渣、砂砾、碎石、草皮等。

(1) 填石渗沟的有关规定。

① 石料应洁净、坚硬、不易风化。砂宜采用中砂,含泥量应小于2%,严禁用粉砂、细砂。

② 渗水材料的顶面不得低于原地下水位。当用于排出层间水时,渗沟底部应埋置于地下排水设施最下面的不透水层。在冰冻地区,渗沟埋置深度不得小于当地最小冻结深度。

③ 填石渗沟纵坡不宜小于1%,出水口底面高程应高出渗沟外最高水位200mm。

(2) 管式渗沟的有关规定。

① 管式渗沟的长度大于100m时,应在其末端设置疏水井,并设横向泄水管,分段排出地下水。

② 泄水孔应在管壁上交错布置,间距不宜大于200mm。渗沟顶面高程应高于地下水位。管节宜用承插式柔性接头连接。

(3) 洞式渗沟的有关规定。

① 洞式渗沟填料顶面宜高于地下水位。

② 洞式渗沟顶部必须设置封闭层,厚度应大于500mm。

(4) 渗井的有关规定。

渗井属于立式地下排水设备,当地下存在多层含水层,其中影响路基的上部含水层较薄,排水量不大,且平式渗沟难以布置时,可采用立式(竖向)排水,设置渗井,穿过不透水层,将路基范围内的上层地下水引入更深的含水层中,以降低上层的地下水位或将上层地下水全部排出,如图3-33所示。

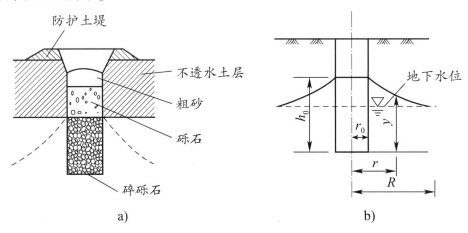

图3-33 渗井

① 填充料应在开挖完成后及时回填。不同区域的填充料应采用单一粒径分层填筑。粒径小于2mm的颗粒含量不得大于5%,按单一粒径分层填筑,不得将粗细料混杂填塞,透水层范围内宜填碎石或卵石,不透水范围内宜填粗砂或砾石。井壁与填充料之间应设置反滤层,填充料和反滤层应分层同步施工。

② 渗井开挖应根据土质选用合理的支撑形式,并应随挖随支撑、及时回填。

③ 反滤层可采用颗粒大小均匀的碎砾石,分层填筑,也可采用土工布。

3. 排水垫层、隔离层

当黏质土地段地下水位埋深小于0.5m或粉质土地段地下水位埋深小于1.0m时,细粒土填筑的低路堤底部宜设置排水垫层和隔离层。

排水垫层厚度不应小于0.3m,垫层材料宜选用天然砂砾或中粗砂,含泥量应不大于5%。垫层宜分层摊铺压实,两侧宜采用浆砌片石或其他方式防护。采用复合防排水板作为隔离层时,可不设排水垫层。

隔离层可选用土工膜、复合土工膜、复合防排水板等土工合成材料,防渗材料的厚度、材质及类型应根据气候、地质条件确定,土工合成材料应符合现行《公路土工合成材料应用技术规范》(JTG/T D32)的规定。

4. 检查(疏通)井

对于深而长的暗沟(管)、渗沟及渗水隧洞,在直线段每隔一定距离及平面转弯、纵坡变坡点等处,宜设置检查(疏通)井。

检查(疏通)井内应设置检查梯,井口设置井盖;兼起渗井作用的检查井,其井壁应设置反滤层。

井基混凝土强度达到5MPa后方可砌筑井体,蹬步梯应安装牢固。保证井框、井盖平稳,进口周围无积水。

## 第三节　路基防护与加固

### 一、概述

路基防护与加固的目的在于防止自然因素所引起的路基破坏和过量变形,同时稳定路基、美化路容,提高公路的使用品质。路基防护工程是防止路基冲刷和风化,主要起隔离作用的设施。加固工程是防止路基或山体因重力作用而坍滑,主要起支承作用的支挡结构物。防护与加固工程的重点在于路基边坡的防护及湿软地基的加固,应与路基稳定性及路基排水紧密结合,以保证路基的强度与稳定性。

路基防护应根据公路功能,结合当地气候、水文、地质等情况,采取相应防护措施,保证路基稳定,并应符合以下规定:

(1)路基防护应采取工程防护与植物防护相结合的综合防护措施,并与周围景观相协调。

(2)深挖、高填路基边坡路段,必须查明工程地质情况,针对其工程特性进行路基防护设计。对存在稳定性隐患的边坡,应进行稳定性分析,采用防护、加固措施,保证边坡的稳定。

(3)沿河路段必须查明河流特性及演变规律,采取防止河水冲刷路基的防护措施。凡是侵占、改移河道的地段,必须进行专门防护设计。

路基防护与加固工程设施按其作用主要可分为三大类,即坡面防护、冲刷防护、挡土墙,如图3-34所示。

### 二、防护工程

路基防护与加固工程中,一般把防止风化和冲刷,主要起隔离、封闭作用的措施称为防护工程。防护工程不能承受外力作用,因此要求路基本身必须是稳定的。

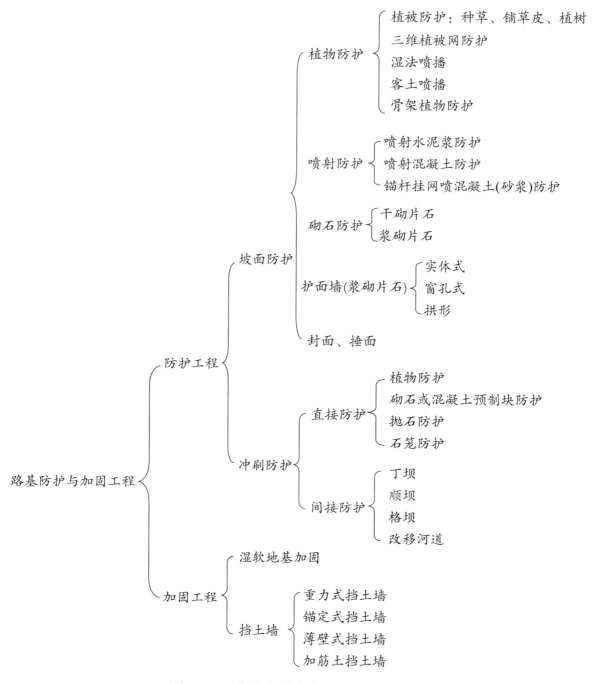

图 3-34　路基防护与加固工程的分类

1. 坡面防护

路基边坡坡面防护,主要通过将坡面封闭隔绝或隔离,减缓或避免其与大气直接接触,阻止岩土进一步风化,减缓或防止地面水流对边坡的冲刷和淘刷,从而达到防护边坡的目的。常用的防护措施有植物防护、喷射防护、砌石防护、护面墙(浆砌片石)、封面、捶面等。

1) 植物防护

植物防护主要适用于较缓的土质边坡,依靠成活植物的发达根系,深入土层,使表土固结。植物防护的作用是减缓坡面水流速度,调节表层水土状况,固结表层土,还可起到交通诱导、防眩、吸尘、隔音作用,同时美化路容,协调周围环境。因此,被视为"生命"防护的植物防护,在一定程度上优于无机物防护。

(1)植被防护。

①种草。

a. 种草适用于坡度不陡于1:1,土质适宜种草,不浸水或短期浸水但地面径流速度不超过0.6m/s的边坡。

b. 草籽应选用适应当地自然条件、根系发达、茎秆低矮、枝叶茂盛、生长能力强的多年生草种,播种方法有撒播法、喷播法和行播法。

c. 种草时将草籽加砂(土)拌和,均匀撒播在翻松的表土坡面,必要时铺不小于10cm厚的种植土层;草籽入土深度不小于5cm,种完后拍实松土,洒水湿润,并注意管理。种草边坡防护实例如图3-35所示。

②铺草皮。

a. 铺草皮适用于需要快速绿化,冲刷严重,径流速度为1.2~1.8m/s且坡度缓于1:1的土质边坡和严重风化的软质岩石边坡。

图3-35 种草边坡防护实例图

b. 草皮可为天然草皮或人工培植的土工网草皮,应选用根系发达、茎矮叶茂的耐旱草种,不宜采用喜水草种,严禁采用生长在泥沼地的草皮。

c. 草皮规格依不过于损坏根系,便于成活及运输而定,一般为20cm×40cm,厚6~10cm。

d. 铺草皮的方法有平铺、竖铺、网格式。铺草皮前应将坡面整平,必要时加铺厚6~10cm种植土层。每块草皮钉2~4根竹木梢桩,使草皮与坡面固结。草皮防护示意图如图3-36所示。

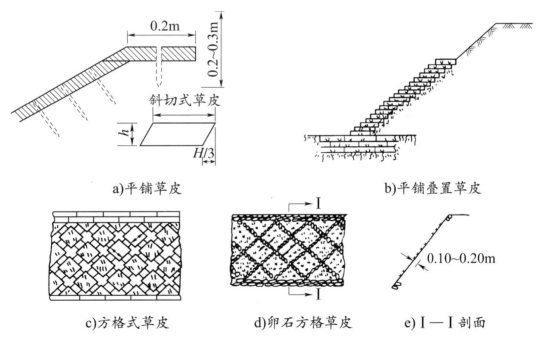

a)平铺草皮　　　　　　　　　　　b)平铺叠置草皮

c)方格式草皮　　d)卵石方格草皮　　e)Ⅰ—Ⅰ剖面

图3-36 草皮防护示意图

e. 拉伸网草皮是在土工网或土工垫等土工合成材料上铺设厚3~5cm的种植土层,经过撒种、养护后形成的人工草皮。制作草皮有固定草种布制作和网格固定撒种制作两种方式。

固定草种布(也可称植生带)是在土工织物纺织时将草种固定于土工织物中,然后到现场铺筑,以促使草皮生长的一种土工合成材料草皮制品。网格固定撒种是先将土工网固定于需防护的边坡上,然后撒播草种形成草皮的一种制作草皮的方法。

③植树。

a. 植树防护适用于坡度缓于1∶1.5的边坡,或边坡以外的河岸及漫滩外。

b. 树种应选用根系发达、枝叶茂盛、适合当地自然条件、能迅速生长的低矮灌木。常用灌木树种有紫穗槐、夹竹桃、黄荆、野蔷薇、山楂等。

c. 公路弯道内侧边坡严禁栽植高大树木。

d. 沿河路堤,则以喜水、根深、杆粗的树种为主,并多排成行栽种,以起到导流、拦流、挑水作用,促使泥沙淤积,以加固堤岸。植树平面示意图如图3-37所示。

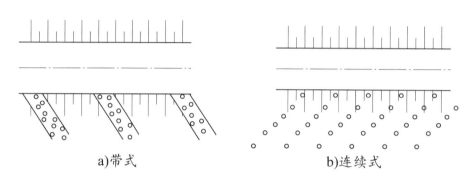

图3-37 植树平面示意图

(2)三维植被网防护。

三维植被网防护适用于砂性土、土夹石及风化岩石,且坡度缓于1∶0.75的边坡。三维植被网中的回填土采用客土或土、肥料及含腐殖质土的混合物。三维植被网防护实例如图3-38所示。

图3-38 三维植被网防护实例图

(3)湿法喷播。

湿法喷播适用于土质边坡、土夹石边坡、严重风化岩石且坡度缓于1∶0.5的路堑和路堤边坡,以及中央分隔带、立交区、服务区及弃土堆绿化防护。

(4)客土喷播。

①客土喷播适用于风化岩石、土壤较少的软质岩石、养分较少的土壤、硬质土壤、植物立地条件差的高大陡坡面和受侵蚀显著的坡面。

②当坡度陡于1∶1时,宜设置挂网或混凝土框架。

(5)骨架植物防护。

骨架植物防护适用于仅用植物防护不足以抵抗侵蚀冲刷的黏土路基或高填路段,受雨水侵蚀和风化严重易产生沟槽的路段,以及土质不适宜植物生长和周围环境需要绿化的路段。

骨架植物防护类型有浆砌片石混凝土或水泥混凝土骨架植物防护和水泥混凝土预制块骨架植物防护。

浆砌片石混凝土或水泥混凝土骨架植物护坡适用于边坡坡面受雨水冲刷严重或土质潮湿,坡度不陡于1∶1的路段。骨架宽度宜为200～300mm,嵌入坡面深度应视边坡土质确定,一般为200～300mm。框架可分为方格形、拱形、人字形等。

①浆砌片石混凝土骨架植物护坡。

a.适用于坡度缓于1∶0.75的土质和全风化岩石边坡。当坡面受雨水冲刷严重或潮湿时,坡度应缓于1∶1。

b.应视边坡坡度、土质和当地情况确定骨架形式,并与周围景观相协调。框架内应采用植物或其他辅助防护措施,如图3-39、图3-40所示。

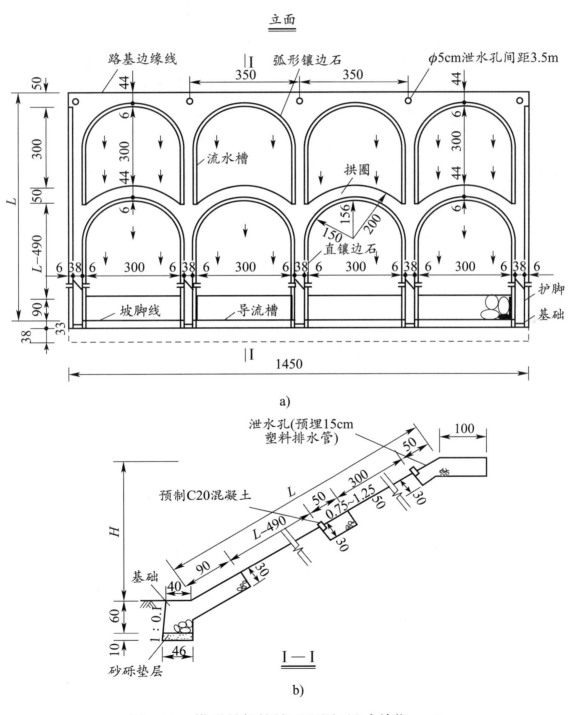

图3-39 拱形骨架护坡工程图(尺寸单位:cm)

a)人字形骨架植物防护

b)拱形骨架植物防护

c)方格形骨架植物防护

d)锚杆混凝土骨架植物防护

图 3-40　骨架护坡实例图

c. 在降雨量较大且集中的地区，骨架宜做成截水沟型。截水沟断面尺寸由降雨强度计算确定。

②水泥混凝土预制块骨架植物护坡。

a. 水泥混凝土预制块骨架植物护坡适用于石料缺乏的土质边坡。当有景观要求时，应采用六边形空心预制块骨架植物护坡。

b. 多边形空心预制块的混凝土强度不应低于 C30，厚度不应小于 150mm，空心预制块内应填充种植土，喷播植草，如图 3-41 所示。

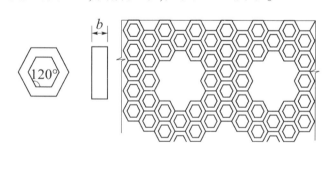
a)示意图

b)实例图

图 3-41　水泥混凝土预制块骨架植物防护

2）喷射防护

喷射防护适用于不宜使用植物防护，坡度缓于 1∶0.5，易风化但未遭强风化的岩石挖方边坡。常用的类型有喷射水泥浆防护、喷射混凝土防护、锚杆挂网喷混凝土（砂浆）防护。

(1)喷射水泥浆防护。

喷射水泥浆防护厚度不宜小于50mm,采用的砂浆强度不应低于M10,喷浆防护应设置伸缩缝,伸缩缝间距宜为15~20m;还应每间隔2~3m交错设置孔径为100mm的泄水孔。

喷射水泥浆施工规定如下:

①作业前应采取措施对泉眼、渗水进行处治,并按设计要求设置泄水孔,排出积水;

②喷射应自下而上进行;

③水泥浆初凝后,应立即开始养护,养护期一般为5~7d;

④应及时对喷浆层顶部进行处理。

(2)喷射混凝土防护。

喷射混凝土防护厚度不宜小于80mm,采用的混凝土强度不应低于C15,混凝土中集料最大粒径不宜超过15mm。喷射混凝土防护应设置伸缩缝,伸缩缝间距宜为15~20m。此外,还应每间隔2~3m交错设置孔径为100mm的泄水孔。

喷射混凝土施工规定如下:

①作业前应进行试喷,选择合适的水灰比和喷射压力。喷射混凝土宜自下而上进行。

②设置好泄水孔和伸缩缝。

③混凝土初凝后,应立即开始养护,养护期一般为7~10d。

④混凝土的强度、厚度应符合设计要求。

喷射水泥浆、混凝土防护实例如图3-42所示。

a)喷浆施工实例1

b)喷浆施工实例2

c)喷浆后实例1

d)喷浆后实例2

图3-42 喷射水泥浆、混凝土防护实例图

(3)锚杆挂网喷混凝土(砂浆)防护。

锚杆挂网喷混凝土(砂浆)防护过程:在清挖出密实、稳定的新鲜坡面上钻孔、安装锚杆、

灌浆，然后挂上钢丝网或纤维网，最后用高压泵喷射混凝土（砂浆）形成防护层，如图3-43所示。

图3-43 锚杆挂网喷混凝土（砂浆）防护

锚杆挂网喷混凝土（砂浆）适用于坡面为碎裂结构的硬质岩石或层状结构不连续的地层以及坡面岩石与基岩分开并有可能下滑的挖方边坡。

锚杆挂网喷混凝土（砂浆）应设置伸缩缝，伸缩缝间距宜为15～20m；还应每间隔2～3m交错设置孔径为100mm的泄水孔。

锚杆挂网喷混凝土（砂浆）施工规定：

①锚杆应嵌入稳固基岩内，锚固深度应根据设计要求结合岩体性质确定。锚杆孔深应大于锚固长度200mm。

②固定锚杆的砂浆应捣固密实，钢筋网与锚杆连接牢固。

③钢筋保护层厚度不应小于20mm。

④铺设钢筋网前宜在岩面喷射一层混凝土，钢筋网与岩面间隙为30mm，再喷射混凝土至设计厚度。

⑤喷射混凝土厚度要均匀，钢筋网及锚杆不得外露。

⑥设置好泄、排水孔和伸缩缝。

⑦锚杆挂网喷混凝土（砂浆）防护中混凝土（砂浆）的强度、注浆强度、钻孔位置、钻孔深度、钻孔倾角和方向、锚杆间距、喷层厚度等应符合设计要求。

3）砌石防护

砌石防护分为干砌片石（图3-44）和浆砌片石（图3-45）两种方式，石料缺乏地区可采用混凝土预制块。铺砌层下应设置碎石或砂砾垫层，厚度不宜小于100mm，如图3-46所示。

图3-44 干砌片石

a)

b)

图3-45 浆砌片石护坡实例图

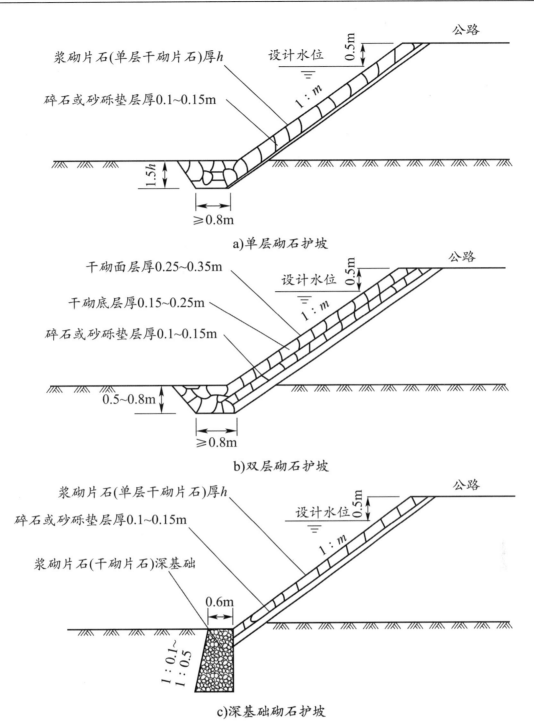

图 3-46 砌石护坡

注：$1:m$ 值应小于或等于 $1:1.5$；$h$ 值，干砌片石为 $0.25\sim0.35\mathrm{m}$，浆砌片石为 $0.25\sim0.4\mathrm{m}$。

（1）干砌片石。

干砌片石护坡适用于坡度缓于 $1:1.25$ 的土（石）质的路堑边坡，干砌片石的护坡厚度不宜小于 250mm。

（2）浆砌片石。

浆砌片石适用于坡度缓于 $1:1$ 的易风化岩石和土质路堑边坡，浆砌片石护坡的厚度不宜小于 250mm，砂浆强度不应低于 M5。浆砌片石护坡应设置伸缩缝，缝宽 $20\sim30\mathrm{mm}$，伸缩缝间距宜为 $15\sim20\mathrm{m}$；还应每间隔 $2\sim3\mathrm{m}$ 交错设置孔径为 100mm 的泄水孔。

浆砌片石施工规定如下：
① 石料应选用未风化的坚硬岩石。
② 砂浆终凝前，砌体应覆盖，砂浆初凝后，立即进行养护。
③ 路堤边坡采用浆砌片石护坡，宜在路堤沉降稳定后施工。
④ 护坡底应铺设100~150mm厚的碎石或砂砾垫层。
⑤ 泄水孔的位置和反滤层的设置应符合设计要求。

4）护面墙（浆砌片石）

护面墙适用于防护易风化或风化严重的软质岩石或破碎岩石的挖方边坡以及坡面易受侵蚀的土质边坡，边坡坡度不宜陡于1:0.5。单级护面墙的高度不宜超过10m，并应设置伸缩缝和泄水孔。护面墙基础设置在稳定的地基上，埋置深度根据设计要求，一般在冰冻深度以下不小于250mm。护面墙前趾应低于边沟铺砌的底面。

护面墙分为实体式护面墙、窗孔式护面墙和拱形护面墙。

（1）实体式护面墙。

实体式护面墙分为等截面和变截面两种形式，如图3-47所示。

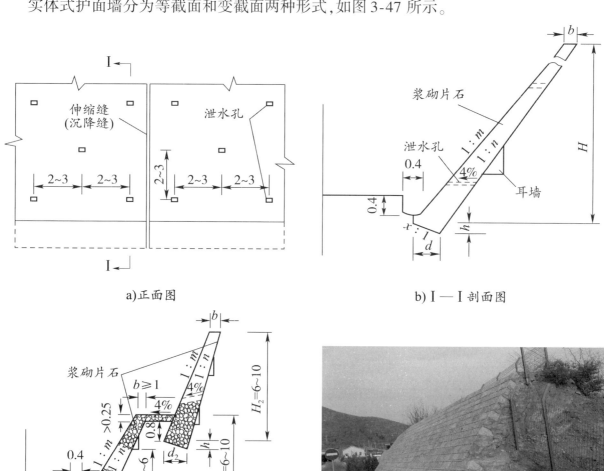

图3-47 实体式护面墙（尺寸单位：m）

（2）窗孔式护面墙。

窗孔式护面墙防护的边坡坡度不应陡于1:0.75,如图3-48所示。

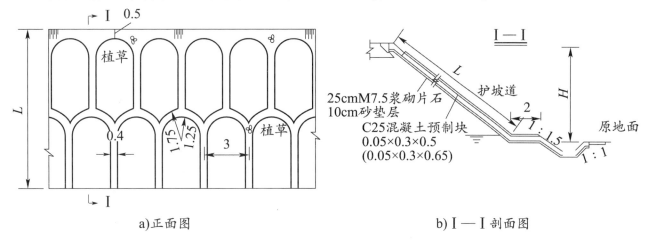

图3-48　窗孔式护面墙(尺寸单位：m)

（3）拱形护面墙。

拱形护面墙适用于边坡下部岩层较完整而上部需要防护的路段,边坡坡度应缓于1:0.5,如图3-49所示。

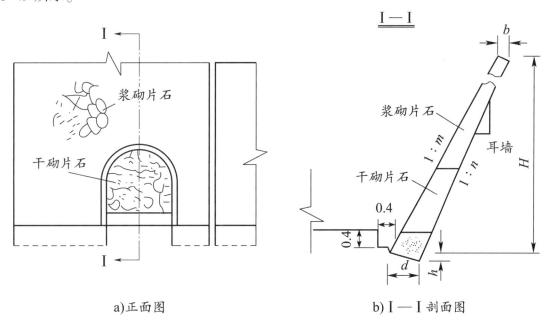

图3-49　拱形护面墙(尺寸单位：m)

5）封面、捶面

（1）封面。

①封面适用于坡面干燥、未经风化的各种岩石边坡,但不适用于由煤系岩层及成岩作用很差的红色黏土岩组成的边坡。封面防护使用年限为8～10年,高速公路路基边坡不宜采用封面防护。

②封面材料可采用石灰炉渣灰浆、石灰炉渣三合土或水泥石灰砂浆,表层可涂软化点稍高于当地气温的沥青保护层。封面厚度宜为30～70mm。

③封面前,岩体表面要冲洗干净,去掉风化层、浮土、松动石块并填坑补洞。土体表面要

平整、密实、湿润。

④封面厚度应符合设计要求,封面应分两层施工,底层为全厚的 2/3,面层为全厚的 1/3。封面厚度要均匀,表面光滑,封面与坡面应密贴稳固。表层可涂软化点稍高于当地气温的沥青保护层。

⑤大面积的封面宜每隔 5~10m 设置伸缩缝,缝宽 10~20mm。

⑥封面初凝后,应立即进行养护。

(2)捶面。

①捶面适用于边坡坡度缓于 1∶0.5,易受冲刷的土质边坡或易风化剥落的岩石边坡。

②捶面材料可采用水泥炉渣混合土,也可用石灰炉渣三合土或四合土。捶面厚度应保持一致,其厚度宜为 100~150mm。

③捶面前应清除坡面浮石、松土,嵌补填平边坡坑凹、裂缝。在土质边坡上,为使捶面贴牢,可挖小台阶或锯齿。坡面应先洒石灰水润湿,捶面时夯拍要均匀,提浆要及时,表面要光滑,提浆后 2~3h 进行洒水养护,养护期一般为 3~5d。

2. 冲刷防护

冲刷防护主要针对沿河路堤或河滩路堤,冲刷防护按其作用可分为直接防护和间接防护。

1)直接防护

直接防护为直接在路堤坡面或坡脚处设置防护结构物,以减轻或避免水流的直接冲刷,其特点是不干扰或很少干扰原来的水流。常用的类型有植物防护、砌石或混凝土预制块防护、抛石防护、石笼防护等。

(1)植物防护。

植物防护适用于允许流速为 1.2~1.8m/s 的季节性水流冲刷的路堤边坡。

①经常浸水或长期浸水的路堤边坡,不宜采用种草防护。

②在沿河路基外的河滩上植造防护林带,其树种应具有喜水性。

(2)砌石或混凝土预制块防护。

①砌石或混凝土预制块防护适用于允许流速为 2~8m/s 水流冲刷的路堤边坡。

②浆砌片石护坡厚度应不小于 350mm,护坡底面应设厚度不小于 100mm 的反滤层。

(3)抛石防护。

①抛石防护适用于经常浸水且水深较大的路基边坡或坡脚以及挡土墙、深基础施工不便的路段。

②石料粒径应大于 300mm,宜用大小不同的石块抛投,并选用坚硬、耐冻、不易风化的石块;石料厚度宜为粒径的 3~4 倍,用大粒径石料时,其厚度不得小于粒径的 2 倍。

③对于易受冲淘的基底,先用碎卵石设基底垫层,并伸出抛石堆坡脚外 1.5~2m。

④投放时,采用扒杆、剪形钢制卡钩施工。

⑤抛石应设置 3 层反滤层:粗中砂、砾卵石、大卵石或块石。用隔板隔离填筑,逐步抽出隔板成形。

⑥抛石堆的边坡坡度 $1:m_2$ 一般为 $1:1.25~1:3$,$1:m_1$ 为 $1:1.5~1:2$,如图 3-50 所示。

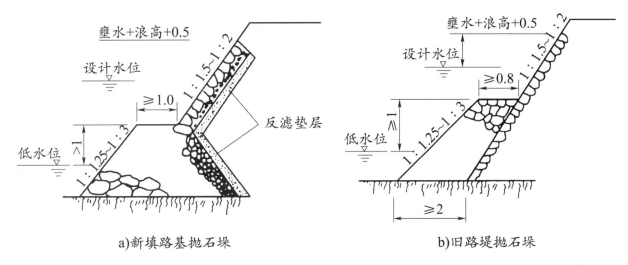

a) 新填路基抛石垛  b) 旧路堤抛石垛

图 3-50 抛石防护(尺寸单位:m)

(4)石笼防护。

①石笼是用铁丝编织成框架,内填石料,设置在坡脚处的一种防护形式。石笼的形式如图 3-51 所示。

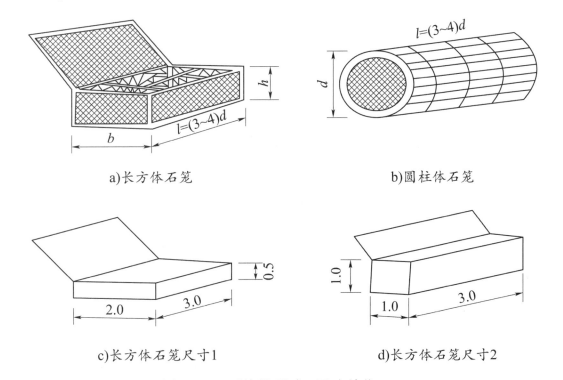

a) 长方体石笼  b) 圆柱体石笼

c) 长方体石笼尺寸1  d) 长方体石笼尺寸2

图 3-51 石笼的形式(尺寸单位:m)

②石笼防护适用于受水流冲刷和风浪侵袭,且防护工程基础不易处理或沿河挡土墙、护坡基础局部冲刷深度过大的沿河路堤坡脚或河岸。

③笼内填石粒径不小于4cm,一般为 5~20cm,外层石料要求有棱角,内层用较小石块填充。

④铺筑方法有平铺式、叠铺式。铺砌时,用于防止冲刷淘底的石笼,应与坡脚线垂直,且与堤岸一端固定,如图 3-52a)所示;用于防止堤岸边坡冲刷时,则全码平铺成梯形,如图 3-52b)所示。

⑤石笼基底应大致整平，必要时用碎石或砾石垫层找平。
⑥石笼应做到位置正确，搭接稳固、紧密，确保整体性。

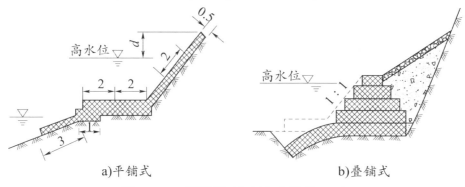

图 3-52 石笼防护（尺寸单位：m）

2）间接防护

间接防护是指采用导流或阻流的方法，改变水流性质（水流的方向、速度等），减缓或避免水流对边坡的直接冲刷和淘刷，或者迫使水流流向偏离被防护的路段，改变河槽中冲刷和淤积的部位，以及必要的改河工程。常用的导流结构物一般有丁坝、顺坝、格坝及必要的改移河道。导流结构物综合布置图例如图 3-53 所示。

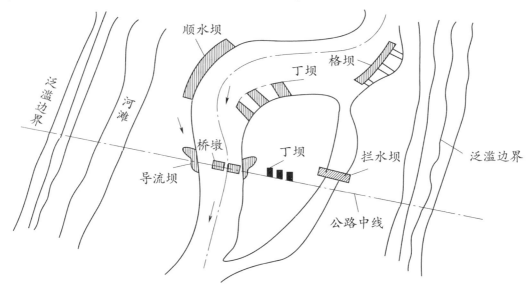

图 3-53 导流结构物综合布置图例

(1) 丁坝。

丁坝也称挑水坝，是指坝根与岸滩相接，坝头伸向河槽，坝身与水流方向成某一角度，能将水流挑离河岸的结构物。丁坝一般用来束水归槽，改变水流状态，保护河岸，如图 3-54 所示。

(2) 顺坝。

顺坝，也可称导流坝，为坝根与岸滩相接，坝身与堤岸平行的结构物。顺坝主要用于导流、束水，调整河道曲度，改变流态。

(3) 格坝。

当顺坝较长，与河岸间距较大时，为防止水流冲走沉积泥沙，使坝体与河岸相连，在顺坝与河岸之间设置一道或几道横格，形成格坝。格坝一端与顺坝相连，另一端嵌入河岸，相当于勾头丁坝。

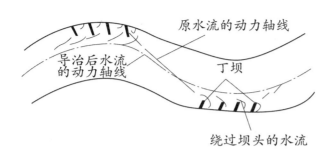

a) 丁坝示意图　　　　　　　　b) 丁坝实例图

图 3-54　丁坝

顺坝、格坝如图 3-55 所示。

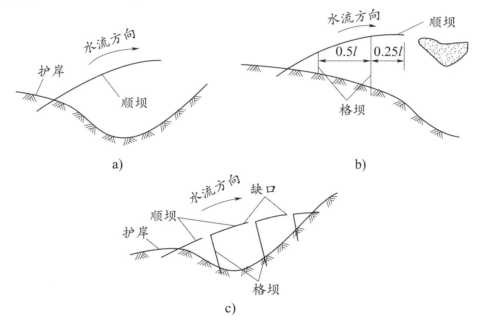

图 3-55　顺坝、格坝

（4）改移河道。

改移河道可以将直接冲刷及淘刷路基的水流引离路基。挖滩改河，清除孤石，有利于布置路线，减少桥涵。但改移河道涉及水流改向，影响大且投资高，故改河通常在较短的河道上进行，并力求顺河势，使新河槽符合自然河流特征，不致使水重归故道。改移河道的示意图如图 3-56 所示。

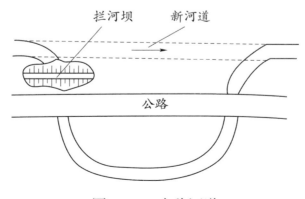

图 3-56　改移河道

## 三、加固工程

把防止路基或山体因重力作用而坍滑,地基承载力不足而沉陷,主要起支承、加固作用的结构物称为加固工程。加固工程中有些措施往往兼具防护与加固作用。

1. 湿软地基加固

湿软地基主要指天然含水率过大、胀缩性高、具有湿陷性、承载力低且在荷载作用下容易产生滑动或固结沉降的土质地基,如软土、泥沼、泥炭、湿陷性黄土、人为垃圾、松散杂填土、膨胀土、海(湖)相沉积土等。湿软地基加固方法如表3-8所示。

湿软地基加固方法    表3-8

| 加固方法 | 具体措施 |
| --- | --- |
| 表层处理法 | 砂垫层法、稳固剂表层处理法(用生石灰、水泥等稳定剂材料处理) |
| 换填土层法 | 开挖换填法、抛石挤淤泥 |
| 竖向排水固结法 | 普通砂井法、袋装砂井法、塑料排水板 |
| 挤密法 | 砂(碎石)桩、生石灰桩 |
| 粉喷桩法(加固土桩) | 深层水泥浆搅拌桩 |
| 强夯加固法(动力固结法) | — |
| 土工织物 | — |
| 反压护道法 | — |
| 碾压夯实法 | — |
| 化学加固法 | — |

2. 挡土墙

挡土墙是为了防止路基填土或山坡土体坍塌而修筑的承受土侧压力的墙式构造物。在公路工程中,挡土墙广泛地用于支撑路堤填土或路堑边坡,以及桥台、隧道洞口、河流堤岸等处。

挡土墙可按设置位置、结构形式、墙体材料进行分类。

(1)按挡土墙设置位置分类。

挡土墙按设置位置可分为路堑挡土墙、路堤挡土墙、路肩挡土墙、浸水挡土墙、山坡挡土墙、抗滑挡土墙等类型,如图3-57所示。

①路堑挡土墙。

路堑挡土墙设置在路堑边坡底部,主要用于支撑开挖后不能自行稳定的边坡,同时可减少挖方数量,降低挖方边坡高度。

②路堤挡土墙。

路堤挡土墙设置在高填土路堤或陡坡路堤的下方,可以防止路堤边坡或路堤沿基底滑动,同时可以收缩路堤坡脚,减少填方数量,减少拆迁和占地面积。

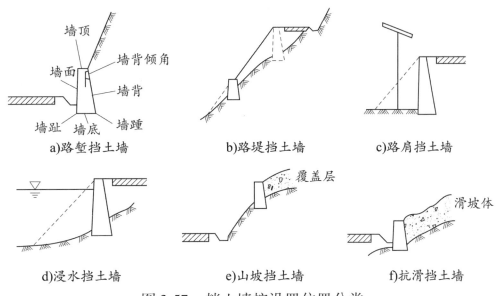

图 3-57 挡土墙按设置位置分类

③路肩挡土墙。

路肩挡土墙设置在路肩部位,墙顶是路肩的组成部分,其用途与路堤挡土墙相同,并且它还可以保护邻近路线的现有重要建筑物。

④山坡挡土墙。

山坡挡土墙设置在路堑或路堤上方,用于支撑山坡上可能坍滑的覆盖层、破碎岩层或山体滑坡。

（2）按结构形式分类。

挡土墙按其结构形式可分为重力式挡土墙、锚定式挡土墙、薄壁式挡土墙、加筋土挡土墙等类型。

①重力式挡土墙。

重力式挡土墙依靠墙身自重平衡背侧土压力,一般用片石、块石或预制水泥混凝土砌筑;断面形式简单、施工方便,可就地取材,因此应用广泛。重力式挡土墙的断面形式如图 3-58 所示。

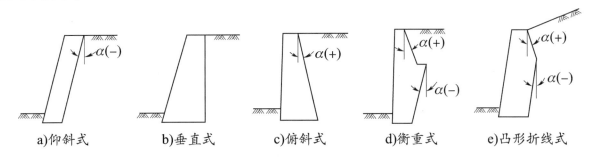

图 3-58 重力式挡土墙的断面形式

②锚定式挡土墙。

锚定式挡土墙可分为锚杆式和锚定板式两种,如图 3-59 所示。

锚杆式挡土墙是由预制的钢筋混凝土立柱、挡土板构成墙面,与水平或倾斜的钢锚杆联合组成的。锚杆的一端与立柱连接,另一端被锚固在边坡深处的稳定岩层或土层中。

锚定板式挡土墙借助埋在填土内的锚定板的抗拔力抵抗土侧压力,以保持墙的稳定。

其一般由钢筋混凝土肋柱、钢筋混凝土墙面、钢拉杆、锚定板组成。

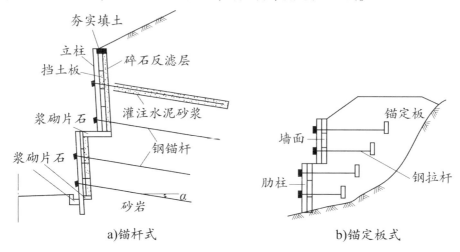

图 3-59　锚定式挡土墙

③薄壁式挡土墙。

薄壁式挡土墙一般为钢筋混凝土结构,可分为悬臂式和扶壁式两种类型,如图 3-60 所示。

悬臂式挡土墙一般由立壁、趾板、踵板等组成,扶壁式挡土墙一般由墙面板、趾板、踵板、扶壁等组成。

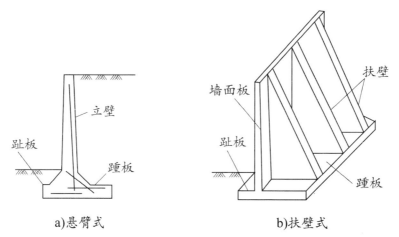

图 3-60　薄壁式挡土墙

④加筋土挡土墙。

加筋土挡土墙是填土、拉筋、墙面板三者的结合体,如图 3-61 所示。加筋土挡土墙属于柔性结构,对地基变形适应性大,建筑高度大,具有省工、省料,施工方便,快速等优点,适用于填土路基。

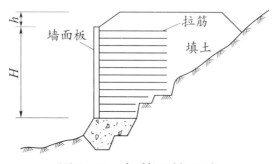

图 3-61　加筋土挡土墙

（3）按墙体材料分类。

挡土墙按墙体材料可分为石砌挡土墙、混凝土挡土墙、钢筋混凝土挡土墙、钢板挡土墙等类型。石砌挡土墙如图3-62所示。

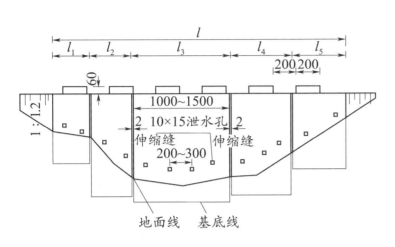
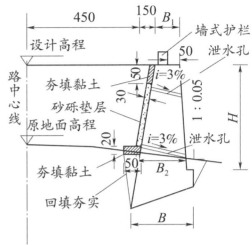

a) 挡土墙布置图

b) 挡土墙实例图　　　c) 挡土墙沉降缝　　　d) 挡土墙泄水孔

图3-62　石砌挡土墙（尺寸单位：cm）

# 复习思考题

1. 路基的整体式路基标准横断面和分离式路基标准横断面分别由哪几部分组成？
2. 路基按横断面形式可分为哪几种？
3. 什么是路堤、路堑？
4. 什么是填石路基、土石路基？
5. 什么是路基的宽度、填挖高度、边坡坡度？
6. 路基的结构层是如何划分的？
7. 什么是中间带？有什么作用？
8. 什么是路肩？有什么作用？
9. 路基排水应满足哪些基本要求？

10. 路基常用排水设施有哪些?
11. 边沟、截水沟、排水沟的作用是什么?
12. 截水沟的布置要求有哪些?
13. 渗沟有哪几种形式?一般由哪几部分组成?
14. 简述路基防护与加固的类型。
15. 简述挡土墙的类型。

# 第四章 路面工程

**知识点**

路面的基本要求、路面类型；

路面结构层的划分及各层的作用和要求；

路面排水设施的类型；

路面基层、底基层的类型及常用基层结构施工工艺流程；

路面面层的类型、常用沥青路面结构层施工工艺流程及水泥混凝土路面施工工艺流程。

**技能点**

识别沥青路面结构层；

识别水泥混凝土路面面板构造。

## 第一节 路面概述

在公路路基顶面上铺筑各种筑路材料以供车辆行驶的层状结构物称为路面。

### 一、对路面的基本要求

为了保证公路畅通,提高行车速度,增强行车安全性和舒适性,降低运输成本,延长公路使用年限,路面必须满足下列基本要求：

(1)具有足够的强度；

(2)具有足够的稳定性；

(3)具有足够的平整度；

(4)具有足够的抗滑性；

(5)具有足够的耐久性；

(6)具有尽可能低的扬尘性；

(7)具有尽可能弱的透水性。

### 二、路面分类

路面分类如图4-1所示。

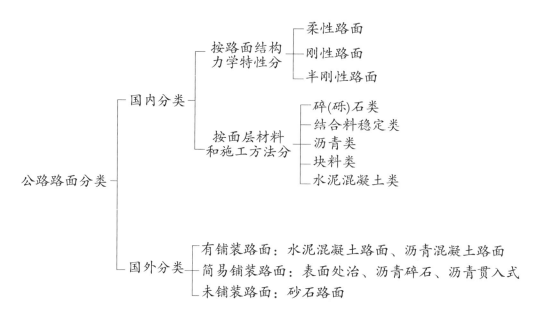

图 4-1 路面分类

1. 按路面结构力学特性分

(1) 柔性路面。

柔性路面是指整体刚度较小,抗弯拉强度较低,主要靠抗压、抗剪强度来承受车重的路面。

柔性路面主要包括由各种未经处治的粒料基层和各类沥青面层、碎(砾)石面层、块石面层所组成的路面结构,主要材料有沥青混合料、沥青稳定碎石、沥青贯入式碎石、级配碎石、级配砂砾等。

柔性路面的特点是刚度小,在荷载作用下产生的弯沉变形较大,车轮荷载通过各结构层向下传递到土基的压应力较大,因而对土基的强度和稳定性要求较高。

(2) 刚性路面。

刚性路面主要是指用水泥混凝土作面层或基层的路面结构。

刚性路面的特点是刚度与强度很大,弹性模量也大,结构呈板体性,分布到土基的荷载面较宽,传递到土基的压应力较小。刚性路面与柔性路面的主要区别在于路面的破坏状态和它分布到路基上的荷载状态不同。

(3) 半刚性路面。

半刚性路面是指用水泥、石灰等无机结合料稳定类材料为基层,以沥青混合料为面层修筑的路面。

半刚性路面在前期具有柔性路面的力学性质,后期的强度和刚度均有较大幅度的增长,但最终的强度和刚度仍远小于刚性路面。

2. 按面层材料和施工方法分

路面按面层材料和施工方法可分为五大类,即碎(砾)石类、结合料稳定类、沥青类、块料类、水泥混凝土类。常见路面类型如表 4-1 所示。

常见路面类型  表4-1

| 路面类型 | 结构特点 | 常见形式 | 适用范围 |
| --- | --- | --- | --- |
| 碎(砾)石类 | 用碎(砾)石按嵌挤原理或最佳级配原理铺压而成的路面结构 | 水结碎石 | 基层 |
| | | 泥结碎石 | 基层、中级路面面层 |
| | | 泥灰结碎石 | 基层、中级路面面层 |
| | | 级配碎(砾)石 | 基层、中级路面面层 |
| 结合料稳定类 | 掺加各种结合料,使各种土、碎(砾)石混合料或工业废渣的工程性质得以改善,成为具有较高强度和稳定性的材料。用此类材料铺压而成的路面结构 | 石灰稳定土 | 基层、垫层 |
| | | 水泥稳定土 | 基层、垫层 |
| | | 沥青稳定土 | 基层、垫层 |
| | | 工业废渣粒料稳定土 | 基层、垫层 |
| 沥青类 | 在矿质材料中以各种方式掺入沥青材料。用此类材料修筑而成的路面结构 | 沥青表面处治 | 次高级路面面层等 |
| | | 沥青贯入碎石 | 次高级路面面层、高级路面基层、联结层 |
| | | 沥青碎石 | 高级、次高级路面面层、基层 |
| | | 沥青混凝土 | 高级路面面层 |
| 块料类 | 用各种不同形状和尺寸的块状材料(天然的或人工的)铺成的路面结构 | 条石和整齐块石 | 高级、次高级路面面层、基层 |
| | | 半整齐块石 | 次高级、中高级路面面层、基层 |
| 水泥混凝土类 | 以水泥与水合成的水泥浆为结合料、碎(砾)石为集料、砂为填充料,经拌和、摊铺、振捣和养护而成的路面结构 | 水泥混凝土 | 高级路面面层 |

### 三、路面类型和结构形式选取原则

路面类型和结构形式选取原则如下:

(1)路面类型应根据公路功能、技术等级、交通量、环境保护、工程造价等因素进行综合论证后选用。

(2)路面结构形式应根据当地气候条件、交通荷载、当地材料,并结合路面结构耐久性、资源循环利用等因素进行全寿命周期经济分析后合理确定。

### 四、设计使用年限

路面结构设计使用年限是指路面结构在正常设计、正常施工和正常使用条件下应达到的年限。在路面结构使用年限内,可根据实际需要对路面表面功能进行恢复性维修。公路路面结构设计使用年限应满足表4-2的要求。

**公路路面结构设计使用年限**  表4-2

| 公路技术等级 | | 高速公路 | 一级公路 | 二级公路 | 三级公路 | 四级公路 |
|---|---|---|---|---|---|---|
| 设计使用年限(年) | 沥青混凝土路面 | 15 | 15 | 12 | 10 | 8 |
| | 水泥混凝土路面 | 30 | | 20 | 15 | 10 |

## 五、路面结构及其层次划分

### 1. 路面横断面

路面横断面形式分为槽式和全铺式两类,如图4-2所示。

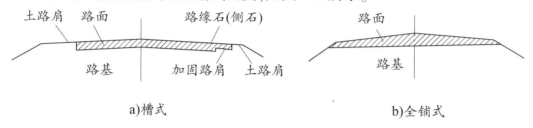

图4-2 路面横断面形式

（1）槽式横断面。

一般公路路面采用槽式横断面,即在路基上按路面设计宽度范围将路基挖成与路面厚度相同的浅槽,在槽内铺筑路面;也可采用培槽方法,即在路基两侧用土培的方法形成路槽（或用半挖半培的方法形成路槽）。

（2）全铺式横断面。

在盛产石料的山区或较窄的路基上铺筑中、低级路面可以采用全铺式横断面。在沙漠地区为固定路肩土砂时,也宜采用这种形式。全铺式路面即在路基全部宽度内铺筑路面,中部较厚,两边逐渐减薄。

### 2. 路拱及路拱横坡度

为了使路面上的雨水能及时排出,路面的表面通常做成中间高、两边低的形状,即路拱。常用的路拱形式有二次抛物线形和直线形两种,如图4-3所示。

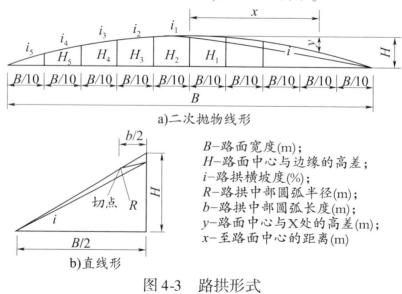

$B$—路面宽度(m);
$H$—路面中心与边缘的高差;
$i$—路拱横坡度(%);
$R$—路拱中部圆弧半径(m);
$b$—路拱中部圆弧长度(m);
$y$—路面中心与X处的高差(m);
$x$—至路面中心的距离(m)

图4-3 路拱形式

从路中心到路面边缘的平均坡度叫路拱横坡度。路拱横坡度的大小与路面类型、公路等级和当地气候有关。各类路面的路拱横坡度如表 4-3 所示。路肩横坡度应较路拱横坡度大 1%~2%，以利于迅速排水。

**各类路面的路拱横坡度**　　　　表 4-3

| 路 面 类 型 | 路拱横坡度(%) | 路 面 类 型 | 路拱横坡度(%) |
| --- | --- | --- | --- |
| 沥青混凝土、水泥混凝土 | 1~2 | 碎(砾)石等粒料路面 | 2.5~3.5 |
| 其他黑色路面、整齐块石 | 1.5~2.5 | 低级路面 | 3~4 |
| 半整齐块石、不整齐块石 | 2~3 | | |

3. 路面结构层划分

公路沥青路面结构层一般由面层、基层、底基层和必要的功能层组成，如图 4-4 所示。路面结构层材料应满足一定强度、稳定性和耐久性的要求。某沥青路面结构实例图如图 4-5 所示。

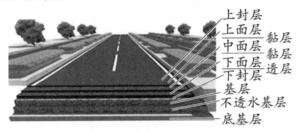

图 4-4　某沥青路面结构层示例图

（1）面层。

面层是路面结构层中最上面一层，直接承受行车荷载作用和自然环境的影响，并将荷载传递到基层和路基。面层可为单层、双层或三层。双层结构为上面层、下面层，一般用于普通公路；三层结构为上面层、中面层、下面层，一般用于高速公路。面层要有足够的强度、平整度、抗滑性、耐磨性和不透水性。面层的层数和厚度依据公路等级、交通量等因素确定。

（2）基层和底基层。

位于沥青面层或水泥混凝土面板下面，用高质量材料铺筑的主要承重层称为基层。在沥青路面或水泥混凝土路面基层下，用质量较次材料铺筑的次要承重层或辅助层称为底基层。基层较厚需分两层施工时，可分别称之为上基层、下基层；底基层较厚需分两层施工时，可分别称之为上底基层、下底基层。

基层和底基层应具有足够的承载能力、抗疲劳开裂性能、足够的耐久性和水稳定性。

基层和底基层按力学特性分为柔性基层、半刚性基层和刚性基层。沥青稳定碎石、沥青贯入式碎石、级配碎石或级配砂砾等组成的，属柔性基层；水泥稳定土或粒料、石灰与粉煤灰稳定土或粒料组成的，属半刚性基层；碾压式水泥混凝土或贫混凝土等组成的，属刚性基层。

（3）封层。

封层是路面结构中用于阻止水下渗的功能层。封层分为上封层和下封层，铺筑在面层表面时称为上封层，铺筑在面层与基层之间时称为下封层。

（4）黏层。

黏层是路面结构中起黏结作用的功能层。黏层一般是为加强路面沥青层与沥青层之间、沥青层与水泥混凝土路面之间的黏结程度而撒布的沥青材料薄层。

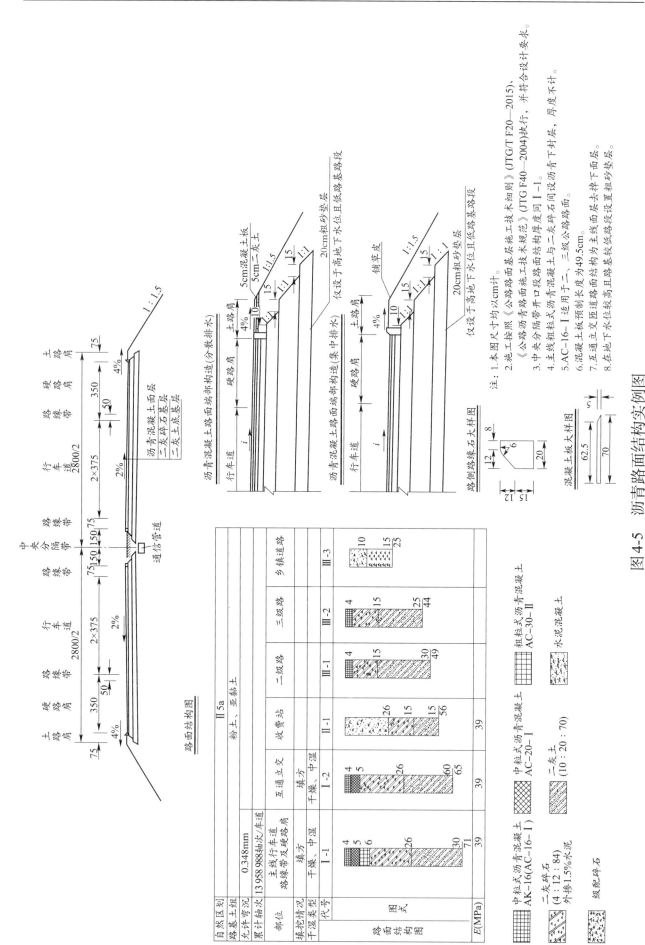

图 4-5 沥青路面结构实例图

(5)透层。

透层用于非沥青类材料层上,能透入表面一定深度,是增强非沥青类材料层与沥青混合料层整体性的功能层。

下封层与透层的区别:下封层的目的在于封闭表面,不一定要求透下去;而透层则要求渗入基层内一定的深度。

## 第二节 路面排水

各级公路路面排水的任务是根据当地降水与路面的具体情况,设置必要的排水设施,及时将水排出路面,防止路面积水渗入路面内部及路基,影响行车安全。根据水源的不同,影响路面的水流可分为地面水和地下水两大类,路面排水可分为路界地表排水和路面内部排水。

路面排水设计应符合下列原则:

(1)根据公路等级、沿线地形、地质、水文、气象条件以及桥涵设置等情况进行综合考虑,注意各种排水构造物之间的联系,并与沿线农田水利排灌系统相结合,使全线形成完善的排水系统,保证路基路面的稳定。

(2)各项排水设施和构造物的设计,应考虑便于施工、检查和养护维修的要求。

(3)多年冻土、滑坡等特殊地区(段)的公路,排水设计应结合该工程的其他处治措施综合进行。

### 一、路界地表排水

路界地表排水的主要任务是迅速把落在路面和路肩表面的降水排出,以免造成路面积水而影响行车安全。路界地表排水主要包括路面表面排出、中央分隔带排水、超高段排水及坡面排水等。路界地表排水设置应符合下列规定:

(1)路界地表排水应采取防、排、截相结合的综合措施,并应做好与桥涵、隧道等排水系统的衔接。路界地表水不宜流入桥面、隧道内。不宜利用隧道内部排水系统排除路界地表水。

(2)路界地表排水设施的布设应充分利用地形和天然水系,做好进出口位置的选择和处理;避免出现堵塞、溢流、渗漏、淤积、冲刷等现象,对路基、路面和毗邻地带产生危害。

(3)路界地表排水设施的地基应密实稳定,结构形式应与地基条件相匹配。必要时,应采取有效措施防止地基变形引起的排水设施破坏。

(4)路界地表排水设计应与坡面防护工程设计综合考虑。应采取有效措施防止坡面岩土因冲刷导致失稳。

(5)路界地表排水设施的设计流量及沟管、泄水口的泄水能力应按照规范要求确定,沟管与泄水口的断面形状、尺寸、间距应根据设计流量确定。

1.路面表面排水

路面表面排水设施主要由路面横坡、拦水带(或矩形边沟)、泄水口和急流槽组成,其主要目的是迅速排出降落在路面和路肩表面的大气降水,以减少表面水下渗并防止路表积水影响行车安全。

路面横坡一般采用1%~2%的单向坡。

(1)漫流排水(分散排水)。

在路线纵坡平缓、汇水量不大、路堤不高(即坡面水流路径较短,流速不高)且坡面有较强的耐冲刷能力(坡面已采取了防护措施)的情况下,应优先采用横向漫流、分散排放的排水方式。

(2)集中排水。

在表面水有可能冲刷路堤边坡坡面的情况下,应采用将路表水汇集于拦水带内,通过泄水口和急流槽集中排放的方式。泄水口的间距应根据过水断面水面漫盖宽度的要求和泄水口的泄水能力通过计算确定,一般为25~50m;高速公路、一级公路车道较多时,宜采用较小的泄水口间距。

分散、集中排水示意图如图4-6所示,分散、集中排水相结合的实例如图4-7所示。

2. 中央分隔带排水

中央分隔带排水是高速公路及一级公路地表排水的主要内容。

中央分隔带表面未采用铺面封闭时,分隔带内部宜设置防水层、纵向排水渗沟、集水槽、横向排水管等组成的防排水系统,如图4-8a)所示。宽度大于3m的中央分隔带表面宜设置成浅碟形,横向坡度宜为1:6~1:4。

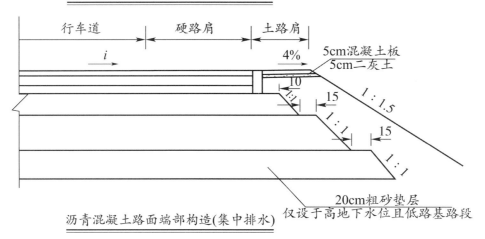

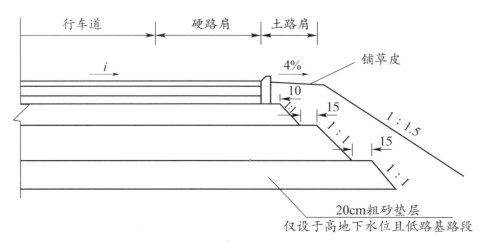

图 4-6

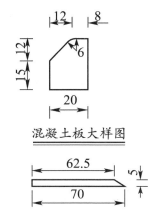

注：1. 本图尺寸均以cm计。
2. 施工按照《公路路面基层施工技术细则》(JTG/T F20—2015)、《公路沥青路面施工技术规范》(JTG F40—2004)执行，并符合设计要求。
3. 主线粗粒式沥青混凝土与二灰碎石间设沥青下封层，厚度不计。
4. AC-16-I适用于二、三级路面。
5. 混凝土板预制长度49.5cm。
6. 互通立交匝道路面结构为主线面层去掉下面层。
7. 在地下水位较高且路基较低路段设置粗砂垫层。

图4-6　分散、集中排水示意图

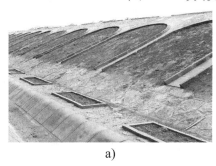
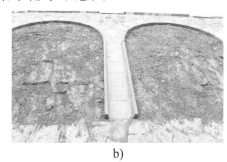

图4-7　分散、集中排水相结合实例图

中央分隔带排水渗沟宜设置在通信管道之下，渗沟顶面与回填土之间应设置反滤层，渗沟两侧及底部应设置防水层。宜采用管式渗沟，渗沟材料及设计应符合《公路排水设计规范》(JTG/T D33—2012)的有关规定。横向排水管宜采用直径为100~200mm的塑料管。

降雨量较小、中央分隔带较窄时，中央分隔带可采用表面铺面封闭分散排水。分隔带铺面应采用两侧外倾的横坡，坡度宜与路面横坡度相同，铺面材料可采用沥青处治材料或其他封闭材料。设置铺面如图4-8b)所示。

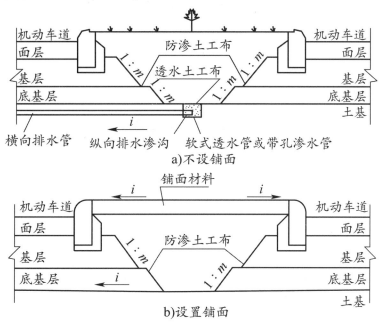

图4-8　中央分隔带防排水系统示意图

## 3. 超高段排水

超高段外侧排水，可根据降雨量及路面宽度，选择经内侧路面排出或设置地下排水设施排出的方案。

## 4. 坡面排水

挖方、低路堤及路界范围地面低于路界外侧地面的填方路段，应在挖方边坡或填方边坡设置边沟汇集和排泄降落在坡面和地表上的表面水。其形式有边沟、排水沟、截水沟、急流槽、跌水等。边坡急流槽排水如图4-9所示。

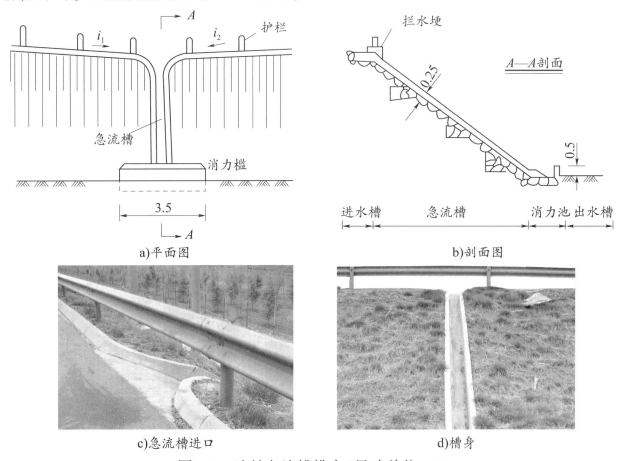

图4-9 边坡急流槽排水（尺寸单位：m）

## 二、路面内部排水

《公路排水设计规范》（JTG/T D33—2012）规定，遇有下列情况之一时，宜设置路面内部排水系统：

（1）年降水量600mm以上的湿润多雨地区，路床由渗透系数不大于$10^{-4}$mm/s的细粒土填筑的高速公路、一级公路或重要的二级公路；

（2）路基两侧有滞水，可能渗入路面结构内；

（3）重冰冻地区，路床为粉性土的潮湿路段；

（4）现有公路路面改建或路基改善工程，需排出积滞在路面结构内的水。

### 1. 路面边缘排水系统

路面边缘排水系统应沿路面结构外侧边缘设置，宜由透水性填料集水沟、纵向排水管、横向出水管、过滤织物等组成。

2. 排水基层

透水性排水基层应设置在面层下,排水基层下应设置不透水层以阻截自由水的下渗。排水基层可采用横贯路基整个宽度的形式,也可采用在排水基层边缘设置边缘排水系统的形式。

3. 排水垫层

排水垫层宜采用横贯路基整个宽度的形式,也可采用结合边缘排水系统的形式,其厚度不宜小于0.15m。路基为路堑或半路堑时,挖方坡脚处还应设置纵向集水沟和排水管。

## 第三节 路面基层和底基层

公路路面基层、底基层按材料力学性质可分为柔性类、半刚性类和刚性类;按材料组成可划分为有机结合料稳定类、无机结合料稳定类和粒料稳定类。

柔性基层、底基层包括有机结合料稳定类(沥青碎石、沥青贯入碎石等)和无黏结粒料类(级配碎石、级配砾石、填隙碎石、级配碎(砾)石类等);半刚性基层、底基层包括水泥稳定类、石灰稳定类和石灰工业废渣稳定类(二灰、二灰碎石、二灰砂砾、二灰矿渣、二灰土、石灰煤渣等);刚性基层包括贫混凝土基层、水泥混凝土基层以及连续配筋水泥混凝土基层;粒料稳定类主要有嵌锁型和级配型(级配碎石、级配砾石、填隙碎石、泥结碎石、泥灰结碎石等)。路基填料采用尾矿、矿渣等材料时应做环保评价,明确利用方案及处治措施。各种常用基层、底基层类型如表4-4所示。沥青路面基层应具有足够的强度和刚度,足够的水稳性和冰冻稳定性,足够的抗冲刷能力,较小的干缩和温缩变形,表面平整、密实,路拱与面层一致,与面层具有良好的结合性。

**各种常用基层、底基层类型** 表4-4

| 类 型 | | 工程常用类型 | 适应公路等级 | |
|---|---|---|---|---|
| | | | 高速公路、一级公路 | 二级及二级以下公路 |
| 有机结合料稳定类(柔性基层) | | 热拌沥青碎石或乳化沥青碎石混合料、沥青贯入碎石等 | 热拌沥青碎石 | 基层 | — |
| 无机结合料稳定类(半刚性基层) | 水泥稳定类 | 水泥稳定砂砾、碎石、砾石土、碎石土、未筛分碎石、石屑、石渣、高炉矿渣、钢渣等 | 水泥土 | 底基层 | 基层、底基层 |
| | | | 水泥砂 | 基层、底基层 | 基层、底基层 |
| | | | 水泥碎石 | 基层、底基层 | 基层、底基层 |
| | | | 水泥砂砾 | 基层、底基层 | 基层、底基层 |
| | 石灰稳定类 | 石灰稳定细粒土、天然砂砾土、天然碎石土以及石灰稳定级配砂砾、级配碎石和矿渣等 | 石灰土 | 底基层 | 基层、底基层 |
| | | | 石灰砂土 | 底基层 | 基层、底基层 |
| | | | 石灰碎石 | 底基层 | 基层、底基层 |

续上表

| 类型 | | | 工程常用类型 | 适应公路等级 | |
|---|---|---|---|---|---|
| | | | | 高速公路、一级公路 | 二级及二级以下公路 |
| 无机结合料稳定类（半刚性基层） | 石灰工业废渣稳定类 | 石灰粉煤灰类 | 二灰、二灰土、二灰砂、二灰砂砾、二灰碎石、二灰矿渣等 | 二灰土 | 底基层 | 基层、底基层 |
| | | | | 二灰砂砾 | 基层、底基层 | 基层、底基层 |
| | | | | 二灰碎石 | 基层、底基层 | 基层、底基层 |
| | | 石灰煤渣类 | 石灰煤渣、石灰煤渣土、石灰煤渣碎石、石灰煤渣砂砾等 | 二灰矿渣 | 基层、底基层 | 基层、底基层 |
| 粒料稳定类 | 嵌锁型 | | 泥结碎石、泥灰结碎石、填隙碎石等 | 泥灰结碎石 | 垫层 | 垫层、底基层 |
| | | | | 级配碎石 | 垫层 | 垫层、底基层 |
| | 级配型 | | 级配碎石、级配砾石等 | 级配碎石 | 垫层 | 垫层、底基层 |

路面基层按力学性质分为半刚性基层、柔性基层、刚性基层和组合式基层。各类沥青路面基层的特点及材料如表4-5所示。

**各类沥青路面基层的特点及材料** 表4-5

| 基层类型 | 特点 | 主要材料 |
|---|---|---|
| 半刚性基层 | 用水泥、石灰等无机结合料处治的土或碎（砾）石及含有水硬性结合料的工业废渣修筑的基层 | 水泥土、水泥稳定粒料<br>石灰土、石灰稳定粒料<br>石灰粉煤灰土（二灰土）、石灰粉煤灰稳定粒料 |
| 柔性基层 | 用各种未经处理的粒料基层和各类沥青、碎（砾）石或块石修筑的基层 | 级配碎（砾）石大粒径沥青混合料 |
| 刚性基层 | 用水泥混凝土做基层 | 普通混凝土、钢筋混凝土、连续配筋混凝土、钢纤维混凝土、预应力混凝土、装配式混凝土、碾压式混凝土、贫混凝土 |
| 组合式基层 | 由柔性基层与半刚性基层或刚性基层组合形成的基层 | 级配碎石+无机结合料稳定材料层；级配碎石+普通水泥混凝土层；级配碎石+碾压式水泥混凝土层 |

本书主要介绍半刚性基层及粒料稳定类基层。

## 一、半刚性基层

采用无机结合料稳定集料或土类材料铺筑的基层称为半刚性基层。其具有整体性好、承载力大、刚度大、水稳性好等特点。半刚性基层主要有石灰稳定类基层、水泥稳定类基层、石灰工业废渣稳定类基层。

1. 石灰稳定类基层

在粉碎的土和原来松散的土(包括各种粗、中、细粒土)中,掺入足量的石灰和水,经拌和、整形、压实及养护后得到的混合料,当其抗压强度符合规定的要求时,称为石灰稳定土。

(1)石灰稳定土分类。

①用石灰稳定细粒土得到的强度符合要求的混合料,简称石灰土。即在土中掺入一定比例的消石灰或生石灰粉,经加水拌和、平整、碾压成型、养护等工序后,使之成为具有一定抗压、抗折等性能的半刚性结构。

②用石灰稳定中粒土和粗粒土得到的强度符合要求的混合料,其名称视所用原材料而定,原材料为天然砂砾土或级配砂砾时,简称石灰砂砾土;原材料为天然碎石土或级配碎石时,简称石灰碎石土。

③用石灰稳定原中级路面,使其适应做沥青路面和水泥混凝土路面的基层时,属于石灰砂砾土或石灰碎石土。

(2)石灰稳定土强度形成的原理。

石灰稳定土强度主要依靠离子交换作用、火山灰作用和碳酸化作用、结晶作用形成。

(3)影响石灰稳定土强度与稳定性的因素。

影响石灰稳定土强度与稳定性的因素有土质、灰质、石灰剂量、含水率、压实度、龄期和养护条件(湿度与温度)等。

石灰剂量是指石灰质量占全部粗细土颗粒(即砾石、碎石、砂砾、粉粒和黏粒)干质量的百分率。石灰剂量 = 石灰质量/干土质量 × 100%。

石灰剂量应根据结构层技术要求进行混合料组成设计来确定。对于黏质土及粉质土,为8%~14%;对于细粒土质砂,则为9%~16%。石灰剂量不低于6%,不高于18%,一般以10%~14%为宜。

(4)石灰稳定土适用范围。

①石灰稳定土适用于各级公路的底基层,以及二级和二级以下公路的基层,但石灰稳定土不得用作二级公路的基层和二级以下公路高级路面的基层。

②在冰冻地区的潮湿路段以及其他地区的过分潮湿路段,不宜采用石灰土做基层。当只能采用石灰土时,应采取措施防止水分浸入石灰土层。

(5)石灰稳定土施工季节。

石灰稳定土基层应在春末和夏季组织施工。施工期的日最低气温应在5℃以上,并应在第一次重冰冻(-3~-5℃)到来之前一个月到一个半月完成。

(6)石灰稳定土施工方法。

①对于二级以下公路,石灰稳定土基层和底基层可以采用路拌法施工。对于二级公路,宜采用专用的稳定土拌和机路拌法或用厂拌法拌制混合料。

②对于高速公路和一级公路,直接铺筑在土基上的底基层下层可以用专用稳定土拌和机进行路拌法施工,如土基上层已用石灰或固化剂处理,则底基层的下层也应用集中拌和法拌制混合料。其上的各个稳定土层都应用厂拌法拌制混合料,并宜用摊铺机摊铺混合料。

(7)石灰稳定土施工工序。

在路面基层、底基层施工中,混合料的拌和方式主要有路拌法和厂拌法,工程上常用路拌法进行石灰土(石灰稳定细粒土)施工。

①石灰稳定土路拌法施工工序如图4-10所示。

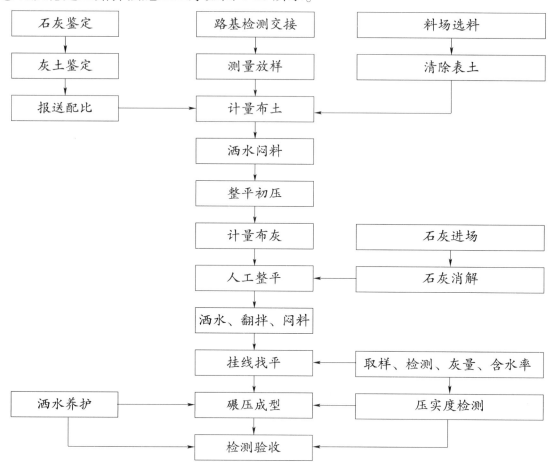

图4-10 石灰稳定土路拌法施工工序

②石灰稳定土路拌法施工实例如图4-11所示。

a)布土　　b)布灰

c)摊铺　　d)碾压

图 4-11

e)碾压成型

图4-11 石灰稳定土路拌法施工实例图

### 2. 水泥稳定类基层

在粉碎的或原来松散的土中,掺入足量水泥和水,经拌和得到的混合料在压实及养护后,其抗压强度符合规定要求时,称为水泥稳定土。

(1)水泥稳定土分类。

水泥稳定土分为水泥土、水泥砂和水泥稳定粒料。

水泥土:用水泥稳定细粒土(砂性土、粉性土或黏性土)得到的混合料。

水泥砂:用水泥稳定砂得到的混合料。

水泥稳定粒料:用水泥稳定粗粒土和中粒土得到的混合料。其包括水泥稳定砂砾、砂砾土、碎石土、未筛分碎石、石屑、土等,以及水泥稳定的钢渣、矿渣等。

(2)水泥稳定土强度形成的原理。

水泥稳定土强度主要依靠离子交换及团粒化作用、硬凝反应和碳酸化作用形成。

(3)影响水泥稳定土强度与稳定性的因素。

影响水泥稳定土强度与稳定性的主要因素有土质、水泥成分与剂量、含水率、工艺过程和养护条件。水泥剂量以水泥质量占全部粗细土颗粒(即砾石、砂粒、粉粒和黏粒)干质量的百分率表示,即水泥剂量=水泥质量/干土质量×100%。

水泥稳定中粒土和粗粒土用作基层时,水泥剂量不宜超过6%。必要时,应首先改善集料的级配,然后用水泥稳定。

水泥稳定土施工时,应严格控制延迟时间(从开始加水拌和到碾压完成时的延迟时间)。路拌法施工时,必须严密组织,采用流水作业法施工,尽可能缩短从加水拌和到碾压完成的延迟时间,此时间不应超过3~4h,并应短于水泥的终凝时间。采用厂拌法施工时,延迟时间不应超过2h。

(4)水泥稳定土适用范围。

水泥稳定土可适用于各级公路的基层和底基层,但不得用作二级和二级以上公路路面的基层。

(5)水泥稳定土施工季节。

水泥稳定土基层宜在春末和气温较高季节组织施工。施工期的日最低气温应在5℃以上。在冰冻地区,应在第一次重冰冻(-3~-5℃)到来之前半个月到一个月完成。

(6)水泥稳定土施工方法。

①对于二级以下公路,水泥稳定土基层和底基层可以采用路拌法施工。但对于二级公路,应采用专用的稳定土拌和机或使用集中拌和法制备混合料。

②对于高速公路和一级公路,如果直接铺筑在土基上的底基层下层,可以用稳定土拌和机进行路拌法施工。当土基上层已用石灰或固化剂处理时,底基层的下层也宜用集中拌和法拌制混合料。其上的各个稳定土层都应用厂拌法拌制混合料,并用摊铺机摊铺基层混合料。

③基层分两层施工时,在铺筑上层前,应在下层顶面先撒薄层水泥或水泥净浆。

(7)水泥稳定土施工工序。

水泥稳定土施工时,必须采用流水作业法,使各工序紧密衔接。特别是要尽量缩短从加水拌和到碾压完成时的延迟时间。所以在施工时,应做延迟时间对水泥稳定土强度影响的试验,以确定合适的延迟时间,并使此时水泥稳定土的强度仍能满足设计要求。

①水泥稳定粒料施工工序。

公路上常用的水泥稳定粒料有水泥稳定碎石(用水泥稳定碎石得到的混合料)、水泥稳定砂砾(用水泥稳定砂砾得到的混合料)。采用中心站集中拌和法施工,施工工艺流程如图4-12所示。

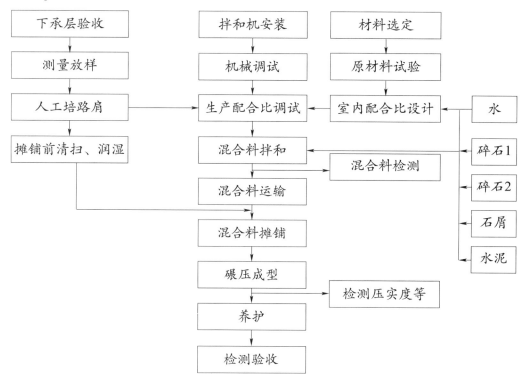

图4-12 水泥稳定粒料集中拌和法施工工艺流程图

②水泥稳定碎石施工实例如图4-13示。

a)拌和

b)测量放样

图 4-13

c)摊铺　　　　　　　　　d)养护

图 4-13　水泥稳定碎石施工实例图

### 3. 石灰工业废渣稳定类基层

一定数量的石灰和粉煤灰或石灰和煤渣与其他集料相配合,加入适量的水,经拌和、压实及养护后得到的混合料,当其抗压强度符合规定要求时,称为石灰工业废渣稳定土。

(1) 石灰工业废渣稳定土分类。

石灰工业废渣稳定土分为石灰粉煤灰类和石灰煤渣类两大类,如表4-6所示。

**石灰工业废渣稳定土分类**　　　　　　表 4-6

| 石灰工业废渣稳定土 | 石灰粉煤灰类 | 石灰粉煤灰(二灰) |
| :---: | :---: | :---: |
| | | 粉煤灰土(二灰土) |
| | | 石灰粉煤灰砂(二灰砂) |
| | | 石灰粉煤灰砂砾(二灰砂砾) |
| | | 石灰粉煤灰碎石(二灰碎石) |
| | | 石灰粉煤灰矿渣(二灰矿渣) |
| | 石灰煤渣类 | 石灰煤渣 |
| | | 石灰煤渣土 |
| | | 石灰煤渣碎石 |
| | | 石灰煤渣砂砾 |
| | | 石灰煤渣矿渣 |
| | | 石灰煤渣碎石土 |

(2) 石灰工业废渣稳定土的特点。

石灰工业废渣稳定土基层具有水硬性、缓凝性、强度高、稳定性好,成本低且强度随龄期不断增加,抗水、抗冻、抗裂且收缩性小,适应各种气候环境和水文地质条件等特点。

(3) 石灰工业废渣稳定土适用范围。

石灰工业废渣稳定土适用于各级公路的基层和底基层,但二灰、二灰土和二灰砂不应用作二级和二级以上公路高级路面的基层。

(4) 石灰工业废渣稳定土施工季节。

石灰工业废渣稳定土宜在春末和夏季组织施工。施工期的日最低气温应在5℃以上,并应在第一次重冰冻(−3～−5℃)到来之前一个月到一个半月完成。

(5) 石灰工业废渣稳定土施工方法。

①对于二级以下公路,用石灰工业废渣做基层和底基层时,可以采用路拌法施工;对于二级公路,应采用专用的稳定土拌和机,或用厂拌法拌制混合料。

②对于高速公路和一级公路,直接铺筑在土基上的底基层,下层可以用专用的稳定土拌和机进行路拌法施工,若土基上层已用石灰或固化剂处理,则底基层的下层也应用集中拌和法拌制混合料。其上的各个稳定土层都应用厂拌法拌制混合料,并应用摊铺机摊铺基层混合料。

(6)石灰工业废渣稳定土施工工序。

公路工程上,常用二灰土、二灰碎石做底基层、基层。

二灰土是用石灰、粉煤灰稳定细粒土得到的混合料,即用石灰、粉煤灰与细粒土三种材料,按一定比例通过专用机具加水拌和均匀,再摊铺碾压成型的一种路面结构层。

用石灰、粉煤灰稳定集料(碎石、砾石或矿渣等)得到的混合料称为二灰粒料,如二灰碎石、二灰砂砾、二灰矿渣等。

石灰工业废渣混合料采用质量配合比计算,以石灰∶粉煤灰∶集料的质量比表示。为提高其早期强度,可外加1%～2%的水泥或2%～5%的外加剂。如二灰土(10∶20∶70),即石灰∶粉煤灰∶土=10∶20∶70;二灰碎石(4∶12∶84),即石灰∶粉煤灰∶碎石=4∶12∶84(外掺1.5%水泥)。

①二灰土路拌法施工工艺流程。

二灰土一般采用路拌法施工,即用专用稳定土拌和机沿路拌和施工,施工工艺流程如图4-14所示。

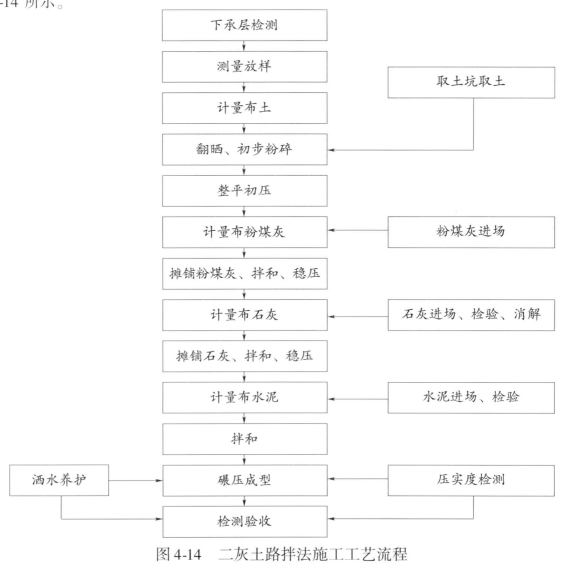

图4-14 二灰土路拌法施工工艺流程

②二灰碎石施工工艺流程。

二灰碎石采用集中拌和法(厂拌法)施工,施工工艺流程及实例如图4-15所示。

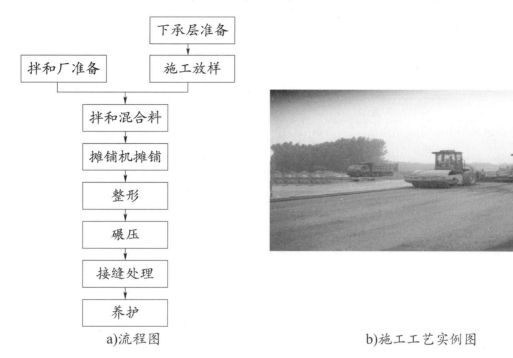

a)流程图　　　　　　　　　　　b)施工工艺实例图

图4-15　二灰碎石集中拌和法施工工艺流程及实例

## 二、粒料稳定类基层

粒料稳定类基层主要有嵌锁型和级配型。

1. 嵌锁型基层

以嵌挤原则修筑的路面基层,是用分层撒铺矿料(各层矿料粒径大小基本相同)并经严格碾压而成的路面结构层(或采用尺寸大致均一的开级配矿料进行拌和)。

嵌锁型路面基层具有强度高、稳定性好、抗滑耐磨能力强、渗透性强、抗老化能力强等特点。

嵌锁型路面基层类型有泥结碎石、泥灰结碎石、填隙碎石等。

2. 级配型基层

以密实级配原则修筑的路面基层,它是采用颗粒大小不同的矿料按一定的比例配合,并掺入一定数量的结合料,拌制成混合料,经过摊铺碾压而形成的路面。

级配型基层具有强度高、耐久性好、密实而不透水、温度稳定性和抗滑能力较差等特点。

级配型基层类型有级配碎石、级配砾石等。

粗、中、小碎(砾)石集料和石屑各占一定比例的混合料,当其颗粒组成符合规定的密实级配要求时,称为级配碎(砾)石。

(1)级配碎(砾)石适用于轻交通的二级和二级以下公路的基层以及各级公路的底基层。

(2)级配碎(砾)石集中拌和法施工工艺流程及实例如图4-16所示。

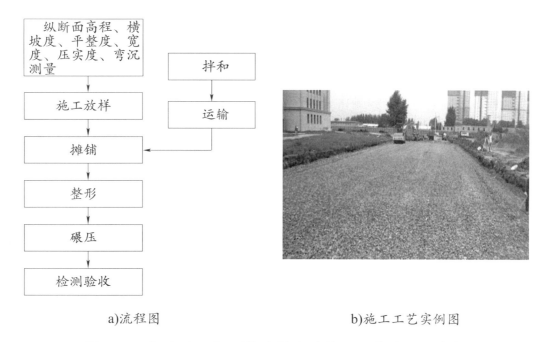

a) 流程图    b) 施工工艺实例图

图 4-16 级配碎(砾)石集中拌和法施工工艺流程及实例

## 第四节 路面面层

路面面层是直接承受车轮荷载反复作用和自然因素影响的结构层,可由 1~3 层组成。本节将介绍沥青路面、水泥混凝土路面、块石类路面和砂石类路面。

### 一、沥青路面

铺筑沥青面层的路面结构称为沥青路面,如图 4-17 所示。

a)    b)

图 4-17 沥青路面实例图

1. 沥青路面特点

1) 沥青路面的优点

(1) 沥青路面表面平整、坚实、无接缝,行车平稳、舒适、噪声小。

(2) 沥青路面的强度可以调节,以适应不同交通量的需要。

(3) 沥青路面晴天无尘土,雨天不泥泞,在烈日照射下不反光,便于行车。

(4) 沥青路面适用于机械化施工,质量较易得到保证,且施工进度快,开放交通快,还有利于修补和分期修建。

（5）现行的沥青再生技术可有效提高资源利用率。

2）沥青路面的缺点

（1）沥青路面的抗弯拉强度较低，故对基层的强度和稳定性要求较高。

（2）沥青面层的温度稳定性较差，沥青路面施工受季节和气候影响较大。夏季高温时，沥青材料强度下降，易出现车辙、推移、波浪等现象；冬季低温时，会因沥青材料变脆从而导致路面开裂。在低温天气和雨季，除乳化沥青外，不能施工。

（3）履带式车辆不能在沥青路面上行驶。

2. 基本术语

（1）沥青结合料：在沥青混合料中起胶结作用的沥青类材料（含添加的外掺剂、改性剂等）的总称。

（2）乳化沥青：石油沥青与水在乳化剂、稳定剂等的作用下经乳化加工制得的均匀沥青产品，也称沥青乳液。

（3）改性沥青：掺入橡胶、树脂、高分子聚合物、天然沥青、磨细的橡胶粉或者其他材料等外掺剂（改性剂），使沥青或沥青混合料的性能得以改善而制成的沥青结合料。

（4）改性乳化沥青：在制作乳化沥青的过程中同时加入聚合物胶乳，或将聚合物胶乳与乳化沥青成品混合，或对聚合物改性沥青进行乳化加工得到的乳化沥青产品。

（5）沥青混合料：由矿料与沥青结合料拌和而成的混合料的总称。

①按材料组成及结构分为连续级配沥青混合料、间断级配沥青混合料。

②按矿料级配组成及空隙率大小分为密级配沥青混合料、半开级配沥青混合料、开级配沥青混合料。

③按公称最大粒径的大小可分为特粗式沥青混合料（公称最大粒径大于31.5mm）、粗粒式沥青混合料（公称最大粒径为31.5mm或26.5mm）、中粒式沥青混合料（公称最大粒径为16mm或19mm）、细粒式沥青混合料（公称最大粒径为9.5mm或13.2mm）、砂粒式沥青混合料（公称最大粒径小于9.5mm）。

④按制造工艺分为热拌沥青混合料、冷拌沥青混合料、再生沥青混合料等。

沥青混合料按公称最大粒径、级配组成及空隙率大小的分类，如表4-7所示。

沥青混合料分类　　　　　表4-7

| 序号 | 名　　称 | 简写 | 说　　明 |
|---|---|---|---|
| 1 | 密级配沥青混凝土混合料 | AC | 适用于各级公路沥青面层的任何层次 |
| 2 | 沥青玛蹄脂碎石混合料 | SMA | 适用于表面层、中面层或加铺磨耗层 |
| 3 | 半开级配沥青稳定碎石混合料 | AM | 设计空隙率6%～12%，适用于三级及三级以下公路，表面设防水上封层 |
| 4 | 密级配沥青稳定碎石混合料 | ATB | 设计空隙率3%～6%，也称为大粒径沥青碎石混合料，适用于下面层、基层 |
| 5 | 排水式沥青稳定碎石混合料 | ATPB | 设计空隙率大于18%，适用于排水基层 |

续上表

| 序号 | 名　　称 | 简写 | 说　明 |
|---|---|---|---|
| 6 | 排水式开级配磨耗层 | OGFC | 设计空隙率大于18%,适用于高速公路排水式沥青路面磨耗层 |

(6)密级配沥青混合料:按密实级配原理设计组成的各种粒径颗粒的矿料与沥青结合料拌和而成,设计空隙率较小(针对不同交通及气候情况、层位可作适当调整)的密级配沥青混凝土混合料(以 AC 表示)和密级配沥青稳定碎石混合料(以 ATB 表示)。密级配沥青混合料按关键性筛孔通过率的不同又可分为细型、粗型密级配沥青混合料等。粗集料嵌挤作用较好的也称嵌挤密级配沥青混合料。

(7)沥青稳定碎石混合料(简称沥青碎石):由矿料和沥青组成具有一定级配要求的混合料。按空隙率、集料最大粒径、添加矿粉质量的多少,分为密级配沥青稳定碎石混合料(ATB)、开级配沥青稳定碎石(OGFC 表面层及 ATPB 基层)、半开级配沥青稳定碎石混合料(AM)。

(8)沥青玛琋脂碎石混合料:由沥青结合料与少量的纤维稳定剂、细集料以及较多量的填料(矿粉)组成的沥青玛琋脂,填充于间断级配的粗集料骨架的间隙,组成一体形成的沥青混合料,简称SMA。

3.沥青路面分类

(1)按强度构成原理,沥青路面分为密实类和嵌挤类两大类。

密实类沥青路面要求矿料的级配按最大密实原则设计,其强度和稳定性主要取决于混合料的黏聚力和内摩阻力。密实类沥青路面按其空隙率的大小可分为闭式和开式两种。

嵌挤类沥青路面要求采用颗粒尺寸较为均一的矿料,路面的强度和稳定性主要取决于集料颗粒之间相互嵌挤所产生的内摩阻力,而黏聚力则起次要作用。

(2)按施工工艺的不同,沥青路面可分为层铺法、路拌法和厂拌法三类。

层铺法沥青路面是用分层洒布沥青、分层铺撒矿料和碾压的方法修筑的沥青路面。

路拌法沥青路面是在路上用机械将矿料和沥青材料就地拌和摊铺并碾压密实形成的沥青路面。

厂拌法沥青路面是将规定级配的矿料和沥青材料在工厂用专用设备加热拌和,然后送到工地摊铺碾压形成的沥青路面。

(3)根据沥青路面的技术特性,沥青面层可分为沥青混凝土、热拌沥青碎石、乳化沥青碎石、沥青贯入式、沥青表面处治5种类型。

4.沥青路面的施工

(1)热拌沥青混合料路面施工。

①热拌沥青混合料路面是由几种大小不同的矿料,用沥青作结合料,按一定比例配合,在严格的配合比及温度条件下拌和,经压实形成的路面。其特点是矿料、沥青从拌和到铺筑成型均须在较高的温度范围内完成。

②热拌沥青混合料适用于各种等级公路的沥青路面。

③热拌沥青混合料按集料公称最大粒径、矿料级配、空隙率分类如表4-8所示。

④根据道路等级、路面类型、所处的结构层位,按表4-9选用热拌沥青混合料。

**热拌沥青混合料种类** 表 4-8

| 混合料类型 | 密级配 | | 开级配 | | 半开级配 | 公称最大粒径（mm） | 最大粒径（mm） |
|---|---|---|---|---|---|---|---|
| | 连续级配 | 间断级配 | 间断级配 | | 沥青稳定碎石 | | |
| | 沥青混凝土 | 沥青稳定碎石 | 沥青玛琋脂碎石 | 排水式沥青磨耗层 | 排水式沥青稳定碎石 | | | |
| 特粗式 | — | ATB-40 | — | — | ATPB-40 | — | 37.5 | 53.0 |
| 粗粒式 | — | ATB-30 | — | — | ATPB-30 | — | 31.5 | 37.5 |
| | AC-25 | ATB-25 | — | — | ATPB-25 | — | 26.5 | 31.5 |
| 中粒式 | AC-20 | — | SMA-20 | — | — | AM-20 | 19.0 | 26.5 |
| | AC-16 | — | SMA-16 | OGFC-16 | — | AM-16 | 16.0 | 19.0 |
| 细粒式 | AC-13 | — | SMA-13 | OGFC-13 | — | AM-13 | 13.2 | 16.0 |
| | AC-10 | — | SMA-10 | OGFC-10 | — | AM-10 | 9.5 | 13.2 |
| 砂粒式 | AC-5 | — | — | — | — | AM-5 | 4.75 | 9.5 |
| 设计空隙率(%) | 3~5 | 3~6 | 3~4 | >18 | >18 | 6~12 | | |

注：空隙率可按配合比设计要求适当调整。

**热拌沥青混合料类型选择** 表 4-9

| 结构层次 | 高速公路、一级公路 | | 其他等级公路 | |
|---|---|---|---|---|
| | 三层式沥青混凝土路面 | 两层式沥青混凝土路面 | 沥青混凝土路面 | 沥青碎石路面 |
| 上面层 | AC-13<br>AC-16<br>AC-20<br>AK-13<br>AK-16<br>SMA-13<br>SMA-16 | AC-16<br>AC-20<br>AK-16<br>SMA-16 | AC-13<br>AC-16 | AM-13 |
| 中面层 | AC-20<br>AC-25 | | | |
| 下面层 | AC-25<br>AC-30 | AC-20<br>AC-25<br>AC-30 | AC-20<br>AC-25<br>AC-30<br>AM-25<br>AM-30 | AM-25<br>AM-30 |

注：AK-抗滑表层沥青混合料。

⑤热拌沥青混合料的施工工艺流程如图4-18所示。

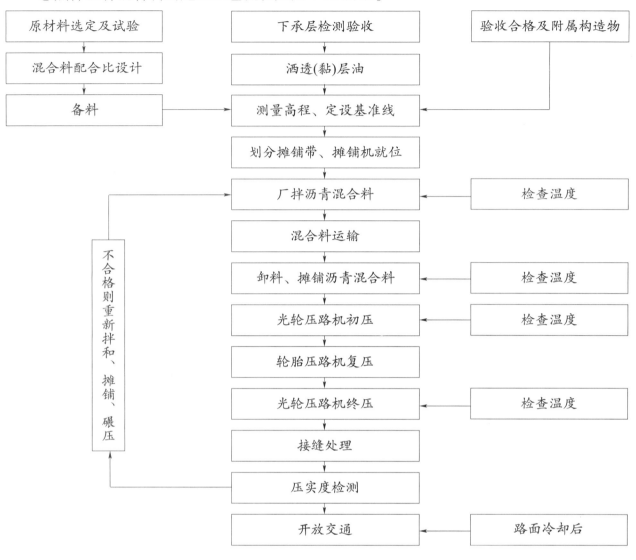

图4-18 热拌沥青混合料的施工工艺流程

(2)沥青表面处治与封层施工。

沥青表面处治适用于三级、四级公路的面层,旧沥青面层上加铺罩面或抗滑层、磨耗层等。各种封层适用于加铺薄层罩面、磨耗层、水泥混凝土路面上的应力缓冲层、各种防水和密水层、预防性养护罩面层。

沥青表面处治与封层宜选择在干燥和较热的季节施工,并在最高温度低于15℃到来以前半个月及雨季前结束。

①沥青表面处治施工。

沥青表面处治路面是用沥青和集料按层铺法或拌和法铺筑而成的厚度不超过30mm的沥青路面。其厚度一般为10~30mm。层铺法分为单层式、双层式、三层式,单层表面处治厚度为10~15mm,双层表面处治厚度为15~25mm,三层表面处治厚度为25~30mm。

三层式层铺法沥青表面处治施工工艺流程:施工前的准备工作→安装路缘石→浇洒透层沥青→浇洒第一层沥青→撒布第一层集料→碾压→浇洒第二层沥青→撒布第二层集料→碾压→浇洒第三层沥青→撒布第三层集料→碾压→控制交通→初期养护。

双层式或单层式沥青表面处治浇洒沥青及撒布集料的次数相应减少,其施工工艺参照三层式进行。

②封层施工。

封层是路面结构中用于阻止水下渗的功能层。铺筑在沥青面层表面的称为上封层,铺筑在沥青面层下面、基层表面的称为下封层。

上封层:根据情况可选择乳化沥青稀浆封层、微表处、改性沥青集料封层、薄层磨耗层或其他适宜的材料;铺设上封层的下卧层必须彻底清扫干净,对车辙、坑槽、裂缝进行处理或挖补;根据使用目的、路面的破损程度选用相应类型。

裂缝较细、较密的可采用涂洒类密封剂、软化再生剂等涂刷罩面;对二级及二级以下公路的旧沥青路面可以采用普通的乳化沥青稀浆封层,也可在喷洒道路石油沥青后撒布石屑(砂)后碾压作封层;对高速公路、一级公路有轻微损坏的宜铺筑微表处;对用于改善抗滑性能的上封层可采用稀浆封层、微表处或改性沥青集料封层。

下封层:多雨潮湿地区的高速公路、一级公路的沥青面层空隙率较大,有严重渗水可能,或铺筑基层不能及时铺筑沥青面层而需通行车辆时,宜在喷洒透层油后铺筑下封层;下封层宜采用层铺法表面处治或稀浆封层法施工,稀浆封层可采用乳化沥青或改性乳化沥青作结合料,下封层的厚度不宜小于6mm,且做到完全密水;以层铺法沥青表面处治铺筑下封层时,通常采用单层式。

(3)稀浆封层和微表处施工。

稀浆封层是用适当级配的石屑或砂、填料(水泥、石灰、粉煤灰、石粉等),与乳化沥青、外掺剂和水,按一定比例拌和而成的呈流动状态的沥青混合料,将其均匀地摊铺在路面上形成的沥青封层。

微表处是用适当级配的石屑或砂、填料(水泥、石灰、粉煤灰、石粉等),与聚合物改性乳化沥青、外掺剂和水,按一定比例拌和而成的呈流动状态的沥青混合料,将其均匀地摊铺在路面上形成的沥青封层。

①适用范围。

稀浆封层一般用于二级及二级以下公路的预防性养护,也适用于新建公路的下封层。

微表处主要用于高速公路及一级公路的预防性养护以及填补轻度车辙,也适用于新建公路的抗滑磨耗层。

②施工要求。

a. 稀浆封层和微表处必须使用专用的摊铺机进行摊铺。单层微表处适用于旧路面车辙深度不大于15mm的情况,超过15mm的必须分两层铺筑,或先用"V"形车辙摊铺箱摊铺,深度大于40mm时不适宜进行微表处处理。

b. 稀浆封层可采用普通乳化沥青或改性乳化沥青,微表处必须采用改性乳化沥青。

c. 稀浆封层和微表处应选择坚硬、粗糙、耐磨、洁净的集料。

d. 稀浆封层和微表处施工前,应彻底清除原路面的泥土、杂物,修补坑槽、凹陷,较宽的裂缝宜清理灌缝。在水泥混凝土路面上铺筑微表处时宜洒布黏层油,过于光滑的表面需拉毛处理。

e.稀浆封层和微表处的最低施工温度不得低于10℃,严禁在雨天施工,摊铺后尚未成型的混合料遇雨时应予以铲除。

f.稀浆封层和微表处两幅纵缝搭接的宽度不宜超过80mm,横向接缝宜做成对接缝。分两层摊铺时,第一层摊铺后至少应开放交通24h后方可进行第二层摊铺。

g.稀浆封层和微表处铺筑后的表面不得有超粒径料拖拉产生的严重划痕,横向接缝和纵向接缝处不得出现余料堆积或缺料现象,用3m直尺测量接缝处的不平整度不得大于6mm。微表处不得有横向波浪和深度超过6mm的纵向条纹。经养护和初期交通碾压稳定的稀浆封层和微表处,在行车作用下应不飞散且完全密水。

(4)沥青贯入式路面施工。

沥青贯入式路面结构层是在初步压实的碎石(或破碎砾石)上,分层浇洒沥青、撒布嵌缝料,或再在上部铺筑热拌沥青混合料封层,经压实而成的沥青面层。

沥青贯入式路面的厚度一般为4~8cm,厚度为6~8cm的称为深贯入式,厚度为4~5cm的称为浅贯入式。乳化沥青贯入式路面的厚度不宜超过5cm。当贯入层上部加铺拌和的沥青混合料面层成为上拌下贯式路面时,拌和层的厚度宜不小于1.5cm。

沥青贯入式路面适用于三级及三级以下公路,也可作为沥青路面的联结层或基层。

沥青贯入式路面的最上层应撒布封层料或加铺拌和层。沥青贯入层作为联结层使用时,可不撒表面封层料。沥青贯入式路面宜选择在干燥和温度较高的季节施工,并宜在日最高温度降低至15℃以前半个月结束,使贯入式结构层通过开放交通碾压成型。

沥青贯入式路面施工工艺流程如图4-19所示。

图4-19 沥青贯入式路面施工工艺流程

(5)沥青上拌下贯式路面施工。

铺筑上拌下贯式路面时,贯入层不撒布封层料,拌和层应紧跟贯入层施工,使上下成为一个整体。贯入部分采用乳化沥青时应待其破乳、水分蒸发且成型稳定后,方可铺筑拌和层。当拌和层与贯入部分不能连续施工,且要在短期内通行施工车辆时,贯入层部分的第二遍嵌缝料应增加用量 2~3m³/1000m²，在摊铺拌和层沥青混合料前，应进行补充碾压，并浇洒黏层沥青。

(6)透层、黏层施工。

①透层。

透层是用于非沥青类材料层上，能透入表面一定深度，增强非沥青类材料层与沥青混合料层整体性的功能层。透层适用于无机结合料基层表面的有机结合料渗透层，用于路段的下面层与基层的层间处理。喷洒后，要求渗透深度不小于 5~10mm。

透层的作用：

a.层间联结作用。透层沥青能使沥青面层与基层结合紧密，有利于提高路面结构的整体性，防止层间滑移，使沥青面层处于有利的受力状态。

b.对基层的保护作用。在基层上洒布透层沥青相当于对基层表面进行了处治，基层表面的开口空隙被填充，减少了基层表面的松散度，提高了基层的耐磨性，可以减少或防止表面裂纹及施工车辆通行给基层带来的不利影响。

c.封闭养护作用。基层成型后，及时喷洒透层沥青，封闭了基层表面的孔隙，缩短了基层裸露时间，基层内水分蒸发散失减少，起到了养护作用。

d.在由于某种原因推迟铺筑面层的情况下，透层可向基层提供临时性防护，防止降雨和临时行车对基层的破坏。

②黏层。

黏层是路面结构中起黏结作用的功能层。其一般是为加强路面沥青层与沥青层之间、沥青层与水泥混凝土路面之间的黏结程度而洒布的沥青材料薄层。

符合下列情况之一时，必须喷洒黏层：

a.双层式或三层式热拌热铺沥青混合料路面的沥青层之间。

b.水泥混凝土路面、沥青稳定碎石基层或旧沥青路面层上加铺沥青层。

c.路缘石、雨水口、检查井等构造物与新铺沥青混合料接触的侧面。

## 二、水泥混凝土路面

水泥混凝土路面是指包括普通混凝土、钢筋混凝土、连续配筋混凝土、装配式混凝土、钢纤维混凝土等面层板和基(垫)层所组成的路面，也称白色路面，如图 4-20 所示。

其中，普通混凝土(亦称无筋混凝土或素混凝土)路面是指除接缝区和局部范围(边缘或角隅)外均不配钢筋的水泥混凝土路面，是目前我国应用最广泛的一种水泥混凝土路面。

图 4-20 水泥混凝土路面

1. 水泥混凝土路面的特点

水泥混凝土路面具有以下优点：

(1)强度高。混凝土具有很高的抗压强度和较高的抗弯拉强度以及抗磨耗能力。

(2)稳定性好。水泥混凝土路面的水稳性、热稳性好。

(3) 耐久性好。由于水泥混凝土路面的强度高和稳定性好,所以经久耐用。

(4) 有利于夜间行车。水泥混凝土路面色泽鲜明,能见度高,对夜间行车有利。

水泥混凝土路面具有以下缺点:

(1) 设置的接缝很多且接缝极易被破坏,从而引起行车跳动,影响行车的舒适性。

(2) 由于水泥混凝土路面要求有相对稳固的路基和基层支撑条件,因此它不适用于基层、路基大变形和不均匀沉降的软基、高填方及长期浸水路段。

(3) 超载对水泥混凝土路面极为不利,极易形成断板、断边、断角等结构性破坏。

(4) 修复困难。水泥混凝土路面损坏后,开挖很困难,修补工作量也大,对交通影响较大。

2. 水泥混凝土路面施工工艺流程

水泥混凝土路面施工方法有小型机具配套施工、轨道施工和滑模摊铺法施工。

(1) 小型机具配套施工工艺流程如图 4-21 所示。

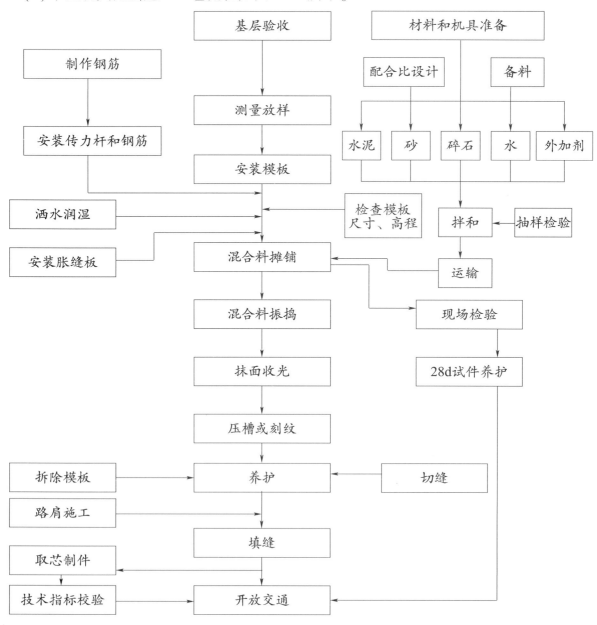

图 4-21 小型机具配套施工工艺流程

(2)轨道施工工艺流程如图4-22所示。

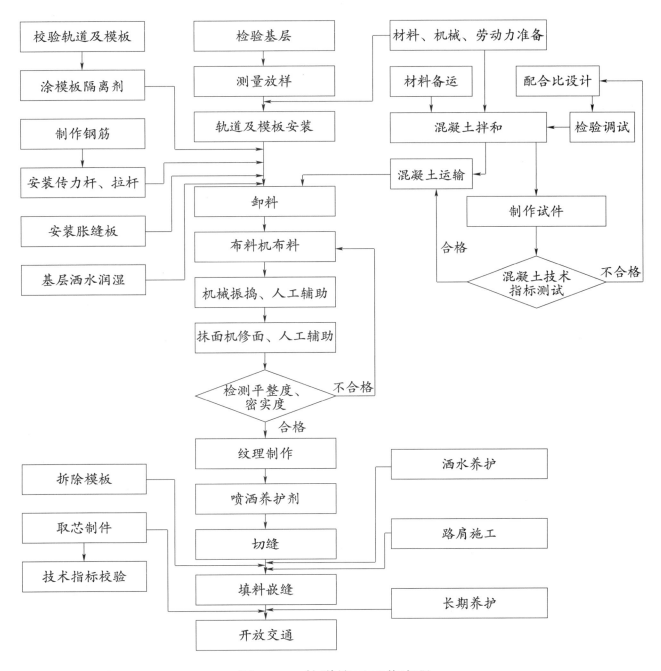

图4-22　轨道施工工艺流程

(3)滑模摊铺法施工工艺流程,如图4-23所示。

## 三、块石类路面

块石类路面是用整齐或不整齐的石块等铺设的路面,如图4-24所示。

(1)块石类路面的优点是坚固耐久,清洁少尘,养护、维修方便,能适应重型汽车及履带车通行等。

(2)块石类路面的缺点是人工铺砌,难以实现机械化施工,铺装速度慢,建筑费用高等。

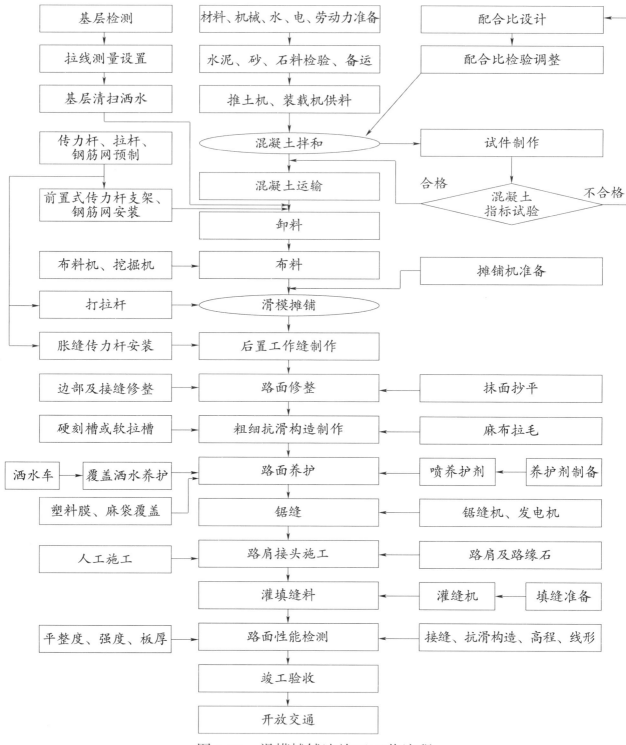

图 4-23 滑模摊铺法施工工艺流程

## 四、砂石类路面

砂石类路面是用当地砂砾、未筛分碎石、碎砖、炉渣、矿渣等粒料组成的路面。砂石类路面应有砂土磨耗层;用地方材料改善土的路面不包括在内。砂石类路面实例如图 4-25 所示。

(1)砂石类路面的优点是投资不高,可以随交通量的增加分期改善。

(2)砂石类路面的缺点是平整度差,易扬尘。

图 4-24　块石类路面　　　　　图 4-25　砂石类路面

## 复习思考题

1. 什么是路面？
2. 路面应满足的基本要求有哪些？
3. 路面结构如何划分？各层分别有什么作用？
4. 常见路面类型如何划分？
5. 什么是石灰稳定土、石灰土？
6. 石灰稳定土、水泥稳定土强度形成的原理有哪些？
7. 影响石灰稳定土、水泥稳定土强度与稳定性的因素有哪些？
8. 石灰稳定土、水泥稳定土、石灰工业废渣稳定土的适用范围、施工季节和施工方法分别是什么？
9. 石灰稳定土、水泥稳定土的剂量如何确定？
10. 简述石灰稳定土施工、水泥稳定碎石施工、二灰土路拌法施工、二灰碎石施工和级配碎（砾）石施工工艺。
11. 什么是沥青路面？沥青路面有哪些优缺点？
12. 什么是改性沥青？什么是沥青玛蹄脂碎石混合料？
13. 什么是封层？其适用范围是什么？
14. 什么是稀浆封层和微表处？
15. 什么是透层？透层的作用有哪些？
16. 什么是黏层？
17. 简述沥青表面处治层铺法施工工艺流程。
18. 简述沥青贯入式路面施工的工艺流程。
19. 水泥混凝土路面的种类有哪些？其有哪些优缺点？
20. 路面表面排水的主要任务是什么？路面表面排水设施主要由哪些部分组成？

# 第五章 桥涵工程

## 知识点

桥梁的基本组成、基本尺寸、类型；
钢筋混凝土空心梁(板)的分类、构造和制作工艺；
桥面系构造；
桥梁墩台形式和构造；
桥梁基础的种类、钻孔灌注桩的施工工艺；
涵洞的组成、分类、构造及施工工艺。

## 技能点

区分桥梁类型；
区分桥梁结构构造；
区分常见涵洞类型。

桥涵是公路交通中的重要组成部分,在公路、城市道路工程中,为跨越障碍(如河流、沟谷或其他路线等)需修建各种类型的桥梁或涵洞。

## 第一节 桥梁概述

### 一、桥梁的基本组成部分

桥梁是路线为跨越天然或人工障碍物而修建的结构物。桥梁一般由上部结构、下部结构、附属结构、支座等部分组成,如图5-1、图5-2所示。

**上部结构**:又称桥跨结构,包括承重结构和桥面系,是路线遇到障碍(如河流、山谷等)中断时,用以跨越障碍的建筑物。它的作用是承受车辆荷载,并通过支座传给墩、台。

**下部结构**:包括桥墩、桥台及基础,是支承桥跨结构并将恒载和车辆等活载传递至地基的建筑物。设置在桥两端的为桥台,它除了有上述作用外,还与路堤衔接,以抵御路堤土压力,防止路堤填土的滑坡和坍落；桥墩设置在桥跨结构下两桥台之间；基础是墩台中将全部荷载传至地基的底部奠基部分。

**附属结构**:包括为保证路堤边坡稳定而在路堤与桥台衔接处设置的锥形护坡,以及为引导和改变水流方向,使水流平顺通过桥孔并减缓水流对桥位附近河床、河岸的冲刷而修建的护岸、导流坝等水工构造物。

**支座**:在桥跨结构与桥墩或桥台的支承处所设置的传力装置。它不仅要传递很大的荷载,而且要保证桥跨结构能产生一定的变位。

a)梁桥实例图

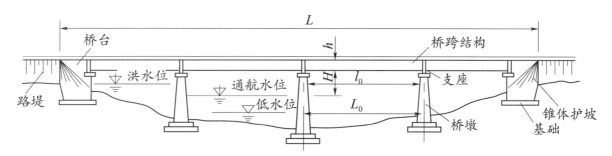

b)梁桥基本组成部分示意图

图 5-1 梁桥(一)

a)拱桥实例图

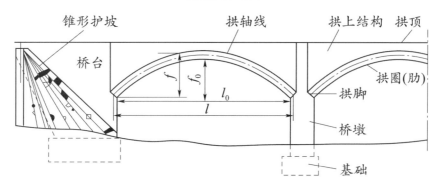

b)拱桥基本组成部分示意图

图 5-2 拱桥(一)

## 二、名词术语

**1. 水位**

河流中的水位是变动的,枯水季节的最低水位,称为**低水位**;洪峰季节河流中的最高水位,称为**高水位**;桥梁设计中按规定的设计洪水频率计算所得的高水位,称为**设计水位**;对于通航的河流(各级航道),能保持船舶(队)正常航行时的水位,称为**通航水位**,包括设计最高通航水位和最低通航水位,是各级航道代表性船舶(队)正常运行的航道维护管理和有关工程建筑物水位的设计依据。

**2. 桥梁的基本尺寸**

**总跨径**:多孔桥梁中各孔净跨径的总和,也称桥梁孔径,用$\Sigma l_0$表示。它反映了桥下宣泄洪水的能力。

**桥梁全长**:简称桥长,有桥台的桥梁为两岸桥台侧墙或八字墙尾端间的距离;无桥台的桥梁为桥面系长度,用$L$表示。在一条线路中,桥梁和涵洞总长的比重反映它们在整段线路建设中的重要程度。

**净跨径**:对于梁桥,指设计洪水位上相邻两个桥墩(或桥台)之间的净距,用$l_0$表示[图5-1b)];对于拱桥,指每孔拱跨两个拱脚截面最低点之间的水平距离[图5-2b)]。

**计算跨径**:对于有支座的梁桥,指桥跨结构相邻两个支座中心之间的距离,用$l$表示;对于拱桥,指两相邻拱脚截面形心点之间的水平距离。因为拱圈(或拱肋)各截面形心点的连线称为拱轴线,故计算跨径也就是计算拱轴线两端点之间的水平距离。桥跨结构的力学计算以计算跨径$l$为基准。

**标准跨径**:对于梁桥,指两相邻桥墩中线之间的距离,或桥墩中线至桥台台背前缘之间的距离;对于拱桥,则指净跨径。

**桥梁高度**:简称桥高,指桥面与低水位之间的高差,或为桥面与桥下线路路面之间的距离。桥高在某种程度上反映了桥梁施工的难易程度。

**桥下净空高度**:设计洪水位或计算通航水位至桥跨结构最下缘之间的距离,用$H$表示[图5-1b)],它应保证能安全泄洪,并不得小于对该河流通航所规定的净空高度。

**建筑高度**:桥面(或轨顶)至桥跨结构最低边缘之间的高差,用$h$表示[图5-1b)]。它不仅与桥梁结构的体系和跨径有关,而且因行车部分在桥上布置的高度位置而异。公路(或铁路)定线中所确定的桥面(或轨顶)高程,与通航净空顶部高程之差,又称容许建筑高度。显然,桥梁的建筑高度不得大于其容许建筑高度,否则就不能保证满足桥下的通航要求。

**净矢高**:从拱顶截面下缘至相邻两拱脚截面下缘最低点之连线的垂直距离,用$f_0$表示[图5-2b)]。

**计算矢高**:从拱顶截面形心至相邻两拱脚截面形心之连线的垂直距离,用$f$表示[图5-2b)]。

**矢跨比**:拱桥中拱圈(或拱肋)的计算矢高$f$与计算跨径$l$之比($f/l$),也称拱矢度,它是反映拱桥受力特性的一个重要指标。

**桥面净空**:为了保证车辆和行人的通行安全,桥面以上垂直于行车方向应有的限界空间(净宽和净高)。规定在桥面净空范围内不得有任何桥梁构件或其他装置。

## 三、桥梁的分类

1. 按桥梁承重结构的受力形式分（桥梁的基本体系）

桥梁结构中的受力构件，总离不开拉、压和弯三种基本受力方式，因此，桥梁在力学上也可分为梁式、拱式、悬吊式三种基本体系以及它们之间的各种组合。桥梁结构的基本体系包括梁式体系、拱式体系、刚架体系、悬吊体系与组合体系。

1）梁式体系

梁式体系是一种在竖向荷载作用下无水平反力的结构，梁作为承重结构是通过它的抗弯能力来承受荷载的。由于外力的作用方向与承重结构的轴线接近垂直，故与同样跨径的其他结构体系相比，梁内产生的弯矩最大，通常需要用抗弯能力强的材料（钢、木、钢筋混凝土等）来建造，如图5-3所示。

a）梁桥实例图　　b）梁桥简图

图5-3　梁桥（二）

（1）按横截面形式分类。

①板桥。主要承重结构为矩形截面，如图5-4所示。

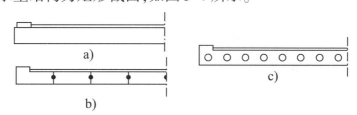

图5-4　板桥横截面

②肋梁桥。承重结构为肋梁，如图5-5所示。

③箱梁桥。承重结构为封闭的薄壁箱形梁，如图5-6所示。

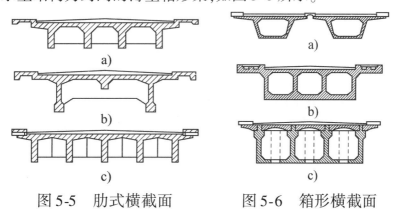

图5-5　肋式横截面　　图5-6　箱形横截面

（2）按承重结构的静力体系分类。

①简支梁桥。简支梁桥是梁桥中应用最广泛的一种桥型。梁两端支承在墩台的支座上形成静定结构，在荷载作用下，梁产生弯矩，而支点产生竖向压力。简支梁桥构造简单，各孔单独受力，易设计成各种标准跨径的装配式结构，施工工序少，架设方便，如图5-7所示。

a) 简支梁桥实例图

b) 简支梁桥简图

图5-7　简支梁桥

②连续梁桥。这种结构的特点是承重结构不间断地连续跨越几个桥孔而形成一种超静定结构。在荷载作用下，连续梁支点截面产生负弯矩，从而显著减小了跨中正弯矩，这不但可减小跨中的建筑高度，而且可节省钢筋混凝土用量，如图5-8所示。

a) 连续梁桥实例图

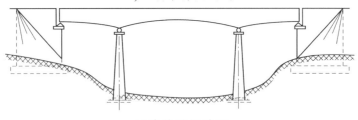

b) 连续梁桥简图

图5-8　连续梁桥

③悬臂梁桥。这种梁桥的主体是长度超过跨径的悬臂结构，仅一端悬出者称为单悬臂梁，两端均悬出者称为双悬臂梁。对于较长的桥，还可以借助简支的挂梁与悬臂梁一起组合成多孔桥，如图5-9所示。

（3）按施工方法分类。

①整体浇筑式梁桥。建桥的全部工作都在施工现场进行。因为整体现浇，所以其整体

性好,可以做成任何外形。但施工进度慢,工业化程度低,需耗费较多的支架和模板材料。

a)悬臂梁桥实例图

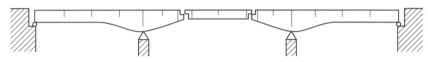

b)悬臂梁桥简图

图 5-9　悬臂梁桥

②装配式梁桥。上部结构在工厂或工地预制场分块预制,再运至现场吊装就位,然后在接头处把构件连接成整体。由于预制构件采用工厂化施工,受季节影响小,质量易得到保证,而且能与下部结构工程同时施工,既加快了施工进度,又能节约支架和模板材料。

③组合式梁桥。组合式梁桥的特点是整个截面由两个(或几个)阶段组合而成,在工形梁或开口槽形梁上搁置轻巧的预制空心板或微弯板构件,通过现浇混凝土接头而与工形梁或槽形梁结合成整体,或以弧形薄板(平板)作为现浇桥面混凝土的模板,通过现浇混凝土使各主梁结合成整体。

(4)按有无预应力分类。

梁桥按有无预应力分为钢筋混凝土梁桥和预应力混凝土梁桥。

2)拱式体系

拱式体系的主要承重结构是拱肋(或拱圈),在竖向荷载作用下,桥墩或桥台将承受水平推力,拱圈既承受压力,又承受弯矩和剪力。桥墩、桥台除受竖向压力和弯矩外,还承受水平推力,同时由于这种水平推力将显著抵消荷载在拱圈(或拱肋)内引起的弯矩作用,因此,与同样跨径的梁相比,拱的弯矩和变形要小得多。鉴于拱桥的承重结构以受压为主,通常可用抗压能力强的圬工材料(如砖、石、混凝土)和钢筋混凝土等来建造拱桥,如图 5-10 所示。

a)拱桥实例图

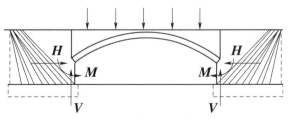

b)拱桥简图

图 5-10　拱桥(二)

3) 刚架体系

刚架体系是受力状态介于梁与拱之间的一种结构体系。刚架体系的主要承重结构是梁（板）与柱（竖墙）整体结合在一起的刚架结构，梁和柱的连接处具有很大的刚性。在竖向荷载作用下，梁（板）主要是受弯，而在柱（竖墙）脚处具有水平反力。因此，在相同的荷载作用下，同样跨径刚架桥的跨中正弯矩要比一般梁桥的跨中正弯矩小。根据这一特点，刚架桥跨中的建筑高度就可以设置得较小，如图5-11所示。

 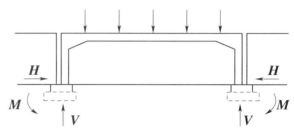

a) 刚架桥实例图　　　　　　　　　　b) 刚架桥简图

图 5-11　刚架桥

4) 悬吊体系

悬索桥也称吊桥，是典型的悬吊体系桥。传统的吊桥均用悬挂在两边塔架上的强大缆索作为主要承重结构，在竖向荷载作用下，通过吊杆使缆索承受很大的拉力，缆索锚于吊桥两端的锚碇结构中。为了承受巨大的缆索拉力，锚碇结构需做得很大（重力式锚碇），或者依靠天然完整的岩体来承受水平拉力（隧道式锚碇）。现代的吊桥，广泛采用高强度钢丝编制的钢缆，以充分发挥其优异的抗拉性能，且结构自重较轻。吊杆把大跨径分解为一个个小跨径，因此，能以较小的建筑高度跨越其他任何桥型无法达到的特大跨度。然而，相对于上述其他体系而言，吊桥的自重轻，结构的刚度差，在车辆动荷载和风荷载作用下，易产生较大的变形和较强的振动，因此吊桥一般只在公路上使用，如图5-12所示。

a) 悬索桥实例图

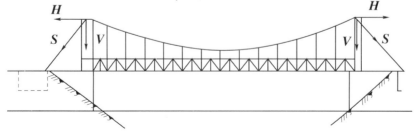

b) 悬索桥简图

图 5-12　悬索桥

5) 组合体系

(1) 梁、拱组合体系。它是利用梁的受弯与拱的承压特点组成的联合结构,其中梁和拱都是主要承重结构,两者相互配合共同受力。系杆拱桥如图 5-13 所示。

a) 系杆拱桥实例图

b) 系杆拱桥简图

图 5-13　系杆拱桥

(2) 斜拉桥。它是一种主梁与斜缆相结合的组合体系,如图 5-14 所示。悬挂在塔柱上的被张紧的斜缆将主梁吊住,使主梁像多点弹性支承的连续梁一样工作,这样既发挥了高强材料的作用,又显著减小了主梁截面尺寸,使结构自重减轻,从而增大跨径。

a) 斜拉桥实例图

b) 斜拉桥简图

图 5-14　斜拉桥

2. 按行车道的位置分

桥梁按行车道的位置可分为上承式桥、中承式桥和下承式桥。桥面布置在主要承重结构之上的称为上承式桥;桥面布置在桥跨结构之下的称为下承式桥;桥面布置在桥跨结构高度中间的称为中承式桥,如图 5-15 所示。

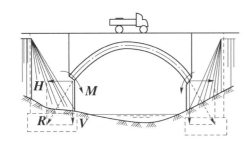

a)上承式桥简图

b)上承式桥实例图

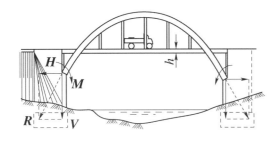

c)中承式桥简图

d)中承式桥实例图

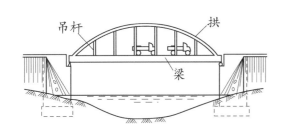

e)下承式桥简图

f)下承式桥实例图

图 5-15 桥梁按行车道位置分类

3. 按上部结构材料分

桥梁按上部结构材料可分为木桥、钢筋混凝土桥、圬工(砖、石、混凝土)桥、钢桥等。

4. 按使用条件分

桥梁按使用条件可分为固定式桥梁、浮桥、开启式桥、漫水桥等。

5. 按长度和跨径分

按桥梁的多孔跨径总长和单孔跨径分为特大桥、大桥、中桥、小桥,划分标准如表 5-1 所示。

桥 梁 分 类　　　　　　　　　表 5-1

| 桥 梁 分 类 | 多孔跨径总长 $L(\mathrm{m})$ | 单孔跨径 $L_K(\mathrm{m})$ |
| --- | --- | --- |
| 特大桥 | $L > 1000$ | $L_K > 150$ |
| 大桥 | $100 \leqslant L \leqslant 1000$ | $40 \leqslant L_K \leqslant 150$ |
| 中桥 | $30 < L < 100$ | $20 \leqslant L_K < 40$ |
| 小桥 | $8 \leqslant L \leqslant 30$ | $5 \leqslant L_K < 20$ |

## 四、桥梁施工方法的分类和选择

### 1. 桥梁施工方法的分类

桥梁的形式是多种多样的,这就决定了其施工方法的多样性。根据各种施工方法的特点,其分类方式如图 5-16 所示。

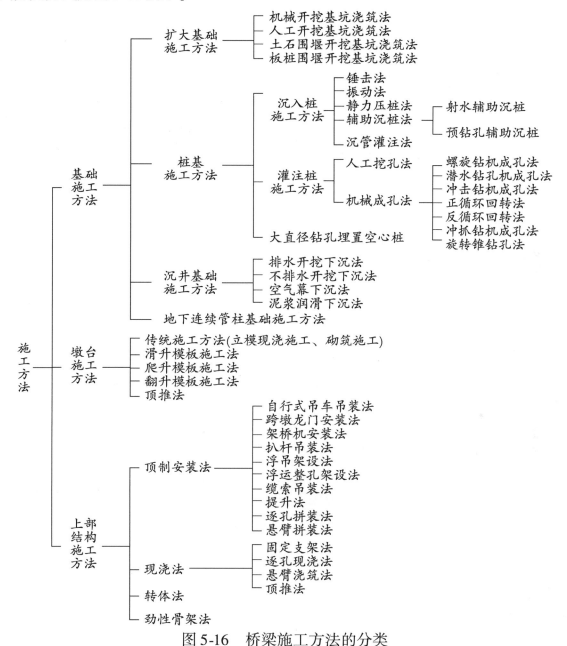

图 5-16　桥梁施工方法的分类

### 2. 桥梁施工方法的选择

选择桥梁的施工方法,需要充分考虑桥位的地形、环境,安装方法的安全性、经济性、施工速度等。因此在桥位设计时就要对桥位条件进行详细的调查,掌握现场的地理环境、地质条件、气象条件。施工场地处在市区内、平原、山区或跨河道等,其各方面的条件差别很大,运输条件和环境约束也不相同。这些条件除了作为选择施工方法的依据外,同时还影响设计方案、桥跨及结构形式的选定。

在选择施工方法时,桥梁的类型、跨径,施工的技术水平,机具设备条件也是应该考虑的重要因素。虽然桥梁的施工方法很多，但对于不同的桥梁类型，应采用不同的施工方法，有的方法则在特定的条件下才可以使用。在实际施工中不大可能仅采用分类中某一种施工方法，多数情况下是将几种方法组合起来应用。各种桥型可选择的主要施工方法如表5-2所示，桥梁各种施工方法的适用跨径范围如表5-3所示，可作施工方法选择的参考。但在确定施工方法时，还要考虑以下几点：

(1) 桥梁的结构形式和规模；
(2) 桥位的自然环境和社会环境；
(3) 施工机械和施工管理的制约；
(4) 以往的施工经验；
(5) 安全性和经济性。

各种桥型可选择的主要施工方法　　　　　　　　　　　　表5-2

| 施工方法 | 桥型 | | | | | | | |
|---|---|---|---|---|---|---|---|---|
| | 简支梁桥 | 悬臂梁桥、T形刚构 | 连续梁桥 | 刚架桥 | 拱桥 | 梁、拱组合体系桥 | 斜拉桥 | 悬索桥 |
| 现场浇筑法 | √ | √ | √ | √ | √ | √ | √ | |
| 预制安装法 | √ | √ | | √ | √ | √ | √ | √ |
| 悬臂施工法 | | √ | √ | | √ | | √ | √ |
| 转体施工法 | | √ | √ | | √ | √ | | |
| 顶推施工法 | | | √ | | √ | | √ | |
| 逐孔施工法 | | √ | √ | | | | | |
| 横移施工法 | √ | √ | √ | | | √ | √ | |
| 提升与浮运施工法 | √ | √ | √ | | | √ | | |

桥梁各种施工方法的适用跨径　　　　　　　　　　　　表5-3

| 施工方法 | 桥梁跨径(m) 0　20 60 100 140　　140　　　200　　　　　　400　　　　　　500 | |
|---|---|---|
| 现场浇筑法 | ——————------ | |
| 预制安装法 | ————---- | |
| 悬臂施工法 | ————————------ | |
| 转体施工法 | ————---- | 说明：<br>——表示常用跨径<br>----表示施工达到跨径 |
| 顶推施工法 | ————---- | |
| 逐孔施工法 | ————---- | |
| 横移施工法 | ————---- | |
| 提升与浮运施工法 | ————---- | |

# 第二节　桥梁上部结构

桥梁上部结构是在线路中断时跨越障碍的主要承重结构,是桥梁支座以上(无铰拱起拱线或刚架主梁底线以上)跨越桥孔的总称。按结构类型可将桥梁分为梁桥、拱桥、斜拉桥、悬索桥等。下面主要介绍前两类,未尽内容请参考《桥梁工程》相关教材。

## 一、梁桥的上部构造

### 1.装配式钢筋混凝土空心板

装配式钢筋混凝土空心板桥常用跨度为 6~13m,装配式预应力混凝土空心板桥常用的跨径为 8~20m。空心板的顶板和底板厚度均不应小于 80mm,空心板的空洞端部应予填封。

(1)截面形式。

空心板截面的开孔形式主要有如下几种。

①单孔形式:如图 5-17a)、b)所示。其挖空面积大,但顶板需配置横向受力钢筋以承担车轮荷载。

②双孔形式:如图 5-17c)、d)所示。图 5-17c)所示空心板被挖出两个圆孔,当用无缝钢管做芯模时施工较方便,但其挖空面积小;图 5-17d)所示芯模由两半圆或两块侧模板组成,当板的厚度改变时,只需更换两侧模板。空心板横截面最薄处不得小于 70mm。

a)

b)

c)

d)

图 5-17　空心板的截面形式

空心板的工程实例如图 5-18 所示。

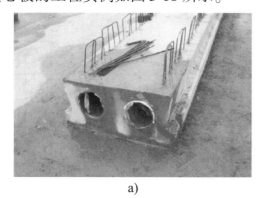
a)

b)

图 5-18　空心板工程实例图

(2)装配式钢筋混凝土空心板的构造。

图 5-19 为《公路桥涵标准图　装配式钢筋混凝土斜空心板桥上部构造》(JT/GQB 002—1993)中标准跨径为 8m 的装配式钢筋混凝土空心板的钢筋布置。桥面净宽为 2×11.0m,板全长 7.96m,计算跨径为 7.70m,板厚 40cm,横截面采用双孔形式,圆半径为 18cm,采用 C40 混凝土预制,每板块底层配 8$\phi$25 主筋,板顶面配置 3$\phi$8 钢筋,用以承担剪力的箍筋 N5 和 N6 做成开口式,待立好芯模后,再与其上的横向钢筋 N4 相绑扎,组成封闭式箍筋。

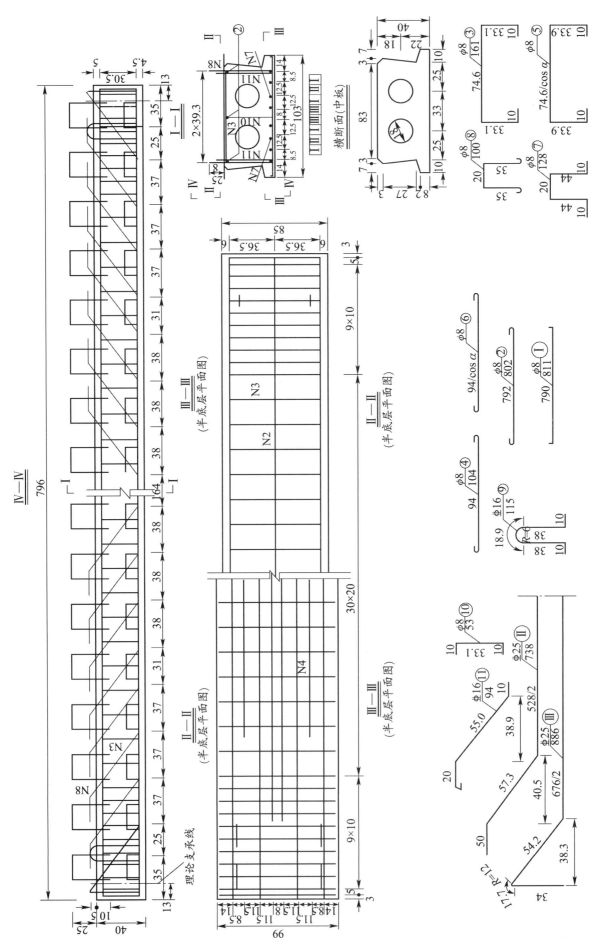

图 5-19 装配式钢筋混凝土空心板的钢筋布置图(尺寸单位:cm)

(3)装配式钢筋混凝土空心板的制作工艺。

装配式钢筋混凝土空心板的制作分为构件的预制、运输、安装三步。

预制工艺流程:制作底座→绑扎钢筋→模板安装→固定芯模→浇筑混凝土→模板拆除→混凝土养护→移梁。

2. 预应力混凝土梁(板)

(1)装配式预应力混凝土空心板的构造。

装配式预应力混凝土空心板在目前的桥梁设计中经常使用,如图5-20所示为标准跨径为13m的装配式预应力混凝土空心板的构造。桥梁总宽为8m,由8块宽99cm的空心板组成,板与板之间的间隙为1cm。板全长12.96m,计算跨径为12.6m,板厚60cm。装配式预应力混凝土空心板实例如图5-21所示。

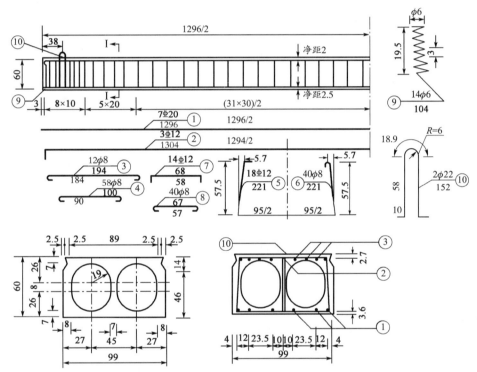

图5-20 装配式预应力混凝土空心板桥构造(尺寸单位:cm)

注:图中①~⑩为钢筋编号。

图5-21 装配式预应力混凝土空心板实例图

(2)装配式预应力T形梁。

《公路桥涵标准图 装配式钢筋混凝土T梁桥(Ⅱ级钢筋)》(JT/GQB 011—1973)中,主梁间距采用1.6m,主梁片数根据桥面净宽不同分别采用5片、6片、7片,但对于较大跨径的

T形梁,主梁间距若取1.6m则偏小,宜用较大的主梁间距;同时对桥面板施加横向预应力,可改善由于主梁间距较大而引起的桥面和翼缘开裂的现象。

装配式预应力T形简支梁桥概貌如图5-22所示;跨径为30m的预应力混凝土T形简支梁构造布置如图5-23所示;装配式预应力T形简支梁实例如图5-24所示。

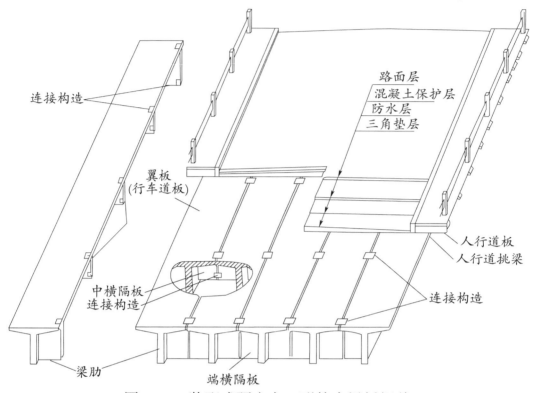

图5-22　装配式预应力T形简支梁桥概貌

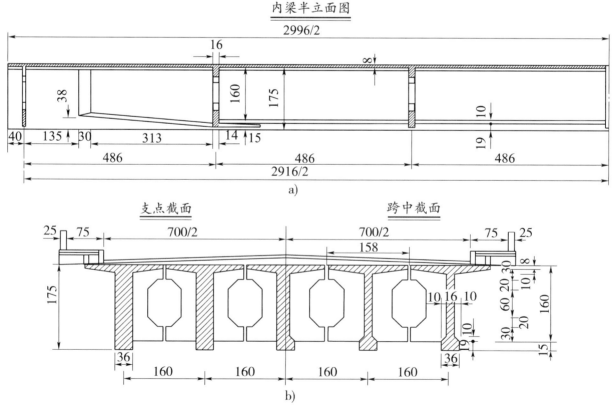

图5-23　跨径为30m的预应力混凝土T形简支梁构造布置(尺寸单位:cm)

 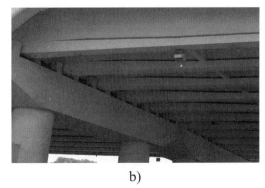

图 5-24　装配式预应力 T 形简支梁实例图

(3) 预应力混凝土梁(板)预制工艺。

预应力混凝土梁(板)预制工艺有先张法和后张法之分。

①先张法。先张法是先在台座上张拉预应力钢筋,然后浇筑混凝土以形成预应力混凝土构件的施工方法。先张法施工的示意图及工艺流程如图 5-25、图 5-26 所示。

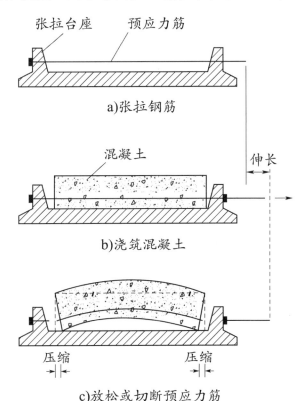

图 5-25　先张法施工的示意图

先张法的特点是生产工序少、效率高,适宜工厂化大批量生产;只需夹具,不需要锚具,但需专门的张拉台座;只能采用直线配筋,施加的应力较小,只适合跨径在 25m 内的中小梁(板)桥。

②后张法。后张法是先浇筑水泥混凝土,待其达到规定的强度后再张拉预应力筋以形成预应力混凝土构件的施工方法,如图 5-27、图 5-28 所示。

后张法的特点是张拉设备简单,不需专门台座,便于现场施工,可采用直线、曲线配筋,施加的应力较大,适合预制大型构件。

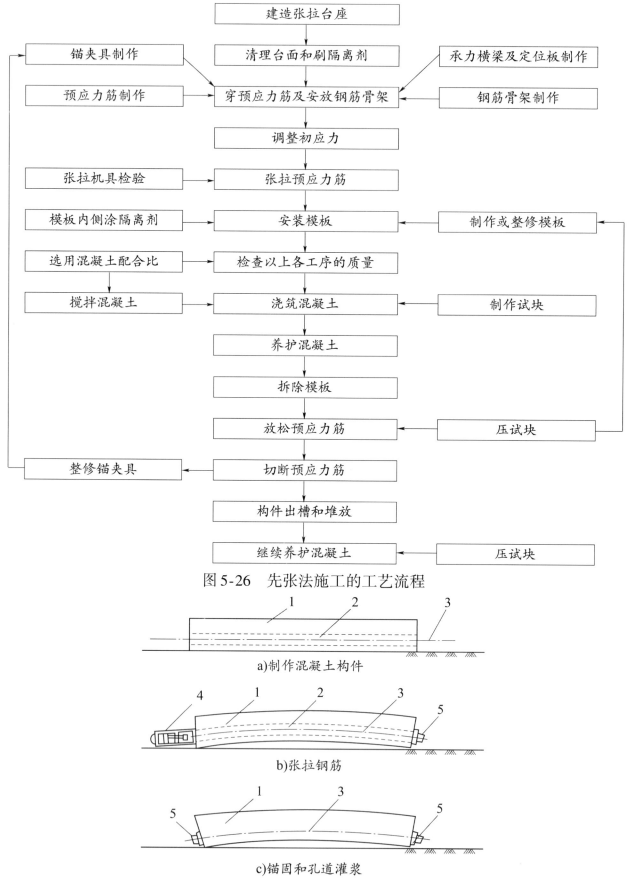

图 5-26 先张法施工的工艺流程

图 5-27 后张法混凝土构件生产示意图

1-混凝土构件；2-预留孔道；3-预应力筋；4-千斤顶；5-锚具

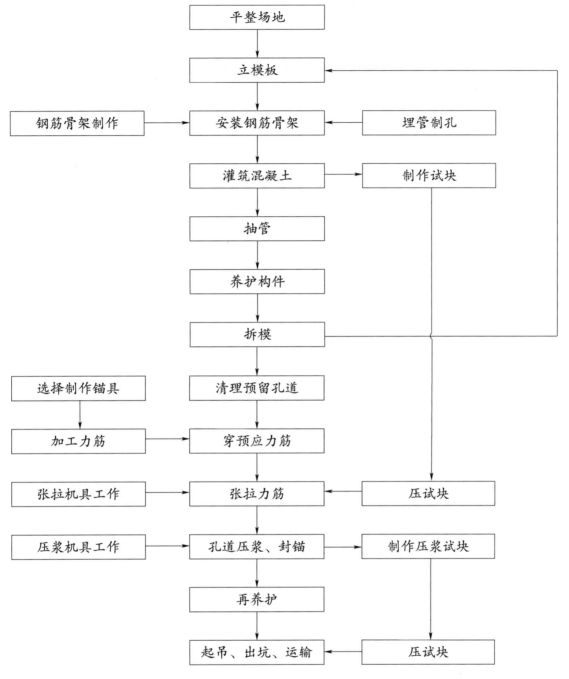

图 5-28 后张法施工的工艺流程

## 二、拱桥的上部构造

1. 拱桥上部构造的分类

(1)按拱圈的截面形式分类。

①板拱:如图 5-29a)所示,拱圈采用矩形实体截面,该形式构造简单,施工方便;但结构自重大,只有小跨径的圬工拱桥采用这种形式。

②肋拱:如图 5-29b)所示,在板拱的基础上,将板拱划分成两条(或多条)分离的、高度较大的拱肋,肋与肋之间由横系梁相连。这样既节省了材料,又减轻了自重,多用于大跨径拱桥。

③双曲拱:如图 5-29c)所示,主拱圈在纵向和横向上均呈曲线形,故称为双曲拱,可以节

省材料,但由于拱圈是由拱肋、拱波、拱板组成的组合截面,截面整体性差,不少双曲拱桥在使用中出现较严重的裂缝,影响了双曲拱桥的推广与应用。

④箱形拱:如图5-29d)所示,拱圈外形与板拱相似,由于截面被挖空,其不仅节省了材料,减轻了自重,还增大了跨越能力。同时,其为闭口箱形截面,抗扭刚度大,横向整体性和结构稳定性都较好,适用于无支架施工。但箱形拱施工制作比较复杂,一般情况下,跨径在50m以上的拱桥才合适采用箱形拱截面。

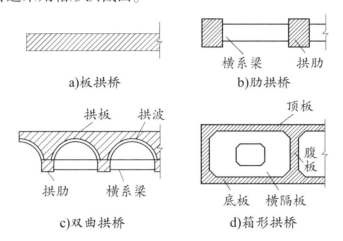

图5-29 拱圈截面形式

(2)按拱上建筑的形式分类。

①实腹式。实腹式拱上建筑由拱腹填料、侧墙、护拱、变形缝、防水层、泄水管以及桥面系组成。实腹式拱上建筑构造简单,施工方便,填料数量较多,恒载较重,所以一般适用于小跨径的板拱桥。实腹式拱上建筑的主要组成如图5-30a)所示。

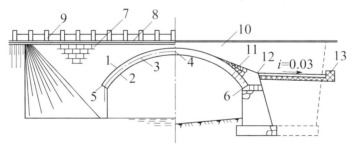

a)实腹式拱上建筑的主要组成

b)实腹式拱桥实例图

图5-30 实腹式拱桥

1-拱背;2-拱腹;3-拱轴线;4-拱顶;5-拱脚;6-起拱线;7-侧墙;8-缘石;9-栏杆;10-拱腹填料;11-护拱;12-防水层;13-盲沟

侧墙设置在拱圈两侧,作用是围护拱腹材料,通常采用浆砌片石或块石,如有特殊美观要求,可采用料石镶面。

拱圈一般都设护拱,它是用低强度等级砂浆、片石在拱脚的拱背上砌筑而成。由于护拱加厚了拱脚截面,所以增强了拱圈的受力。

②空腹式。空腹式拱上建筑由多孔腹孔结构和桥面系组成。腹孔按形式可分为拱式[图5-31a)]和梁式[图5-31b)]两种,拱式腹拱实例如图5-31c)所示。

拱式拱上建筑构造简单,外形美观,一般多用于圬工拱桥。腹孔对称布置在拱圈上建筑高度所容许的一定范围内,一般每半跨的腹孔总长不宜超过主拱跨径的1/4～1/3。腹孔跨数或跨径随桥跨不同而不同,如图5-31a)所示。

梁式拱上建筑可使桥梁构造轻巧、美观,减少拱上建筑的质量和地基的承压力。一般情况下大跨径的混凝土拱桥采用这种形式,梁式拱上建筑腹孔结构又分为简支、连续和框架三种形式,如图5-31b)所示。

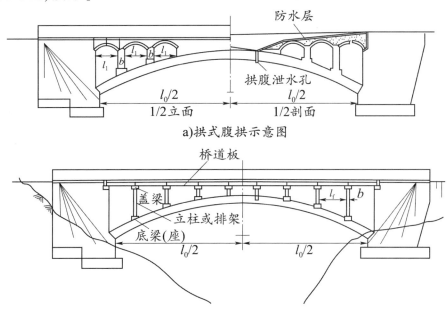

a) 拱式腹拱示意图

b) 梁式腹拱示意图

c) 拱式腹拱实例图

图5-31 空腹式拱桥

(3)按结构受力体系分类。

按结构受力体系分可为三铰拱、两铰拱、无铰拱。

(4)按主拱圈采用的拱轴线形式分类。

按主拱圈采用的拱轴线形式可分为圆弧拱、抛物线拱和悬链线拱。

从施工来看,圆弧拱桥比抛物线拱桥和悬链线拱桥简单;从力学性能来看,悬链线拱桥比圆弧拱桥受力性能好。而为了改善大跨径拱桥拱圈受力状况,可以采用高次抛物线拱桥。

(5)按主拱圈所使用的材料分类。

按主拱圈(肋、箱)所使用的建筑材料可分为圬工拱、钢筋混凝土拱和钢拱。

2. 主拱圈的构造

(1)板拱。

主拱圈采用矩形板状截面的拱称为板拱。常用的板拱有等截面圆弧拱和等截面或变截面悬链线拱以及其他拱轴形式的拱,如图5-32所示。板拱按材料通常分为石板拱和混凝土板拱,石板拱按照砌筑拱圈的石料规格可以分为料石拱、块石拱、片石拱;混凝土板拱可分为素混凝土板拱和钢筋混凝土板拱等。

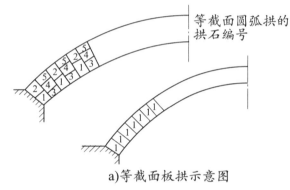

a)等截面板拱示意图　　b)等截面板拱实例图

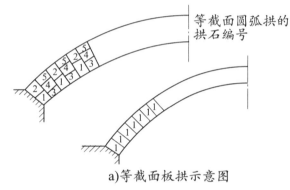

c)变截面板拱示意图

图5-32　石板拱桥

(2)肋拱。

肋拱是由两条或多条分离的平行拱肋,以及在拱肋上设置的立柱和横系梁支承的行车道部分组成,如图5-33所示,适用于大、中跨径拱桥。由于肋拱较多地减轻了拱体重力,且拱肋的恒载内力较小,活载内力较大,故宜用钢筋混凝土结构。

拱肋是肋拱桥的主要承重结构,通常是由混凝土或钢筋混凝土制成。拱肋的数量和间距以及拱肋的截面形式等,均应根据使用要求(跨径、桥宽等)以及所用材料和经济性等条件综合比较选定。为了简化构造,宜采用较少的拱肋数量。

拱肋的截面形式,可以选用实体矩形、工字形、箱形、管形等。

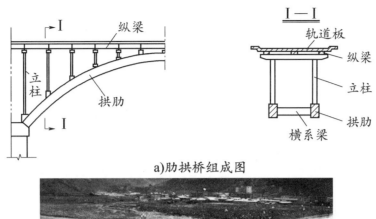

a) 肋拱桥组成图

b) 肋拱桥实例图

图 5-33 肋拱桥

(3) 箱形拱。

大跨径拱桥的主拱圈可以采用箱形截面,为了采用预制装配的施工方法,在横向将拱圈截面划分成多条箱肋,在纵向将箱肋分段,预制各箱肋段,待箱肋拼装成拱后,再现浇混凝土把各箱肋连成整体,形成箱形拱截面。箱形拱的主要特点是:

① 截面挖空率大,挖空率可以达全截面的 50%～60%,因此,与板拱相比,可节省大量圬工体积,减轻质量。

② 箱形截面的中性轴大致居中,对于抵抗正负弯矩具有几乎相等的能力,能较好地满足主拱圈各截面承受正负弯矩的需要。

③ 由于是闭合空心截面,故抗变形和抗扭刚度大,拱圈的整体性好,应力分布较均匀。

④ 单条拱肋刚度较大,稳定性较好,能单箱肋成拱,便于无支架吊装。

⑤ 预制构件的精度要求高、吊装设备较多,适用于大跨径拱桥的修建。因此,箱形截面是大跨径拱桥中一种比较经济合理的截面形式。

箱形拱桥主拱圈截面由多个空心薄壁箱组成,其形式有槽形截面箱、工字形截面箱和闭合箱,如图 5-34 所示。

a) 槽形截面箱　　　b) 工字形截面箱　　　c) 闭合箱

图 5-34 箱形拱桥主拱圈截面形式

(4) 桁架拱。

桁架拱由钢筋混凝土或预应力混凝土桁架拱片、横向联系和桥面系组成。桁架拱片是桁架拱桥的主要承重构件,横桥向桁架拱片的片数,由桥梁的宽度、跨径、设计荷载、施工条件、桥面板跨越能力等因素综合考虑确定。

(5)刚架拱。

刚架拱桥是在桁架拱、斜腿刚架等基础上发展起来的另一种新桥型,属于推力的高次超静定结构,它具有构件少、自重小、整体性好、刚度大、施工简便、经济指标较先进、选型美观等优点,在我国得到广泛应用。

刚架拱桥的上部结构由刚架拱片、横系梁和桥面系等部分组成。

(6)钢管混凝土拱。

近年来我国发展起来的钢管混凝土拱桥,一方面提高了材料的强度,减轻了拱圈的自重,另一方面使拱圈本身成为自架设体系,其劲性骨架便于无支架施工,因此钢管混凝土拱桥成为拱桥的发展方向。应用钢管混凝土拱桥作为劲性骨架修建的广西邕江312m的肋拱和四川万县长江大桥420m的箱拱,已经达到世界级水平。钢管混凝土拱桥在我国的建设方兴未艾,跨径在不断突破,形式在不断创新,技术在不断提高。

3. 拱上建筑

上承式拱桥的主要承重结构——主拱圈是曲线形,车辆无法直接在弧面上行驶,需要在桥面系和主拱圈之间设置传递荷载的构件或填充物,以使车辆能在平顺的桥面上行驶。桥面系与这些传力构件或填充物统称拱上建筑。

(1)实腹式拱上建筑。

拱上建筑的拱腹填料方式可分为填充式和砌筑式两种。

①填充式是在拱圈两侧砌筑侧墙,以承受拱腹填料及汽车荷载所产生的侧压力(推力)。侧墙一般用块石或片石砌筑,为了满足美观需要,可用粗料石或细料石镶面。填充用的材料尽量做到就地取材,通常采用砾石、碎石、粗砂或卵石夹黏土并加以夯实。这些材料的透水性较好,成本低,还能减小对侧墙的推力。在地质条件较差的地区,为了减轻拱上建筑的质量,可采用其他轻质材料(如炉渣、石灰、黏土等混合料)做填料。

②当填充材料不易取得时,可采用砌筑方式,即采用干砌圬工或浇筑贫混凝土作为拱腹填料。当采用贫混凝土时,往往可以不另设侧墙,而在外露混凝土表面用砂浆饰面或设置镶面。

在多孔拱桥中,为了便于敷设防水层和排出积水,又设置了护拱。护拱一般用现浇混凝土或砌筑块、片石修筑。

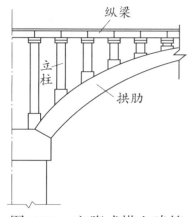

图5-35 空腹式拱上建筑

(2)空腹式拱上建筑。

①桥面系和立柱。

空腹式拱上建筑由桥面系与横墙或立柱构成,如图5-35所示,桥面系可以是板梁或肋梁,也可采用连续刚架式拱上结构(梁与柱刚性连接)。公路桥采用板式桥面居多,当板梁跨径较大时,可采用钢筋混凝土空心板或预应力混凝土空心板,有时也可采用预制肋梁。目前,拱上建筑多半采用简支、预制的构件,受力明确,便于施工。为了减少桥面伸缩缝,板或肋梁可做表面连接处理。拱上结构的桥面系基本上同小跨径的梁桥。

②腹孔。

腹孔的形式大致可分为两类：一类是拱形腹孔，另一类是梁式或板式腹孔。在圬工拱桥中，为了节省钢材，大多采用拱形腹孔。在大跨径钢筋混凝土拱或无支架施工的拱桥中，为了进一步减小重力，降低拱轴系数（使拱上建筑的恒载频接近均布荷载），以改善拱圈在施工过程中的受力状况，通常采用钢筋混凝土梁或板式结构的腹孔形式。腹孔的形式和跨径的选择，在因地制宜、就地取材的原则下，应考虑既能尽量减小拱上建筑的重力，又不致因荷载过分集中于腹孔墩处，给主拱圈受力状况造成不利影响。此外，在改善主拱受力性能和便于施工的同时，还要使拱桥外形协调和美观。

梁式腹孔的桥梁体系可以做成简支、连续、框架等多种形式，如图5-36所示。

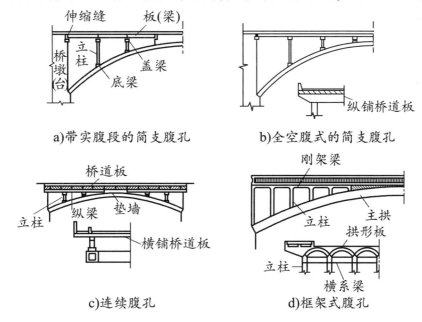

图5-36 梁式腹孔

简支腹孔由底梁（座）、立柱、盖梁和纵向铺设的桥道板（梁）等组成，由于桥道板（梁）简支在盖梁上，因此基本上不存在拱与拱上结构的联合作用，受力明确。当腹孔跨径在10m以下时，常用钢筋混凝土空心板构成Ⅱ形板；当腹孔跨径在10m以上时，采用预应力空心板或T形梁结构。

连续腹孔由立柱、纵梁、实腹段垫墙及桥道板组成。荷载通过横铺在连续纵梁和拱顶垫墙上的桥道板，传递到拱上立柱处，再经过拱圈传递给墩台。这种形式主要用于肋拱桥，其特点是桥面板横置，拱顶上只有一个板厚（含垫墙）及桥面铺装，建筑高度很小，适合建筑高度受限制的拱桥。

框架式腹孔在横桥向根据需要设置，每片腹孔间通过横系梁形成整体。

③腹孔墩。

腹孔墩由底梁、墩身和墩帽组成，墩身又可分为横墙式和立柱式两种。

横墙式腹孔墩如图5-37a）所示，一般采用圬工材料砌筑或现浇混凝土做成实体墙，施工简便。为了便于维修、减轻质量，可在横向挖一个或多个孔。横墙式腹孔墩自重较大，但节省钢材，多用于砖、石拱桥。用浆砌片、块石砌筑腹孔墩时，其厚度不宜小于600mm；用混凝土砌筑时，一般也应大于腹拱圈厚度，底梁能使横墙传下来的压力较均匀地分布到主拱圈全宽上，其每边尺寸较横墙宽50mm，其高度则以使较矮一侧为50~100mm的原则来确定。底梁常采用素混凝土结构。墩帽宽度宜大于墙宽50mm，也可采用素混凝土。

立柱式腹孔墩如图5-37b)所示，是由立柱和盖梁组成的钢筋混凝土排架结构。为了使立柱传递给主拱圈的压力不至于过分集中，通常在立柱下面设置底梁。立柱一般由两根或多根钢筋混凝土立柱组成，立柱较高时应在各立柱间设置横系梁，以确保立柱的稳定。立柱和横系梁常采用矩形截面。截面尺寸及钢筋配置除了满足结构受力需要外，还应考虑和拱桥的外形及构造相协调。底梁可以与拱圈一起施工完成。如采用混凝土浇筑，可按构造要求布置钢筋，在河流有漂流物或流冰时，如果拱圈有部分会被淹没，则不宜采用立柱式腹孔墩。腹孔墩的侧面一般做成竖直的，以方便施工。如果采用斜坡式，则其坡度以不超过30∶1为宜。

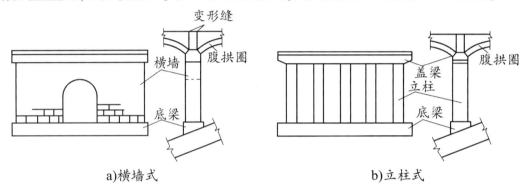

图5-37 腹孔墩构造形式

4. 其他细部

(1)拱顶填料、桥面铺装及人行道。

拱上建筑的填料，不仅可以扩大汽车荷载作用的面积，还可以减小汽车荷载对拱圈的冲击，但也增加了拱桥的恒重力。无论是实腹拱，还是空腹拱(除无铰拱上填料的轻型拱桥)，在拱顶截面上缘以上都做了拱腹填充处理。填充后，通常还需设置一层填料，即拱顶填料，在该填料以上才是桥面铺装，如图5-38所示。

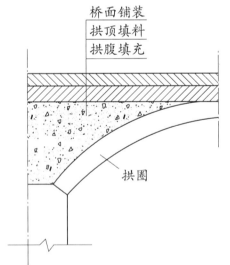

图5-38 拱上建筑示意图

拱桥桥面铺装应根据桥梁所在的公路等级、使用要求、交通量以及桥型等条件综合考虑确定。低等级公路上的中、小跨径拱桥可采用混合碎(砾)石桥面，大跨径拱桥和高等级公路上的拱桥应采用沥青混凝土或设有钢筋网的混凝土桥面。

为便于排水，桥面应设置横坡，其坡度一般为1.5%~3.0%。

行车道的两侧，可根据需要设置人行道和栏杆，为减小拱圈宽度多采用窄拱圈，人行道一般外挑，人行道板预制装配。

(2)拱桥伸缩缝、变形缝。

在温度变化影响下，主拱圈下降或上升，拱上结构也将随之下降或上升，拱上结构自身也要伸缩。如果墩台与拱上结构之间不设断缝，拱上结构将受到墩台的约束而不能自由变形，从而开裂。为了避免这种不良的影响，应该把墩台和拱上结构用一条横向的贯通缝完全隔离开来。断缝宽度较大(≥20mm)时为伸缩缝,无宽度和宽度较小(<20mm)时为变形缝,如图5-39所示。通常在相对变形(位移或转角)较大的位置设置伸缩缝,在相对变形较小的位置设置变形缝。实腹式拱桥的伸缩缝通常设在两拱脚的上方,并需要在横桥方向贯通全宽和侧墙的全高及人行道构造。目前多将伸缩缝做成直线形,构造简单,施工方便。拱式拱上结构的空腹式拱桥,一般将紧靠墩台的第一个腹拱圈做成三铰拱,并在靠墩台的拱铰上方的侧墙上,也相应地设置伸缩缝,在其余两铰上方的侧墙处,可设变形缝。在大跨径拱桥中,根据温度变化情况和跨径,必要时还需将靠近拱顶的腹拱圈或其他腹拱也做成两铰拱或三铰拱。拱铰上面的侧墙也需要相应地设置变形缝,以便使拱上建筑更好地适应主拱圈的变形。对于梁式或板式拱上结构,宜在主拱圈两端的拱脚上设置腹孔墩或采用其他措施与墩台设缝分开,梁或腹孔墩的支承连接处宜采用铰接,以适应主拱圈的变形。

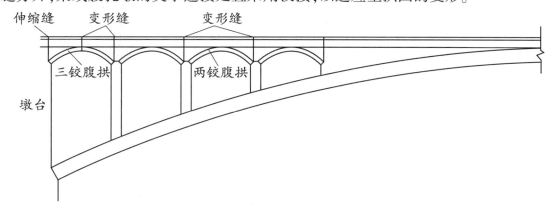

图5-39 空腹式拱桥伸缩缝及变形缝设置

人行道、栏杆、缘石和混凝土桥面,在腹拱铰的上方或侧墙均应设置贯通的伸缩缝和变形缝。

伸缩缝宽度一般为20~30mm,缝内填料可用锯末屑与沥青按1:1的比例预制成板,在施工时嵌入,并在上缘设置能活动而不透水的覆盖层,另外,也可采用沥青等其他材料填塞伸缩缝。变形缝不留缝宽,其缝可干砌、用油毛毡隔开或用低强度等级的砂浆砌筑。

(3)拱桥排水与防水层。

拱桥排水设计中,不仅要考虑将桥面雨水及时排出,还要考虑将透过桥面铺装渗入拱腹内的雨水及时排出。桥面雨水的排出,除了采用桥梁设置纵坡和桥面设置横坡的方式外,一般还可沿桥面两侧缘石边缘设置泄水管。通过桥面铺装渗入拱腹内的雨水,应由防水层汇集于预埋在拱腹内的泄水管排出。防水层和泄水管的设置方式与上部结构的形式有关。

实腹式拱桥防水层应沿拱背护拱、侧墙铺设。如果是单孔,可不设泄水管,积水沿防水层流至两个桥台后面的盲沟,然后沿盲沟排出路堤。如果是多孔,可在$L/4$处设泄水管,如图5-40a)所示。对于空腹式拱桥,防水层应沿腹拱上方与主拱圈跨中实腹段的拱背设置,泄水管也宜布置在$L/4$处,如图5-40b)所示。

对于跨线桥、城市桥或其他特殊桥梁,应设置全封闭式的排水系统。泄水管可以采用铸铁管、混凝土管、陶瓷(瓦)管或塑料管。泄水管的内径一般为60~100mm,在严寒地区需适当加宽,但不宜超过150mm。泄水管应伸出结构表面50~100mm,以免雨水顺着结构物的表面流下。为便于泄水,泄水管应尽可能采用直管,并减小管节的长度。

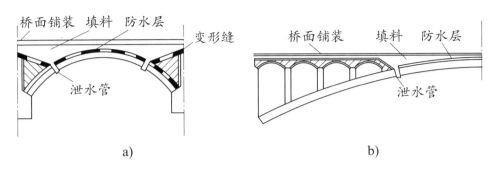

图 5-40 泄水管的设置

防水层在全桥范围内不宜断开,当通过伸缩缝或变形缝处时应妥善处理,使其既能防水又能适应变形,其构造如图 5-41 所示。防水层有粘贴式和涂抹式两种,前者是由 2~3 层油毛毡与沥青胶砂交替贴铺而成,防水效果较好,但造价较高,施工麻烦,适用于雨水较多的地区;后者采用沥青或柏油涂抹于砌体表面,施工简便,造价低廉,但防水效果较差。有时也可就地取材,选用三合土(水泥、石灰、砂的配合比约为 1:2:3,厚度为 150mm)、石灰黏土砂浆、黏土胶泥等代替防水层。这种简易的防水层性能很差,只能用于道路等级很低的小型圬工拱桥。

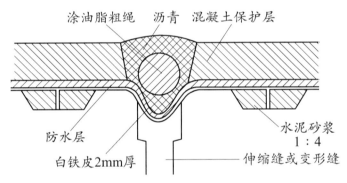

图 5-41 伸缩缝(或变形缝)上防水层的构造

(4)拱铰。

拱铰按其作用可分为永久性铰和临时性铰。永久性铰主要用在三铰拱或两铰拱体系中,也运用于空腹式拱上建筑的腹拱圈按构造要求需要采用三铰拱或两铰拱时。永久性铰除了要满足设计计算的要求外,还要能长期地正常使用,因此,构造比较复杂,造价高。临时性铰是在施工中为了消除或减少主拱的部分附加内力,以及对主拱内力做适当调整而在拱脚或拱顶设的铰。由于临时性铰在施工结束后要将其封固,因此其构造较简单,但必须可靠。

拱铰按其所处的位置、作用、受力、使用材料等条件综合考虑,常用的有弧形铰、铅垫铰、平铰、不完全铰、钢铰。

弧形铰可用石料或钢筋混凝土做成,由于其构造复杂,加工铰面既费工,又难以保证质量,故主要用于主拱圈的拱铰;铅垫铰由厚度为 15~20mm 的铅垫板,外部包以锌、铜薄片做成,主要用于中、小跨径的板拱或肋拱,也可用作临时性铰;平铰接缝间可用低强度等级的砂浆填塞,也可用垫衬油毛毡或者直接干砌接头,因其构造简单,常用于跨径较小的空腹式拱上建筑的腹拱圈;不完全铰多用在小跨径或轻型的拱圈以及空腹式拱桥的腹孔墩柱上;钢铰除用于少数有钢铰拱桥的永久性铰结构外,更多的用于施工需要的临时性铰中。

## 三、桥面系构造

桥面系通常包括桥面伸缩缝,桥面防水、排水系统,桥面铺装,以及护轮带、人行道、栏杆与护栏、灯光照明等附属工程。桥面系一般构造如图 5-42 所示。

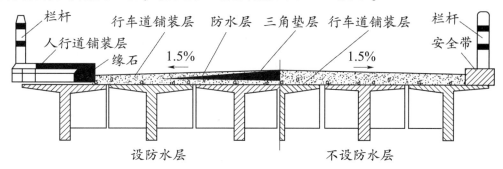

图 5-42 桥面系一般构造

1. 桥面铺装

桥面铺装也称行车道铺装,其功用是保护属于主梁整体部分的行车道板不受车辆轮胎的直接磨耗,防止主梁遭受雨水的侵蚀,并对车辆轮重的集中荷载起一定的分布作用。

(1)桥面横坡的设置。

为了迅速排出桥面雨水,通常桥梁除设置纵坡外,尚应将桥面铺装沿横向设置双向的桥面横坡。对于沥青混凝土桥面铺装,横坡为 1.5% ~ 2.0%。行车道路面普遍采用抛物线形横坡,人行道则采用直线形,如图 5-43 所示。

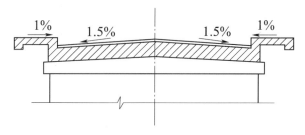

图 5-43 桥面横坡的设置

(2)桥面铺装的类型。

①普通水泥混凝土或沥青混凝土铺装。在非严寒地区的小跨径桥上,通常桥面内可以不设专门的防水层,而直接在桥面上铺筑 5 ~ 8cm 的普通水泥混凝土或沥青混凝土铺装层。

②防水混凝土铺装。对位于非冰冻地区的桥梁,当需做适当的防水时,可在桥面板上铺筑 8 ~ 10cm 厚的防水混凝土作为铺装层,如图 5-44a)所示。

③具有粘贴式防水层的水泥混凝土或沥青混凝土铺装。在防水程度要求较高,或在桥面板位于结构受拉区而可能出现裂纹的桥梁上,往往采用柔性的粘贴式防水层。防水层的结构为"三油两毡",即三层沥青胶砂、两层油毛毡,如图 5-44b)所示。

2. 桥面排水设施

钢筋混凝土结构不宜经受时而湿润时而干晒的交替作用。当桥面纵坡大于 2% 而桥长小于 50m 时,雨水通常可流至桥头从引道上排出,桥上不必设置专门的泄水管。当桥面纵坡大于 2% 而桥长超过 50m 时,宜在桥上每隔 12~15m 设置一个泄水管;当桥面纵坡小于 2% 时,则宜每隔 6~8m 设置一个泄水管。泄水管可以沿行车道两侧左右对称排列,也可交错排列,其离缘石的距离为 20~50cm。横向泄水管如图 5-45 所示。

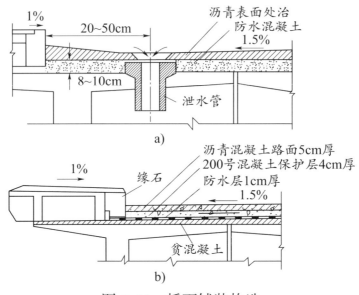

图 5-44 桥面铺装构造

梁式桥上常用的泄水管有金属泄水管、钢筋混凝土泄水管、横向排水管道,其实例如图 5-46 所示。

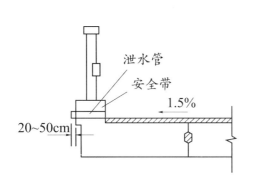

图 5-45 横向泄水管

图 5-46 桥面泄水管布置实例图

**3. 桥面伸缩缝**

为了保证桥跨结构在气温变化、活载作用、混凝土收缩与徐变等影响下按静力图示自由变形,就需要使桥面在两梁端之间以及在梁端与桥台背墙之间设置横向伸缩缝(或变形缝)。其作用不仅是要保证梁能自由变形,而且要使车辆在设缝处能平顺通过,以及防止雨水、垃圾、泥土等渗入阻塞。

伸缩缝的形式较多,工程上常用梳形钢板伸缩装置、橡胶伸缩装置以及毛勒伸缩缝。

(1)梳形钢板伸缩装置。

梳形钢板伸缩装置构造如图 5-47 所示,梳形钢板伸缩装置由梳形板、锚栓、垫板、锚板、封头板、排水槽等组成,有的还在梳齿之间填塞合成橡胶,起防水作用。其实例如图 5-48 所示。

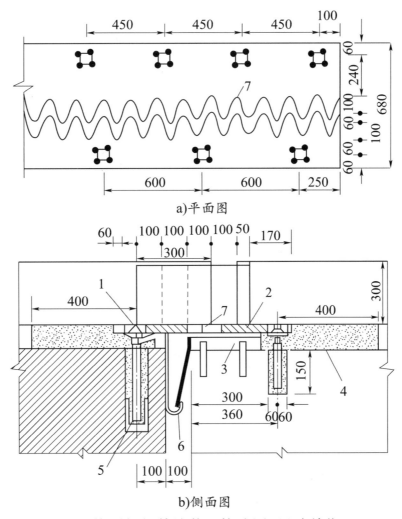

图 5-47　梳形钢板伸缩装置构造图(尺寸单位:mm)
1-封头板;2-垫板;3-锚板;4-C40 混凝土;5-锚栓;6-排水槽;7-梳形板

图 5-48　梳形钢板伸缩装置实例图

（2）橡胶伸缩装置。

橡胶伸缩装置是指伸缩体采用橡胶构件的伸缩装置,伸缩体内所用的橡胶有良好的抗老化、耐气候和抗腐蚀的性能。常用板式橡胶伸缩装置实例如图 5-49 所示。

（3）毛勒伸缩缝。

毛勒伸缩缝是一种钢-橡胶组合型桥梁伸缩缝,具有安全传递荷载、密封防水性良好、伸缩自如、施工和安装简便等特点,是目前国际上采用的先进的桥梁伸缩装置。其型号以 80 为倍率,例如 D80、D160、D240 等。每种型号的毛勒伸缩缝在垂直接缝方向的最大允许伸缩量为80Nmm;平行于接缝方向的最大允许变形量为±40Nmm(N为每种型号所含橡胶条数)。毛勒伸缩缝实例如图5-50所示。

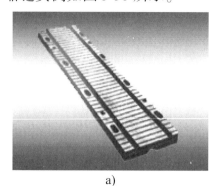 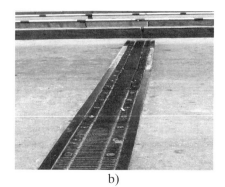

图5-49　板式橡胶伸缩装置实例图

　　　　　　　a)　　　　　　　　　　　　　　　b)

图5-50　毛勒伸缩缝实例图

## 第三节　梁桥支座

钢筋混凝土和预应力混凝土梁式桥在桥跨结构和墩台之间均须设置支座,其主要作用是将上部结构的支承反力传递到桥梁墩台,保证结构在活载、温度变化、混凝土收缩和徐变等因素作用下能自由变形,以使上、下部结构的实际受力情况符合结构的静力图示,如图5-51所示。

梁桥的支座分为固定支座和活动支座。固定支座既要固定主梁在墩台上的位置并传递竖向压力和水平力,又要保证主梁发生挠曲时在支承处能自由转动,如图5-51左端所示。活动支座只传递竖向压力,但要保证主梁在支承处既能自由转动,又能水平移动,如图5-51右端所示。

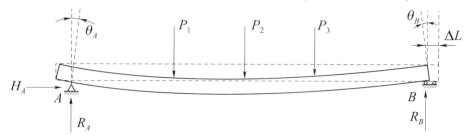

图5-51　简支梁的静力图示

$A$-固定支座;$B$-活动支座;$P_1$、$P_2$、$P_3$-竖向荷载;$\theta_A$、$\theta_B$-转角;$\Delta L$-水平位移;$H_A$-支座水平力;$R_A$、$R_B$-支座竖向反力

桥梁工程常用支座的类型有简易垫层支座、橡胶支座、球形钢支座等。

## 一、简易垫层支座

对于标准跨径小于10m的简支板或简支梁桥,可不设专门的支座结构,而直接采用由几层油毛毡或石棉做成的简易垫层支座。这种垫层支座经压实后的厚度不小于1cm,变形性能较差。为了防止墩台顶部前缘被压裂和避免上部结构端部和墩台顶部可能被拉裂,通常将墩台顶部的前缘削成斜角,并最好在板或梁端底部以及墩台顶部内增设1~2层钢筋网予以加强,如图5-52所示。

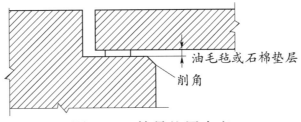

图5-52 简易垫层支座

## 二、橡胶支座

橡胶支座一般分为板式橡胶支座、聚四氟乙烯滑板式橡胶支座和盆式橡胶支座三类,如图5-53所示。

a)板式橡胶支座　　b)聚四氟乙烯滑板式橡胶支座　　c)盆式橡胶支座

图5-53 桥梁橡胶支座实例图

### 1. 板式橡胶支座

板式橡胶支座的构造最简单,从外形上看,它就是一块放置在上、下部结构之间的黑色橡胶板,其内部结构由几层橡胶和薄钢板镶嵌、黏合、压制而成,如图5-54a)、b)所示。

它的活动机理是:利用橡胶的不均匀弹性压缩实现转角$\theta$,利用其剪切变形实现水平位移$\Delta$,如图5-54c)所示。

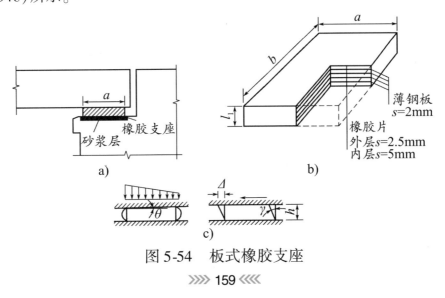

图5-54 板式橡胶支座

## 2. 聚四氟乙烯滑板式橡胶支座

聚四氟乙烯滑板式橡胶支座是在普通板式橡胶支座上按照支座平面尺寸黏附一层聚四氟乙烯滑板(厚2~4mm)而成。

聚四氟乙烯滑板式橡胶支座适用于跨度较大或桥面连续的简支梁桥、连续梁桥。此外，这种支座还可在顶推、横移等施工中作为滑板使用。

## 3. 盆式橡胶支座

常用的盆式橡胶支座的构造如图5-55所示，它是由不锈钢滑板、聚四氟乙烯板、钢盆环、氯丁橡胶块、钢密封圈、钢盆塞、橡胶弹性防水圈等组装而成。它是利用设置在钢盆中的橡胶板使上部结构具有承压和转动的功能，利用聚四氟乙烯板和不锈钢板之间的平面滑动来满足桥梁的水平位移要求。

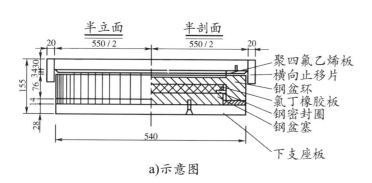
a) 示意图

b) 安装实例图

图5-55 盆式橡胶支座

### 三、球形钢支座(数字资源08)

随着大跨度桥梁的发展，桥梁支座的承载能力要更大，同时具备适应大位移和转角的需求。

球形钢支座如图5-56所示，它活动灵活，不但具备盆式橡胶支座承载能力大、允许支座位移大等特点，而且能更好地满足支座大转角的需要。

a) 实例图

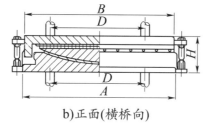
b) 正面(横桥向)

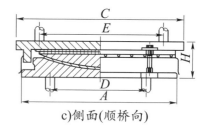
c) 侧面(顺桥向)

图5-56 球形钢支座

球形钢支座有固定支座、单向活动支座和多向活动支座之分。活动支座主要由上支座板、不锈钢滑动板、聚四氟乙烯(PTFE)圆平板、球形钢芯、聚四氟乙烯(PTFE)球形板、橡胶密封圈、下支座板、上下固定连接螺栓等组成。

## 第四节　桥梁下部结构

### 一、桥梁墩台的形式和构造

桥梁墩(台)由墩(台)帽、墩(台)身、基础三部分组成，如图5-57、图5-58所示。

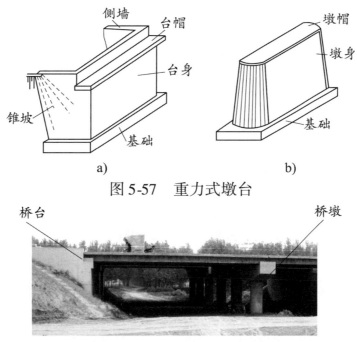

图 5-57 重力式墩台

图 5-58 轻型墩台实例图

1. 桥墩的构造

（1）重力式桥墩。

重力式桥墩主要依靠自重力（包括桥跨结构重力）来平衡外力，从而保证桥墩的稳定，如图 5-59 所示。其一般用圬工材料修筑，具有刚度大、防撞能力强等优点；缺点是阻水面积大，圬工数量多，对地基承载力要求高。其适用于荷载较大的大中型桥梁或流冰、漂浮物多的河流中，以及砂石料丰富的地区和基岩埋深较浅的地基。

①墩帽。

墩帽设在桥墩的顶端，它通过支座承托上部结构，并将相邻两孔桥上的恒载和活载传到墩身上。由于它受到支座传来的集中应力作用，因此要求它具有足够的厚度和强度。最小厚度一般不小于 0.4m，中小跨径梁桥不小于 0.3m。采用 C20 以上混凝土浇筑并配置构造筋。非严寒地区的小跨径桥可不设构造筋。对于小桥，也可用 M5 以上砂浆砌 C25 以上料石做墩帽。顶面做成一定坡度的排水坡，并在四周墩身顶出檐 50～100mm，且在其上做成沟槽型滴水，以免水侵蚀墩身，如图 5-59 所示。

图 5-59 重力式桥墩实例图

②墩身。

墩身是桥墩的主体，通常由块石、混凝土或钢筋混凝土制成。

墩身的顶宽,对于小跨径桥不宜小于0.8m,对于中跨径桥不宜小于1m,对于大跨径桥视上部构造的类型而定。侧坡坡度一般采用20:1~30:1,小跨径桥也可采用直坡。

墩身在平面上的形状可做成圆端形、尖端形、圆形或矩形,如图5-60所示。

为便于水流和漂浮物通过,墩身平面形状可以做成圆端形[图5-60a)]或尖端形[图5-60b)];在水流与桥梁斜交或流向不稳定时,宜做成圆形[图5-60c)];无水的岸墩或高架桥墩可以做成矩形[图5-60d)]。

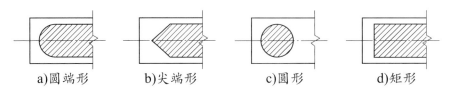

图5-60　墩身平面形状

在有强烈流冰或大量漂浮物的河道上,桥墩的迎水端应做成破冰棱,破冰棱可由强度高的石料砌成,也可以用高强度的混凝土辅以钢筋加固。

当河流属于中等流冰情况或河道上经常有大量漂浮物时,混凝土重力式桥墩的迎水面可以用直径10~12mm的钢筋加强,钢筋的垂直间距为100~200mm,水平距离约为200mm。

③基础。

基础是桥墩与地基直接接触的部分,其类型与尺寸往往取决于地基条件,尤其是地基承载力。最常见的是刚性扩大基础,一般采用C15以上片石混凝土或浆砌块石筑成。基础的平面尺寸较墩身底面尺寸略大,四周襟边宽度为200mm左右。基础可以做成单层,也可以做成2~3层的台阶式。台阶的宽度由基础用材的刚性角控制。

(2)轻型桥墩。

①实体轻型桥墩。

其适用于中小跨径的桥梁,可用混凝土、浆砌块石或钢筋混凝土材料做成。其中,实体式钢筋混凝土薄壁桥墩(图5-61)最为典型,与重力式桥墩相比,其圬工体积显著减少,自重减小,因而其抗冲击能力较低,不宜用于流速大并夹有大量泥沙的河流或可能有航船、冰等漂流物撞击的河流中。

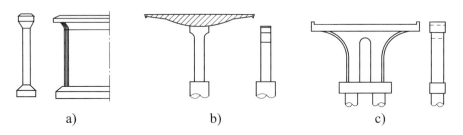

图5-61　实体式钢筋混凝土薄壁桥墩

②桩(柱)式桥墩(数字板资源09)。

桩式桥墩一般既用灌注桩做墩身,又用灌注桩做基础,再在桩顶浇一盖梁[图5-62f)]。当采用直径较大的钻孔灌注桩时,在水面以上部分的桩径可以缩小,形成变截面桩式桥墩[图5-62g)],并在桩径变化处设置横系梁以增强其刚度。在桥跨不大于30m、墩身不高于

10m 的公路桥梁上较多采用。

柱式桥墩一般常在灌注桩顶浇一承台,然后在承台设立柱[图 5-62a)],或在浅基础上设立柱[图 5-62b)],再在立柱上浇一盖梁。双柱式桥墩有时在两柱中间加做隔墙,在平面上形成哑铃式[图 5-62c)],以增强墩柱间抗撞击的刚度及防止漂浮物卡在中间造成桥墩损坏。当桥墩较高时,也可把高水位以下部分做成实体式,高水位以上部分仍为柱式,形成混合式柱墩[图 5-62d)]。当水流方向不稳定或与墩身斜交,且桥宽不大时,可采用单柱式桥墩[图 5-62e)]。柱式桥墩具有墩身质量小、节省材料、外形美观的特点,是公路桥梁中采用较多的类型。

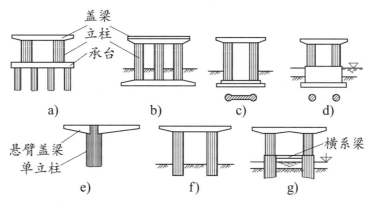

图 5-62 桩(柱)式桥墩

盖梁是柱式桥墩的墩帽,一般用钢筋混凝土就地浇筑,有的采用预制安装或预应力混凝土。盖梁的横截面形状一般为矩形或 T 形。

墩身:一般用直径为 0.6~1.5m 的圆柱或方形、六边形柱。

桩柱顶:一般应嵌入盖梁或承台 150~200mm,使桩柱与盖梁或承台形成较好的整体性。

横系梁:当用横系梁加强桩柱的整体性时,其高度可取为桩径的 0.8~1.0 倍,宽度可取为桩(柱)径的 0.6~1.0 倍,如图 5-63 所示。

③柔性排架桩墩。

柔性排架桩墩是由单排或双排的钢筋混凝土桩与钢筋混凝土盖梁连接而成的,如图 5-64 所示。一般采用预制的矩形桩,其截面尺寸常为 25cm×35cm、30cm×35cm、30cm×40cm 等。盖梁也采用矩形截面,高度为 400~500mm,宽度为 600~800mm,采用 C30 的钢筋混凝土。当桩墩高度大于 5m 时,为避免行车可能发生的纵向晃动,宜设置双排架墩。

图 5-63 柱式桥墩

柔性排架桩墩的优点是用料省、施工速度快;缺点是用钢量大,使用高度和承载能力受到限制。因此它只适合于在低浅宽滩河流、通航要求低和流速不大的河流上修建小跨径桥梁时采用。

2. 桥台的构造

桥台通常按其形式分为重力式桥台、轻型桥台、框架式桥台、组合式桥台等。

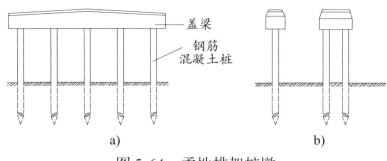

图 5-64 柔性排架桩墩

(1)重力式桥台。

重力式桥台一般采用砌石、片石混凝土或混凝土等圬工材料就地砌筑或浇筑而成,主要依靠自重来平衡台后土压力,从而保证自身的稳定。

重力式桥台依据桥梁跨径、桥台高度及地形条件可以划分为多种形式,常用的类型有U形桥台、埋置式桥台、八字式桥台、一字式桥台、拱形桥台、埋置衡重式桥台等。

①U形桥台(数字资源10)。

U形桥台适用于8m以上跨径的桥梁。U形桥台由台身(前墙)、台帽、基础与两侧翼墙组成,其外形在平面上呈U形,故称之为U形桥台。其一般采用砌石、片石混凝土或混凝土等圬工材料就地砌筑或浇筑而成。台身支承桥跨结构,并承受台后土压力。翼墙与台身连成整体承受土压力,并起到与路堤衔接的作用。基底承压较大,应力较小。圬土体积大,台内的填土易积水,需注意防水、防冻,以免桥台结构开裂。U形桥台如图5-65所示。

②埋置式桥台。

埋置式桥台适用于桥头为浅滩,溜坡受冲刷较小,填土高度在10m以下的中跨径的多跨桥中。桥台台身为圬工实体,台帽及耳墙采用钢筋混凝土砌筑。台身埋置于台前溜坡内,利用台前溜坡填土抵消部分台后填土压力,不需另设翼墙,仅由台帽两端的耳墙与路堤衔接。圬工体积较小,但溜坡对河道有影响。埋置式桥台如图5-66所示。

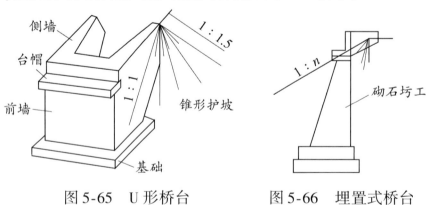

图 5-65 U形桥台　　图 5-66 埋置式桥台

③八字式桥台。

八字式桥台适用于堤岸稳定、桥台不高、河床压缩小的中小跨径桥,以及跨越人工河道的桥和立交桥。当台身两侧为独立的翼墙时,需将台身与翼墙分开,台身与翼墙斜交,并在其间设变形缝。桥台台身用砌石、片石混凝土或混凝土等圬工材料就地砌筑或浇筑而成。八字式桥台除挡住路堤填土外,还起引导河流的作用。八字式桥台如图5-67所示。

④一字式桥台。

一字式桥台适用于河岸稳定、桥台不高、河床压缩小的中小跨径桥,以及跨越人工河道的桥和立交桥,如图5-68所示。

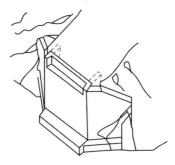 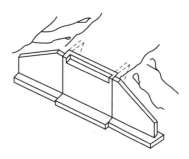

图5-67　八字式桥台　　图5-68　一字式桥台

当台身两侧为独立的翼墙时,需将台身与翼墙分开,台身与翼墙在同一平面,并在其间设变形缝。桥台台身一般用砌石、片石混凝土或混凝土等圬工材料就地砌筑或浇筑而成。一字式桥台除挡住路堤填土外,还起引导河流的作用。

⑤拱形桥台。

拱形桥台的台身用块石或混凝土砌筑,中间挖空成拱筒形,以节省圬工。其适用于基岩埋藏浅或地质良好而有浅滩河流的多孔桥。但桥台不宜过高,以免墩身放坡深入桥孔过多,影响过水面积,如图5-69所示。

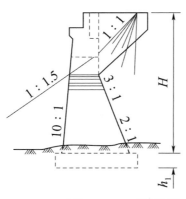 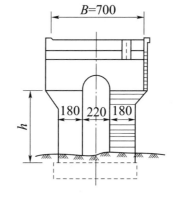

图5-69　拱形桥台(尺寸单位:cm)

⑥埋置衡重式桥台。

埋置衡重式桥台适用于跨径大于20m、高度大于10m的跨深沟及山区特殊地形的桥梁。

利用衡重台及其上的填土重力平衡部分土压力,在高桥中圬工较节省,如图5-70所示。

(2)轻型桥台。

轻型桥台通常用圬工材料砌筑或钢筋混凝土浇筑。圬工轻型桥台的应用只限于桥台高度较小的情况,钢筋混凝土轻型桥台应用范围更广泛。

从结构形式上分,轻型桥台包括薄壁轻型桥台和支撑梁型轻型桥台。

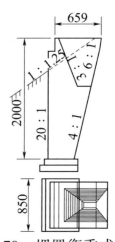

图5-70　埋置衡重式桥台
(尺寸单位:cm)

①薄壁轻型桥台。

薄壁轻型桥台常用的形式有悬壁式、扶壁式、撑墙式和箱式,如图5-71所示。其主要特点是利用钢筋混凝土结构的抗弯能力来减少圬工体积,从而使桥台轻型化。

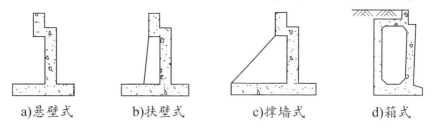

图 5-71　薄壁轻型桥台

②支撑梁型轻型桥台。

对于单跨或少跨的小跨径桥,在条件允许的情况下,可在轻型桥墩台基础间设置3~5根支撑梁,形成支撑型桥台,如图5-72所示。其主要特点是利用上部结构及下部的支撑梁作为桥台的支撑,以防止桥台向跨中移动或倾覆;整个构造物形成四铰刚构系统;除台身按上下铰接支承的简支竖梁承受水平土压力外,桥台还应作为弹性地基梁加以验算。

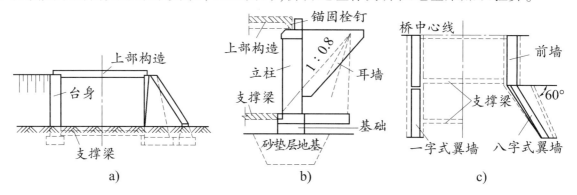

图 5-72　支撑梁型轻型桥台

轻型桥台翼墙形式有八字式、一字式和耳墙式。

八字式翼墙的八字墙与台身之间设断缝分开,如图5-73a)所示;一字式翼墙与台身连成一体,如图5-73b)所示;带耳墙的桥台由台身、耳墙和立柱三部分组成,如图5-73c)所示。

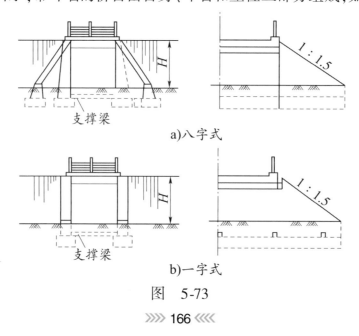

图　5-73

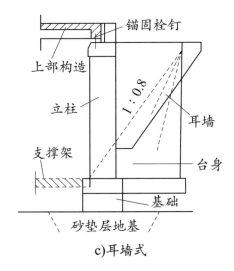

c) 耳墙式

图 5-73 轻型桥台翼墙形式

(3) 框架式桥台。

框架式桥台适用于地基承载力较低,台身高度大于 4m、跨径大于 10m 的梁桥。

框架式桥台由台帽、桩柱及基础或承台组成,是在横桥向呈框架式结构,桩基埋入土中,所受土压力较小的桩基础轻型桥台。其构造形式有柱式桥台、墙式桥台和排架装配式桥台。

① 柱式桥台。

柱式桥台指台帽置于立柱上,台帽两端设耳墙以便与路堤衔接的桥台,适用于填土高度小于 5m 的情况,如图 5-74 所示。

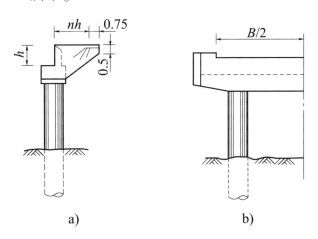

图 5-74 柱式桥台(尺寸单位:m)

② 墙式桥台。

当填土高度大于 5m 时,用少筋薄墙代替立柱支承台帽,即形成墙式桥台,如图 5-75a)所示。若墙中设骨架肋,则称之为肋墙式桥台,如图 5-75b)所示。

③ 排架装配式桥台。

排架装配式桥台如图 5-76 所示。

(4) 组合式桥台。

组合式桥台是桥台主要承受桥跨结构传来的竖向力和水平力,而台后的土压力由其他结构来承受。

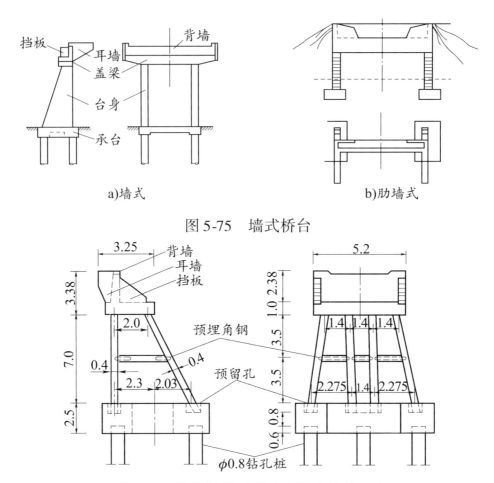

图 5-75 墙式桥台

图 5-76 排架装配式桥台(尺寸单位:m)

①锚定板式桥台。

锚定板式桥台有分离式和结合式两种。分离式锚定板式桥台是台身与锚定板、挡土结构分开,主要由台身承受上部结构传来的竖向力,由锚定板承受台后土压力的组合式桥台。锚定板结构由锚定板、立柱、拉杆和挡土板组成,如图 5-77a)所示。结合式锚定板桥台的构造如图 5-77b)所示,挡土板与台身结合在一起,台身兼做立柱和挡土板,作用在台身上的所有水平力假定均由锚定板的抗拔力来平衡,台身仅承受竖向荷载。

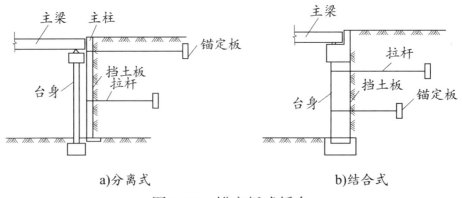

图 5-77 锚定板式桥台

②过梁式和框架式组合桥台。

过梁式桥台是桥台与挡土墙用梁结合在一起的桥台。当梁与桥台、挡土墙刚接时,形成框架式组合桥台,如图 5-78 所示。框架的长度及过梁的跨径,由地形及土方工程计算确定。

组合式桥台越长,梁的材料用量就越多,而桥台及挡土墙的材料数量相应地有所减少。

③桥台与挡土墙组合桥台。

桥台与挡土墙组合桥台是由轻型桥台支承上部结构,台后设挡土墙承受土压力,台身与挡土墙分离,上端设伸缩缝,使受力明确。当地基条件比较好时,也可将桥台与挡土墙放在同一个基础之上,如图5-79所示。这种组合式桥台可以不压缩河床,但结构较复杂,是否经济需通过比较确定。

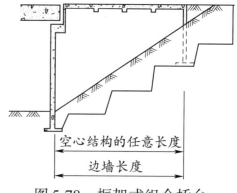

图5-78 框架式组合桥台

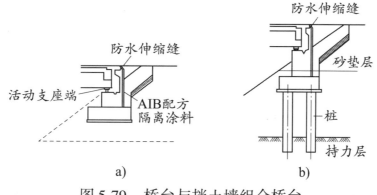

图5-79 桥台与挡土墙组合桥台

## 二、桥梁基础的种类与构造

**1. 地基基础的种类**

桥梁的全部荷载最终由其下的地层来承担,承受桥梁全部荷载的那一部分地层称为地基。地基分为天然地基和人工地基。力学性能满足桥梁的承载和变形能力要求的地层称为天然地基,桥梁的基础可直接设置在该天然地层上。如果天然地层土质过于软弱或存在不良工程地质问题,无法满足承受桥梁全部荷载的承载能力和变形能力基本要求时,可对一定深度范围内的天然地层进行加固处理,使其能发挥持力层作用,这部分地层经过人工改造后形成的地基称为人工地基。

(1)按基础的埋置深度分类。

按照基础的埋置深度,桥梁基础可分为浅基础和深基础两种。

浅基础:相对埋深(基础埋深与基础宽度之比)不大,施工简单,采用普通方法与设备即可施工的基础称为浅基础。浅基础按结构形式可分为独立基础、条形基础、板式基础、筏式基础、箱形基础、壳体基础等。

深基础:当建筑物荷载较大且上层土质较差,采用浅基础无法承担建筑物荷载时,需将基础埋置于较深的土层上,通过特殊的施工方法将建筑物荷载传递到较深土层的基础称为深基础。深基础可分为桩基础、墩基础、沉井基础、地下连续墙等。

(2)按构造和施工方法分类。

按构造和施工方法,桥梁基础可分为明挖基础、桩基础、沉井基础、沉箱基础、管柱基础和地下连续墙基础。

①明挖基础。

明挖基础也称扩大基础,如图 5-80 所示,系由块石或混凝土砌筑而成的大块实体基础,其埋置深度较其他类型基础浅,故为浅基础。它的构造简单,由于所用材料不能承受较大的拉应力,基础平面尺寸一般较墩台底面要大一些,使之形成所谓的刚性基础,且受力时不致产生挠曲变形。扩大基础的最小尺寸和最大尺寸,视土质、基础厚度、埋置深度及施工方法和材料刚性角而定。为了节省材料,这类基础的立面往往砌成台阶形,平面将根据墩台截面形状而采用矩形、圆形、T 形或多边形等。建造这种基础多用明挖基坑的方法施工。

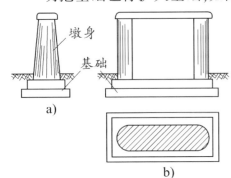

图 5-80　刚性扩大基础

在陆地开挖基坑,将视基坑深浅、土质好坏、地下水位高低等因素,来判断是否采用坑壁支持结构——衬板或板桩;在水中开挖基坑,则应先筑围堰。

明挖基础适用于浅层土较坚实,且水流冲刷不严重的浅水地区。由于它的构造简单,埋深浅,施工容易,加上可以就地取材,故造价低廉,广泛用于中小桥涵及旱桥。中国的赵州桥就是在亚黏土地基上采用了这种桥梁基础。

②桩基础。

桩基础是由沉入或灌注土中的桩和连接桩顶的承台所构成的基础。外力通过承台分配到各桩头,再通过桩身及桩端把力传递到周围土及桩端深层土中,故桩基础属于深基础。桩是深入土层的柱形构件,其作用是将作用于桩顶以上的荷载传递到土体的较深处。其根据成桩方法可分为沉入桩和灌注桩。

在所有深基础中,桩基础的结构最轻,施工机械化程度较高,施工进度较快,是一种较经济的基础结构。

③沉井基础。

沉井基础是一种古老而且常见的深基础,它的刚性大,稳定性好,与桩基础相比,在荷载作用下变位甚微,具有较好的抗震性能,尤其适用于对基础承载力要求较高,对基础变位敏感的桥梁,如大跨度悬索桥、拱桥、连续梁桥等。

④沉箱基础。

在桥梁工程中主要指气压沉箱基础,主要用于大型桥梁。当水下土层中有障碍物而沉井无法下沉,桩无法穿透时,或地基为不平整的基岩且风化严重,需要人员直接检验或处理时,常采用沉箱基础。但沉箱工程需要复杂的施工设备,人在高气压下工作,既不安全,效率也低,其水下下沉深度也受到一定限制,故现今一般较少采用。

⑤管柱基础。

管柱基础是用于桥梁的一种深基础,管柱外形类似管桩,其区别在于:管柱一般直径较大,最下端一节制成开口状,在一般情况下,靠专门设备强迫振动或扭动,并辅以管内排土而下沉,如落于基岩,可以通过凿岩锚固于岩盘;而管桩直径一般较小,桩尖制成闭合端,常用打桩机具打入土中,一般较难通过硬层或障碍,更不能锚固于基岩。大型管柱的外形又类似圆形沉井,但沉井主要是靠自重下沉,其壁较厚,而管柱是靠外力强迫下沉,其壁较薄。

管柱基础适用于较复杂的水文地质条件,尤其在某些特殊条件下,更能显示其强适应性。如武汉长江大桥桥址的水文地质条件为:持力层在水面之下深达40m,而洪水期长达8个月,显然这对气压沉箱基础不利;河床覆盖层很浅,不能用管桩基础;基岩表面不平,在同一墩位高差达5~6m,也不能用沉井基础。在此情况下,以管柱基础最为适宜,它不受水深限制,且下端可锚固于岩盘,不需要较厚的覆盖层维持柱体稳定,而基础是由分散的柱体支承于岩面,故即使岩面不平也易于处理。

⑥地下连续墙基础。

地下连续墙基础是用膨润土泥浆进行护壁,在防止开挖壁面坍塌的同时,按设计位置开挖一条狭长端圆的深槽,然后将钢筋骨架放入槽内,并灌注水下混凝土,从而在地下形成连续墙体的一种基础形式。

桥梁基础除了上述几种类型外,还可根据不同地质和水文条件而采用一些组合型基础结构。如杭州钱塘江大桥正桥7~15号墩基础,是在沉箱下接木桩;南京长江大桥正桥2号和3号墩基础,则是钢沉井套预应力混凝土管柱基础。

2. 桩基础的种类与构造

桩基础是深基础的一种,由若干根桩和承台组成。桩在平面上可排列成一排或几排,所有桩的顶部由承台连成一整体并传递荷载。在承台上修筑桥墩、桥台及上部结构,如图5-81所示。桩身可全部或部分埋入地基土中。当桩身外露在地面上较高处时,应在桩之间加横系梁,以加强各桩的横向联系。

(1)按承台位置分类。

①低桩承台:承台的底面位于地面(或冲刷线)以下,如图5-82a)所示。

②高桩承台:承台的底面位于地面(或冲刷线)以上,如图5-82b)所示。高桩承台由于承台位置较高或设在施工水位以上,可减少墩台的圬工数量,避免或减少水下作业,施工方便、经济。但其基础刚度小,外露段周围无土来共同承受荷载,因此其稳定性低于低桩承台。

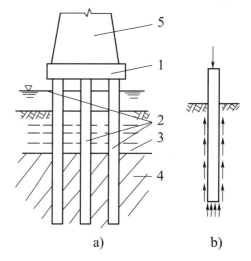

图5-81 桩基础
1-承台;2-基桩;3-松软土层;4-持力层;5-墩身

(2)按桩的受力分类。

①柱桩或端承桩(支承桩):桩所发挥的承载力以桩底土层的抵抗力为主,如图5-83a)所示。柱桩专指桩底直接支承在基岩上的桩,此时因桩的沉降甚微,桩侧摩阻力可忽略不计,全部垂直荷载由桩底岩层抗力承受。但对于较长的支承桩,因承受荷载作用后桩身弹性压缩较大,将在桩侧产生摩阻力,故设计时应考虑在内。

②摩擦桩:桩所发挥的承载力以侧摩阻力为主,如图5-83b)所示。

③桩墩:桩墩是通过在地基中成孔后灌注混凝土形成的大口径断面柱形深基础,即以单个桩墩代替群桩及承台。桩墩基础底端可支于基岩之上,也可嵌入基岩或较坚硬的土层中。桩墩一般为直柱形,其底端尺寸可扩大做成扩底桩墩。桩墩断面形状常为圆形,直径不小于

0.8m。桩墩一般为钢筋混凝土结构,当桩墩受力很大时,可用钢套筒或钢核桩墩,如图5-84所示。

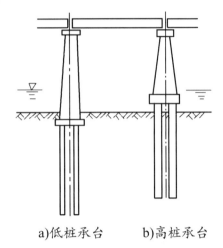

图5-82 低桩承台和高桩承台

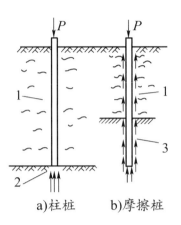

图5-83 柱桩和摩擦桩

1-软弱土层;2-岩层或硬土层;3-中等土层

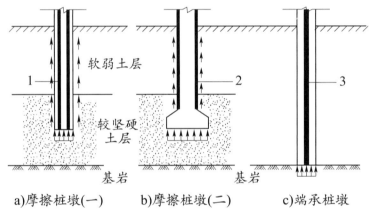

图5-84 桩墩

1-钢筋;2-钢套筒;3-钢核

(3)按桩的轴向分类。

桩基础按桩的轴向可分为竖直桩、单向斜桩、多向斜桩等,如图5-85所示。斜桩的特点是能承受较大的水平荷载,但需采用相应的施工设备和工艺。

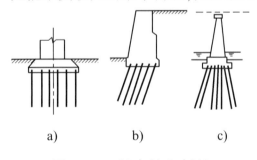

图5-85 竖直桩和斜桩

(4)按桩的施工方法分类。

①沉桩(预制桩)。沉桩是将各种预先制好的桩(主要是钢筋混凝土或预应力混凝土实心桩或管桩,也有钢桩或木桩)以不同的沉桩方式沉入地基内并达到所需的深度,如图5-86所示。

沉桩根据沉桩方式不同可分为打入桩(锤击桩)、振动下沉桩、静力压桩。

②灌注桩。灌注桩是在现场地基中钻挖桩孔,然后浇筑钢筋混凝土或混凝土而成的桩,如图5-87所示。

灌注桩按施工工艺可分为:

a. 钻孔灌注桩：用钻(冲)孔机具在土中钻进，边破碎土体边排出土渣成孔，然后在孔内放入钢筋骨架，灌注混凝土而成的桩。桥梁工程基础常用钻孔灌注桩，其施工工艺流程如图 5-88 所示。

b. 挖孔灌注桩：依靠人工(用部分机械配合)或机械在地基中挖出桩孔，然后浇筑混凝土或钢筋混凝土而成的桩。一般适用于无水或渗水量小的土层。

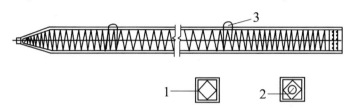

图 5-86　预制钢筋混凝土方桩

1-实心方桩；2-空心方桩；3-吊环

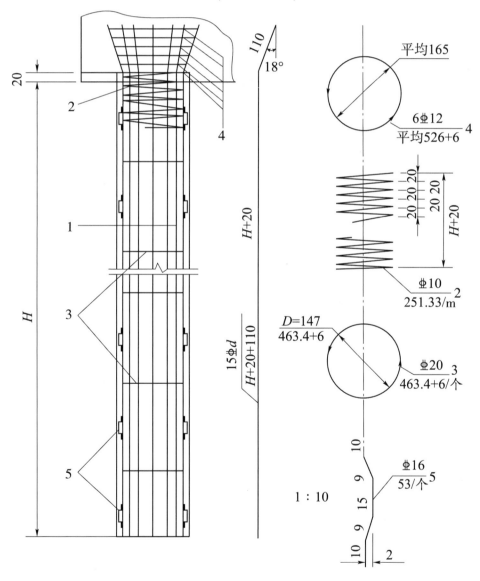

图 5-87　就地灌注钢筋混凝土桩(尺寸单位：mm)

1-主筋；2-螺旋箍筋；3-加强箍筋；4-喇叭口箍筋；5-耳环

c. 沉管灌注桩：采用锤击或振动的方法把带有钢筋混凝土的桩尖或带有活瓣式桩尖(沉

管时桩尖闭合,拔管时活瓣张开)的钢套管沉入土层中成孔,然后在钢套管内放置钢筋笼,并边灌混凝土边拔套管而成的灌注桩。

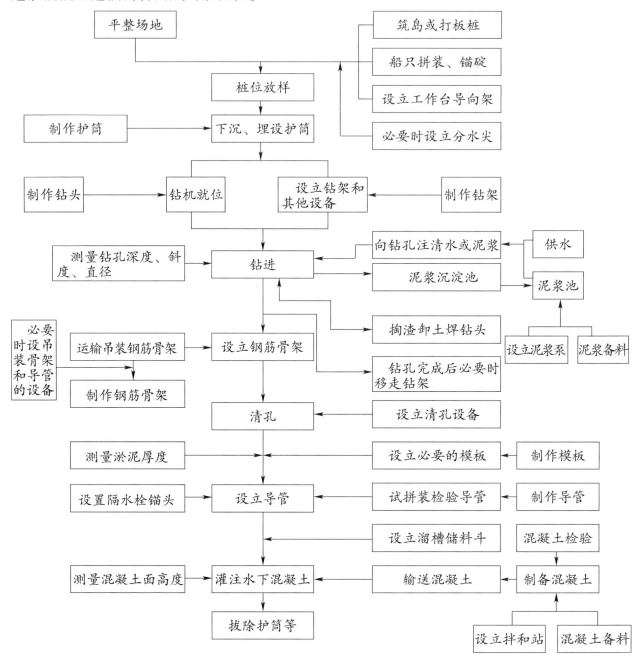

图 5-88 钻孔灌注桩的施工工艺流程图

d. 爆扩桩:就地成孔后,利用炸药扩大孔底,浇筑混凝土而成的桩。

③管桩基础。管桩基础是将预制的大直径(1~5m)钢筋混凝土或预应力钢筋混凝土或钢管柱(实际是一种巨型的管桩,每节长度根据施工条件而定,一般取 4m、8m、10m,接头用法兰盘和螺栓连接),用大型振动沉桩锤沿导向结构将其振动下沉到基岩,然后在管柱内钻岩成孔,再下放钢筋笼,灌注混凝土,将管桩与岩盘牢固连接而成的桩,如图 5-89 所示。

④钻埋空心桩。钻埋空心桩是将预制桩壳预拼连接后,吊放沉入已成的桩孔内,然后通过桩侧填石压浆和桩底填石压浆而形成的预应力钢筋混凝土空心桩。

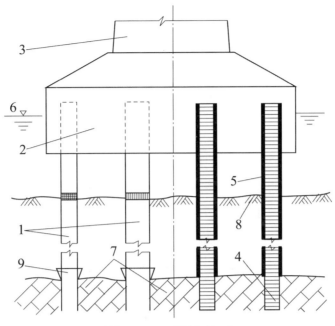

图 5-89 管桩基础

1-管柱;2-承台;3-墩身;4-嵌固于岩层的钢管柱;5-钢筋骨架;6-低水位;7-岩层;8-覆盖层;9-钢管靴

钻埋空心桩直径可达 4~5m,不需要振动下沉管柱那样繁重的设备,施工较简单;水下混凝土的用量可减少 40%;通过桩周和柱底二次压注水泥浆来加固地基,与钻孔桩相比,承载力可提高 30%~40%;实现了基础工程部分工厂化施工;可取消承台,与空心墩相配合。

# 第五节 涵 洞

## 一、涵洞的定义、作用、组成和分类

1. 涵洞的定义和作用

涵洞是在修建路基、堤坝或塘堰当中由洞身及洞口建筑组成的排水结构物。按《标准》的规定,单孔跨径小于 5m 的统称涵洞;而管涵和箱涵不论管径或跨径大小、孔数多少,均称为涵洞。

涵洞的作用包括:

(1) 宣泄小量水流,作排洪、灌溉之用,如图 5-90 所示。

(2) 少数用于交通,供行人、车辆通过,又叫通道,如图 5-91 所示。

图 5-90 排水涵洞实例图

图 5-91 通道实例图

## 2. 涵洞的组成

涵洞由洞身、洞口、基础和附属结构组成。

(1)建筑在基础之上,挡住路基填土,以形成流水孔道的部分称为洞身。

(2)设在洞身两端,用以集散水流,保护洞身和路基使之不被水流破坏的建筑物称为洞口。

(3)在地面以下,防止沉陷和冲刷的部分称为基础。

(4)涵洞的附属结构包括防水层、沉降缝及涵洞回填等。钢筋混凝土涵洞设置防水层的作用是防止水分侵入混凝土内,使钢筋锈蚀,结构寿命缩短。北方严寒地区的无筋混凝土涵洞要设置防水层,防止侵入混凝土内的水分冻融造成结构破坏。

为防止由于荷载分布不均及基底土壤性质不同引起的不均匀沉陷而导致涵洞不规则的断裂,每段涵洞之间以及洞身与端墙之间应设置沉降缝,如图5-92所示。

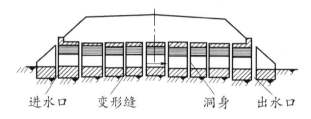

图 5-92 沉降缝

建成的涵洞达到设计要求的强度后,应及时回填。回填土施工要严格按照有关施工规定和设计要求。切实控制好回填质量。

## 3. 涵洞分类

(1)按构造形式不同,涵洞可分为圆管涵、拱涵、盖板涵、箱涵。

①圆管涵:直径一般为0.5~1.5m,受力情况和适应基础的性能较好,两端仅需设置端台,故圬工数量少,造价低,但低路堤使用受到限制,如图5-93a)所示。

②拱涵:一般超载潜力较大,砌筑技术容易掌握,便于群众修建,是一种广泛应用的涵洞形式,如图5-93b)所示。

③盖板涵:在结构形式方面有利于在低路堤上使用,当填土较小时可以做成明涵,如图5-93c)所示。

④箱涵:适用于软土地基,但因施工困难且造价较高,一般较少采用,如图5-93d)所示。

a)圆管涵

b)拱涵

图 5-93

c) 盖板涵　　　　　　　　　d) 箱涵

图 5-93　不同构造形式的涵洞实例图

（2）按洞顶填土情况不同，涵洞可分为明涵和暗涵。

①明涵：洞顶无填土，适用于低路堤及浅沟渠处，如图 5-94 所示。

②暗涵：洞顶有填土，且最小填土厚度应大于 0.5m，适用于高路堤及深沟渠处，如图 5-95 所示。

图 5-94　明涵　　　　　　　　　图 5-95　暗涵

（3）按建筑材料不同，涵洞可分为砖涵、石涵、混凝土涵、钢筋混凝土涵等。

（4）按水利性能不同，涵洞可分为无压力式涵洞、半压力式涵洞、压力式涵洞和倒虹吸管涵洞。

## 二、涵洞构造

1. 洞身

洞身是涵洞的主要组成部分，它的截面形式有圆形、拱形、矩形（箱形）三大类，如图 5-96 所示。

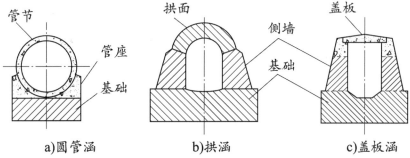

a) 圆管涵　　　　　b) 拱涵　　　　　c) 盖板涵

图 5-96　涵洞的截面形式

（1）圆管涵。

其以钢筋混凝土圆管涵及混凝土圆管涵最为常见。

钢筋混凝土圆管涵的特点：在土壤的垂直及水平压力作用下，静力工作性能良好。这种涵洞混凝土的用量少，制造简单，且圆形管节方便移动。

钢筋混凝土圆管涵常用孔径为0.5m、0.75m、1.0m、1.25m、1.5m、2m，一般在工厂预制成1m的管节，再运到现场安装。

钢筋混凝土圆管涵可分为刚性管涵和四铰管涵。刚性管涵如图5-97所示，刚性管涵在横截面上构成一个刚性圆环，圆环厚度随直径和填土高度的变化而变化，一般在80~150mm之间。为抵抗拉力布置双层钢筋，内外两层螺旋形主筋及纵向分配钢筋组成一个钢筋骨架，纵向分配钢筋的作用是用外力分配主筋。刚性管涵可根据地基土性质安置在混凝土基础或砂垫层上。

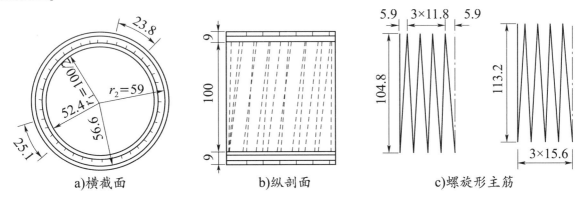

图5-97 刚性管涵（尺寸单位：cm）

四铰管涵如图5-98所示，采用四铰管涵的目的是降低圆管的应力，缩小截面尺寸，减少配筋数量，也可以采用纯混凝土。铰分别布置在最大弯矩处，即涵洞的两侧及涵洞的顶部和底部。

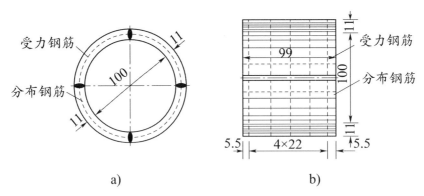

图5-98 四铰管涵（尺寸单位：cm）

（2）拱涵。

①拱涵洞身由拱圈、侧墙（墙台）和基础组成，如图5-99所示。拱圈普遍采用圆弧拱，如图5-100所示。侧墙（涵台）的断面，采用内壁垂直的梯形断面。

②拱涵的标准跨径：拱涵的矢跨比不宜小于1∶4，在《公路桥涵标准图 石、混凝土预制块拱涵》（JT/GQB 004—2003）中有跨径（孔径）为0.5m、0.75m、1.0m、1.25m、1.5m及2m的各级载重拱涵设计图可供选用。

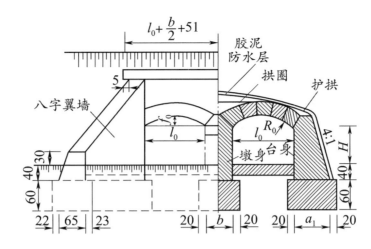

图 5-99　双孔石拱涵构造(尺寸单位:cm)

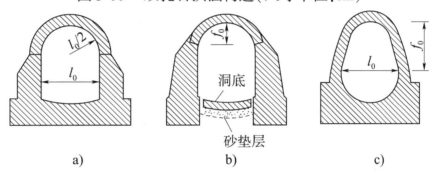

图 5-100　圆弧拱涵横截面

(3)盖板涵。

盖板涵是常用的矩形涵洞,由盖板、侧墙(涵台)和基础组成,如图 5-101 所示。

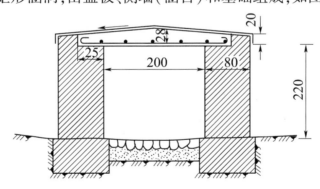

图 5-101　钢筋混凝土盖板涵(尺寸单位:cm)

盖板涵组成部分及其常用材料如下:

①盖板:分为石盖板和钢筋混凝土盖板。涵洞跨径在 1m 以下时可用石盖板,其厚度在 150~400mm 之间;跨径较大时应采用钢筋混凝土盖板,其厚度在 100~300mm 之间。

②侧墙:采用石砌、混凝土、钢筋混凝土,涵台的临水面为竖直面,背面为竖直或斜坡。

③基础:采用石砌、混凝土。

盖板涵的常用尺寸:常采用明涵盖板涵,在公路工程中,有孔径为 0.75m、1.0m、1.5m、2.0m、2.5m、3.0m 和 4.0m 的标准设计图。

(4)箱涵。

箱涵洞身可采用钢筋混凝土封闭薄壁结构,根据需要可做成长方形断面或正方形断面,如图5-102所示。

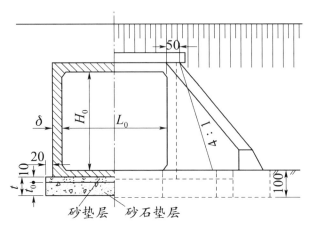

图5-102 箱涵洞身(尺寸单位:cm)

箱涵的常用跨径$L_0$为2.0m、2.5m、3.0m、4.0m和5.0m,箱涵壁厚度$\delta$一般为22~35cm,垫层厚度$t$为40~70cm,箱涵内壁面四个角往往做成45°的斜面,其尺寸为5cm×5cm。

2. 洞口建筑

(1)洞口的作用。

洞口建筑设在洞身两端,连接洞身与路基边坡。上游洞口的作用是束水导流,把面积较大的水流汇集于一定的孔径之内,使之顺畅地通过涵孔;下游洞口的作用是散水防冲,使通过涵洞的水流扩散并顺畅地离开涵洞,保护路基、洞身,使河床免受冲刷,保证正常通车,防止农田受害。

(2)洞口常用的建筑形式。

常用的洞口形式有端墙式、八字式、井口式和平头式四种。无论采用何种形式,洞口的进出水口河床必须铺砌(用干砌或浆砌片石)。

洞口与路线有正交和斜交之分,洞口与路线斜交时,洞口建筑仍可采用正交涵洞的洞口形式。因洞口与路基边坡相连的情况不同,有斜洞口和正洞口之分。本书仅介绍涵洞与路线正交的洞口形式。

①端墙式。

端墙式洞口建筑由一道垂直于涵洞轴线的竖直端墙以及盖于其上的帽石和设在其下的基础组成,如图5-103所示。墙前洞口两侧砌筑片石锥体护坡,构造简单,但泄水能力较差,适用于流量较小的涵洞或人工渠道及不受水流冲刷影响的岩石河沟上。

②八字式与井口式。

八字式洞口除有端墙外,端墙前洞口两侧还有张开成八字形的翼墙,如图5-104所示。翼墙敞角不宜过小,以免急流冲刷;也不宜过大,否则靠近翼墙处易发生涡流,导致冲刷加大。翼墙与涵洞轴线的交角,进口处应为13°左右,出口处不宜大于10°,但一般都按30°设置。

有时为了缩短翼墙长度,将端部折成与线路平行的雉墙,雉墙前设锥体护坡,如图5-105所示。

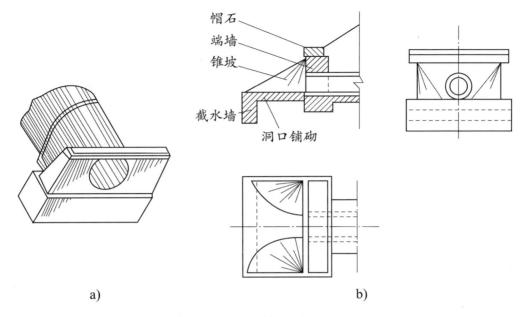

图 5-103　端墙式洞口

图 5-104　八字式洞口实例图

图 5-105　带雉墙的八字式洞口实例图

八字形翼墙的泄水能力较端墙式强，多用于较大孔径的涵洞。当洞身底低于路基边沟（河沟）底时，进口可采用井口式洞口（图 5-106），水流汇入井内后，再经涵洞排走。倒虹吸管涵洞的进出口都是井口式洞口。

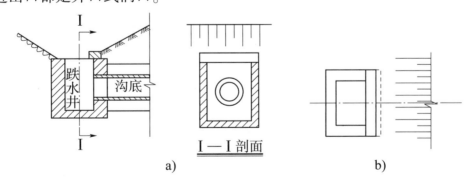

图 5-106　井口式洞口

③平头式。

平头式洞口又称领圈式洞口，如图 5-107 所示。其常用于混凝土圆管涵，因为需要制作特殊的洞口管节，所以模板耗用较多。但它与八字式洞口相比可节省 45%～85% 的材料，而泄水能力仅减少 8%～10%。

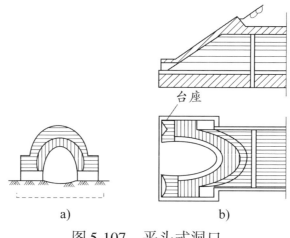

图 5-107 平头式洞口

**3. 涵洞基础**

(1)涵洞基础概述。

涵洞基础的作用是承受整个建筑的荷载,防止水流冲刷而造成沉陷和坍塌,保证建筑物的稳定和牢固。

涵洞的基础一般采用浅基防护办法,即不允许水流冲刷,只考虑天然地基承载力。除石拱涵外,一般将涵洞的基础埋在容许承压应力为200kPa以上的天然地基上。

(2)洞身基础。

①圆管涵基础。

圆管涵基础根据土壤性质、地下水位、冰冻深度等情况,分为有基和无基两种,如图5-108所示。

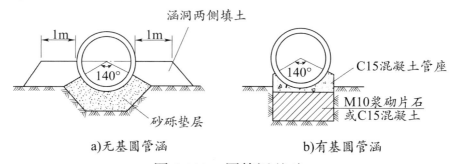

图 5-108 圆管涵基础

②拱涵基础。

拱涵基础根据地基承载力的大小可分为整体式基础[图5-109a)]、非整体式基础和板凳式基础[图5-109b)]三种。整体式基础是在两座涵台的下面和孔径中间使用整块的混凝土浇筑形成的基础;两座涵台的下面为独立的现浇混凝土或浆砌片石基础,两者之间不相连接的称为非整体式基础;两座涵台下面的混凝土基础之间用较薄的混凝土或钢筋混凝土板在顶部连接,一起浇筑,形似板凳,故称为板凳式基础。

③盖板涵基础。

盖板涵基础用等级强度为M10的水泥砂浆砌筑片石,一般都采用整体式基础;当基岩表面接近涵洞流水槽面高程时,孔径大于或等于2m的盖板涵,可采用分离式基础,其流水槽面用砂浆抹平或用片石砌流水坡。

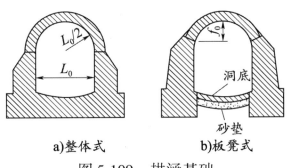

图 5-109 拱涵基础

④箱涵基础。

箱涵基础分为有圬工基础和无圬工基础两种。

(3) 洞口建筑基础。

一般来说,涵洞出入口附近的河床,特别是下游,水流流速大并易出现漩涡,为防止洞口基底被水淘空而造成涵洞毁坏,出入口宜设置洞口铺砌加固,并在铺砌层末端设置浆砌片石截水墙(垂裙)来保护铺砌部分,如图 5-110 所示。

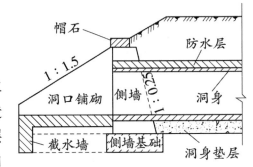

图 5-110 洞口建筑基础

## 三、公路常用涵洞的施工工艺流程

### 1. 圆管涵施工工艺流程

圆管涵施工工艺流程如图 5-111 所示。

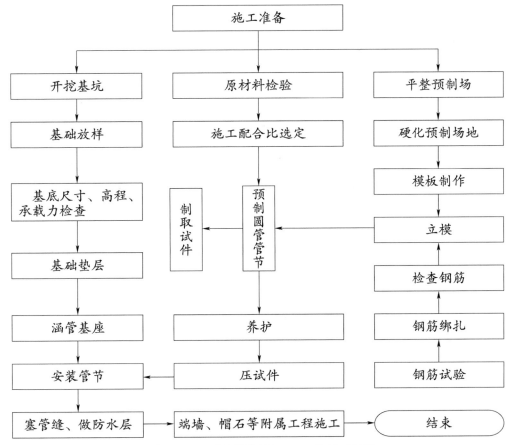

图 5-111 圆管涵施工工艺流程图

## 2. 盖板涵施工工艺流程

盖板涵施工工艺流程如图 5-112 所示。

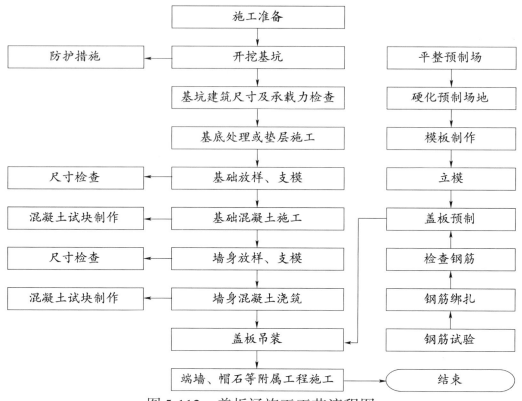

图 5-112　盖板涵施工工艺流程图

## 3. 钢筋混凝土箱涵施工工艺流程

钢筋混凝土箱涵施工工艺流程如图 5-113 所示。

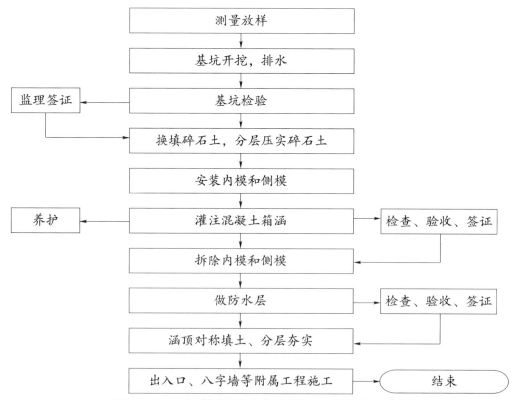

图 5-113　钢筋混凝土箱涵施工工艺流程图

### 4. 钢筋混凝土拱涵施工工艺流程

钢筋混凝土拱涵施工工艺流程如图 5-114 所示。

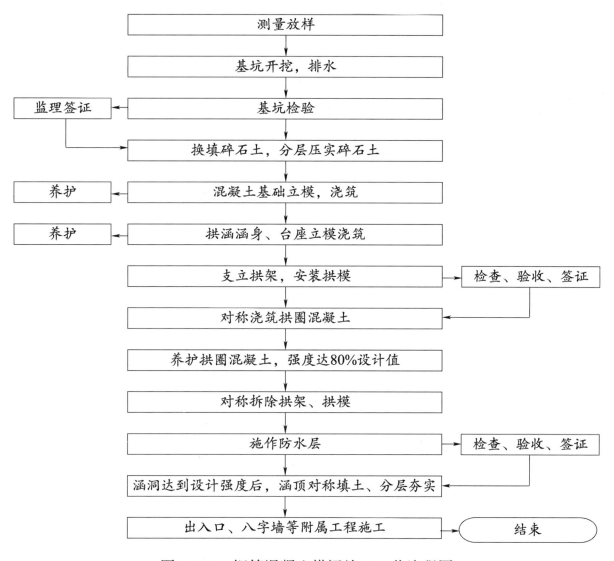

图 5-114　钢筋混凝土拱涵施工工艺流程图

## 复习思考题

1. 桥梁是由哪几个部分组成的？
2. 桥梁的基本尺寸有哪些？什么是净跨径？什么是标准跨径？
3. 桥梁按主要构件的受力情况可划分为哪几类？
4. 在选择施工方法时要考虑哪些因素？
5. 装配式钢筋混凝土空心板分为哪几类？
6. 简述装配式钢筋混凝土空心板的制作工艺流程。
7. 预应力钢筋混凝土梁（板）内钢筋有哪几种？
8. 常用的伸缩缝有哪几种？
9. 常用的桥梁支座有哪几种？
10. 梁桥重力式桥墩（台）由哪几部分组成？

11. 梁桥轻型桥墩有哪几种？轻型桥台有哪几种？
12. 什么是钻孔灌注桩？写出其施工的工艺流程。
13. 什么是涵洞？涵洞由哪几部分组成？
14. 涵洞按构造形式可分为哪几类？各有什么特点？
15. 简述圆管涵的构造。哪些跨径的圆管涵可直接查用标准图？
16. 简述圆管涵、盖板涵及钢筋混凝土箱涵的施工工艺流程。

# 第六章 隧道工程

## 知识点

隧道的分类与构造；
隧道的防排水方法；
隧道施工设备与施工方法。

## 技能点

识别隧道的类型与构造；
选择施工设备及施工方法。

## 第一节 隧道工程概述

### 一、隧道的定义和分类

隧道通常指用作地下通道的工程建筑物。隧道按用途可划分为交通隧道、水工隧道、市政隧道和矿山隧道四大类。交通隧道又分为六类，分别是公路隧道、铁路隧道、水底隧道、地下铁路、航运隧道和人行隧道。本章主要介绍公路隧道。

1. 公路隧道

公路隧道是专供汽车运输行驶的通道。随着社会生产的发展，要求高速公路线路顺直、坡度平缓、路面宽敞，于是在山区穿越山体时，也常采用隧道方案，如图6-1所示。此外，在城市附近，为避免平面交叉，利于高速行车，也常采用隧道方案。

2. 铁路隧道

铁路隧道是专供火车运输行驶的通道。铁路穿越山岭时，限于地形，无法绕行，常常不能通过展线克服高程障碍，此时，开挖隧道穿越山岭就是较好的选择。修建铁路隧道可大幅缩短线路长度，降低线路高程，改善通过不良地质地段的条件，降低铁路造价等，如图6-2所示。

3. 水底隧道

水底隧道是修建于江、河、湖、海、洋下的隧道，是专供汽车和火车运输行驶的通道。当交通线横跨河道时，采用水底隧道，既不影响河道通航，也避免了风暴天气轮渡中断的情况，而且在战时不致暴露交通设施，防护层厚，是国防意义上的较好选择。为横跨黄浦江，上海已修建了全长2793m的水底隧道，广州地铁、武汉地铁分别修建了穿越珠江、穿越长江的水底隧道，如图6-3所示。

图 6-1 公路隧道实例图

图 6-2 铁路隧道实例图

4. 地下铁路

地下铁路是修建于城市地层中,用于解决大城市交通拥堵等问题,且能大量、快速运送乘客的一种城市交通设施,为改善城市的交通状况、减少交通事故发挥了重要的作用。战时还可以承担人防设施的功能,如图 6-4 所示。

图 6-3 水底隧道

图 6-4 地下铁路

5. 航运隧道

航运隧道是专供轮船运输行驶而修建的通道。当运河需要越过分水岭时,克服高程障碍是十分困难的,一般需要绕行很长的距离。如果修建航运隧道,把分水岭两边的河道连通起来,既可以缩短航程,又可以省去船闸的费用,船舶能迅速而顺直地驶过,航运条件得到极大改善,如图 6-5 所示。

6. 人行隧道

人行隧道是专供行人通过的通道,一般修建于城市繁华区或跨越铁路、公路等行人众多、车辆密集,易发生交通事故的地方。人行隧道可以缓解地面交通压力,减少交通事故,方便行人通行,如图 6-6 所示。

图 6-5 航运隧道

图 6-6 人行隧道

## 二、隧道的构造

1. 隧道净空

隧道净空是指隧道衬砌的内轮廓线所包围的空间,它是根据隧道建筑限界确定的。隧道建筑限界是为了保证隧道内各种交通的正常运行与安全而规定的在一定宽度和高度范围内不得有任何障碍物的空间范围。公路隧道建筑限界和内轮廓的基本情况如图6-7、图6-8所示。

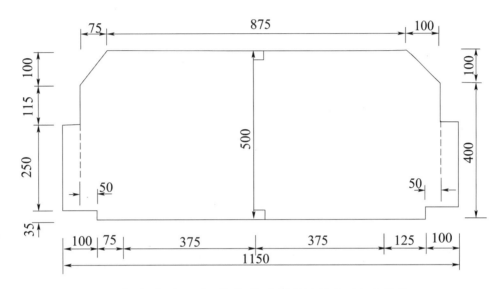

图6-7　高速公路两车道隧道建筑限界图(尺寸单位:cm)

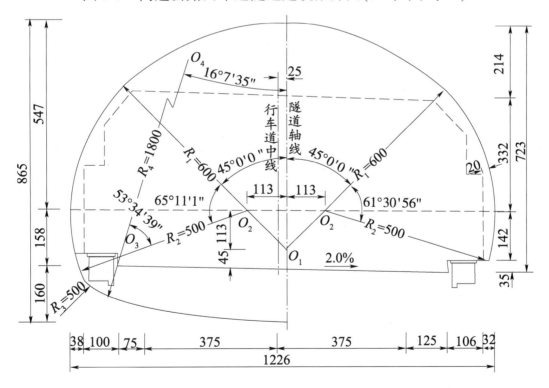

图6-8　高速公路两车道隧道内轮廓图(尺寸单位:cm)

公路隧道衬砌内轮廓线除应符合隧道建筑限界的规定外,还应满足洞内路面、排水设施、装饰的需要,并为通风、照明、消防、监控、运营管理等设施提供安装空间,同时考虑围岩变形、施工方法影响的预留空间。

公路隧道建筑限界是指任何部件不能侵入的轮廓线,它由建筑限界高度 $H$、行车道宽度 $W$、侧向宽度 $L$、人行道宽度 $R$ 或检修道宽度 $J$、检修道或人行道高度 $h$、建筑限界顶角宽度 $E$ 等组成。当设置人行道时,还含余宽 $C$。公路隧道建筑限界组成如图6-9所示。各级公路隧道建筑限界相应基本宽度的数值详见《公路隧道设计规范 第一册 土建工程》(JTG 3370.1—2018)。

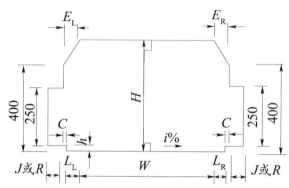

图6-9 公路隧道建筑限界组成图(尺寸单位:cm)

2. 曲线加宽

(1)车辆通过曲线时,转向架中心点沿线路运行,而车辆本身却不能随线路弯曲,仍保持其矩形形状,故其两端向曲线外侧偏移 $d_{外}$,中间向曲线内侧偏移 $d_{内1}$,如图6-10所示。

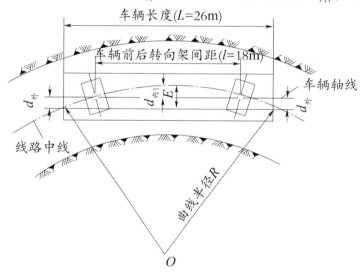

图6-10 曲线隧道净空加宽

(2)由于曲线外轨超高,车辆向曲线内侧倾斜,使车辆限界上的控制点在水平方向上向曲线内侧移动了 $d_{内2}$,如图6-11所示。据此,曲线隧道净空的加宽值为:

内侧加宽

$$W_1 = d_{内1} + d_{内2}$$

外侧加宽

$$W_2 = d_{外}$$

总加宽

$$W = W_1 + W_2 = d_{内1} + d_{内2} + d_{外}$$

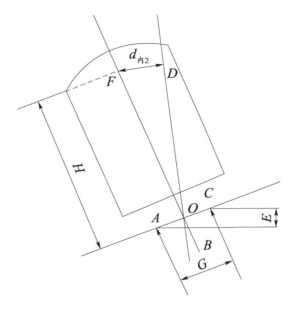

图 6-11 隧道加宽内移

$E$-曲线外轨超高值;$H$-隧道限界控制点自轨面起的高度;$G$-钢轨中心距;$F$-车辆限界控制点;$A$、$C$-钢轨中心点;$O$-线路中线和车辆轴线交点

3. 隧道支护及衬砌构造

开挖后的隧道,为了保持围岩的稳定性,一般需要进行支护和衬砌。

支护的主要方式有:锚杆、钢架、钢筋网、喷射混凝土及其组合。

衬砌的主要方式有:整体式混凝土衬砌、装配式衬砌、锚喷式衬砌、复合式衬砌等。

(1) 隧道支护。

① 锚杆。

锚杆是将破碎或不稳定岩体(块)与牢固稳定的岩体联结在一起,以提高整体稳定性的一种支护措施,如图 6-12 所示。

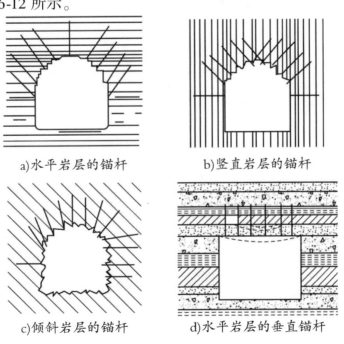

a) 水平岩层的锚杆  b) 竖直岩层的锚杆

c) 倾斜岩层的锚杆  d) 水平岩层的垂直锚杆

图 6-12 锚杆支护

②钢架。

当围岩软弱、破碎严重且自稳性差时,隧道开挖后,需要及时提供足够强的支护来约束围岩变形。在支护初期,设置钢拱架将增大支护结构早期的刚度,阻止围岩的过度变形并承受部分的松弛荷载。钢架分为型钢和格栅两种,如图6-13~图6-17所示。

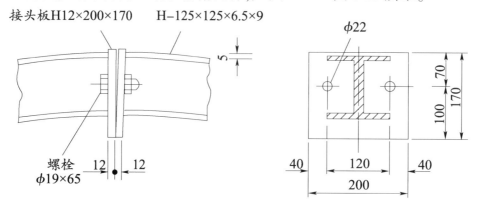

图6-13 型钢示意图(尺寸单位:mm)

图6-14 型钢支护实例图

图6-15 格栅的形式

图6-16 格栅的断面形状

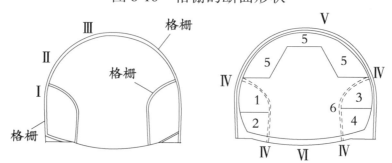

图6-17 格栅的实际应用

1、2、3、4、5、6-开挖顺序；Ⅰ、Ⅱ、Ⅲ、Ⅳ、Ⅴ、Ⅵ-支护顺序

③钢筋网。

钢筋网支护是在岩面上挂设钢筋网,再喷射混凝土。目前,我国在各类隧道工程中应用钢筋网喷射混凝土支护的较多,主要用于软弱破碎围岩,其中更多的是与锚杆或者钢拱架构成联合支护。

钢筋网通常作环向和纵向布置。环向筋一般为受力筋,由设计确定,直径为12mm左右;纵向筋一般为构造筋,直径为6~10mm;网格尺寸一般为20cm×20cm、20cm×25cm、25cm×25cm、25cm×30cm或30cm×30cm,如图6-18所示。

④喷射混凝土。

喷射混凝土既是一种新型的支护结构,又是一种新的施工工艺。它使用混凝土喷射机,按一定的混合程序,将掺有速凝剂的细石混凝土喷射到岩壁表面上,细石混凝土迅速固结成一层支护结构,从而对围岩起到支护作用,如图6-19所示。

图6-18 钢筋网支护

图6-19 喷射混凝土支护

喷射混凝土既可以作为隧道工程的永久性支护,也可以作为临时性支护,还可以与各种形式的锚杆、钢拱架、钢筋网等构成组合式支护结构。它也有很大的灵活性,可以根据需要分次追加厚度。

⑤多种措施组合支护。

多种措施组合支护如图6-20所示。

(2)隧道衬砌。

衬砌是指为控制和防止围岩的变形与塌落,确保围岩的稳定,或为处理涌水和漏水,或为达到隧道内空整齐、美观等目的,将隧道周边的围岩覆盖起来的结构体。隧道衬砌分为整体式混凝土衬砌、装配式衬砌、锚喷式衬砌和复合式衬砌。

图6-20 组合支护

①整体式混凝土衬砌。

整体式混凝土衬砌按照工程类比、围岩级别不同采用不同的衬砌厚度。其形式有直墙式和曲墙式两种,而曲墙式又分为有仰拱和无仰拱两种。

a.直墙式衬砌。直墙式衬砌适用于地质条件较好,垂直围岩压力较大而水平围岩压力较小的情况。其主要适用于Ⅰ~Ⅲ级围岩。直墙式衬砌由上部拱圈、两侧竖直边墙和下部铺底三部分组合而成。其标准图如图6-21所示。

b.曲墙式衬砌。曲墙式衬砌适用于地质条件较差,有较大水平围岩压力的情况。其主要适用于Ⅳ级及以上的围岩，或Ⅲ级围岩双线隧道；多线隧道也采用曲墙有仰拱的衬砌。曲墙式衬砌由顶部拱圈、侧面曲边墙和仰拱/底板(或铺底)组成，如图6-22所示。

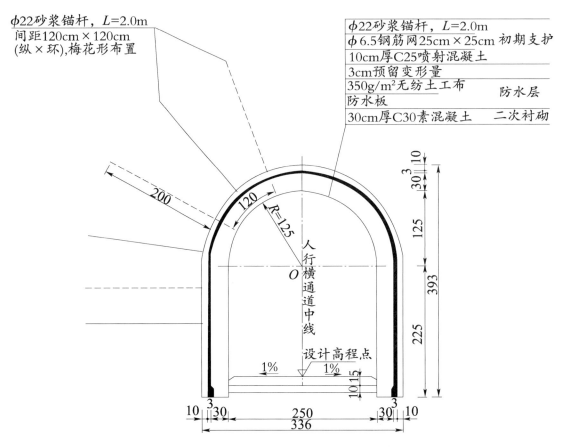

图6-21　直墙式衬砌结构图(尺寸单位:cm)

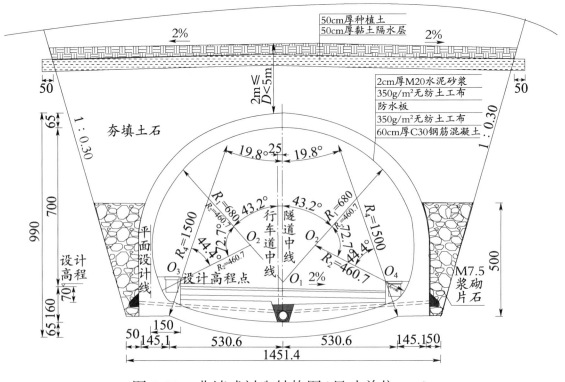

图6-22　曲墙式衬砌结构图(尺寸单位:cm)

在Ⅳ级围岩无地下水且基础不产生沉降的情况下,可不设仰拱,只做铺底;一般均需设仰拱,以抵御隧道底部的围岩压力,防止衬砌沉降,并使衬砌形成一个环状的封闭整体结构,以提高衬砌的承载能力。

②装配式衬砌。

装配式衬砌是将衬砌分成若干块构件,这些构件在现场或工厂预制,然后运到坑道内用机械将它们拼装成一环接着一环的衬砌。

这种衬砌方式的特点是拼装成环后立即受力,便于机械化施工,改善劳动条件,节省劳力。

目前装配式衬砌多在使用盾构法施工的城市地下铁道和水底隧道中采用。在铁路、公路隧道中,由于装配式衬砌要求有一定的机械化设备,施工工艺复杂,衬砌的整体性及抗渗性差,因此未能推广使用。

③锚喷式衬砌。

锚喷式衬砌是指锚喷结构既作为隧道临时支护,又作为隧道永久结构(单层衬砌)的形式,它具有隧道开挖后衬砌及时、施工方便和经济的显著特点。

锚喷式衬砌在围岩整体性较好的军事工程、使用期较短及重要性较低的各类隧道中广泛使用。在公路、铁路隧道设计规范中,都有根据隧道围岩地质条件、施工条件和使用要求采用锚喷式衬砌的规定。

隧道设计中,锚喷式衬砌设计应符合下列要求:

a. 锚喷式衬砌内轮廓线应适当加大,除考虑施工误差和位移量外,应再预留10cm作为必要时补强用。

b. 遇到下列情况时不应采用锚喷式衬砌:地下水发育或大面积淋水地段,能造成衬砌腐蚀或特殊膨胀性围岩地段,最冷月平均气温低于-5℃地区的冻害地段,及有其他要求的隧道。

④复合式衬砌。

复合式衬砌是指把衬砌分成两层或以上,采用同一种形式、方法和材料施作或不同形式、方法、时间和材料施作的隧道衬砌。

目前大都采用内外两层衬砌,按内外衬砌的组合情况可分为初期支护与二次衬砌。根据不同的围岩条件,分别采用不同的断面形式和支护、衬砌参数。

复合式衬砌是先在开挖好的洞壁表面喷射一层早强混凝土(有时也同时施作锚杆),凝固后形成薄层柔性支护结构(称初期支护)。它既容许围岩有一定的变形,又限制围岩产生有害变形,其厚度多在5~20cm之间。

一般待初期支护与围岩变形基本稳定后再施作内衬。为了防止地下水流入或渗入隧道内,可以在外衬和内衬之间设防水层,其材料可采用软聚氯乙烯薄膜、聚异丁烯片、聚乙烯等防水卷材,或喷涂防水涂料等。

复合式衬砌可以满足初期支护施作及时、刚度小、易变形的要求,且与围岩密贴,从而保护和加固围岩,充分发挥围岩的自承作用。

二次衬砌后,衬砌内表面光滑、平整,可以防止外层风化,装饰内壁,增强安全性,是一种合理的结构形式,也是目前公路、铁路隧道主要的结构形式。

4. 洞门与明洞

(1)洞门。

洞门的作用包括减小洞口土石方开挖量,稳定边坡、仰坡,引离地表水流,装饰洞口等。

洞门的形式主要包括：

①洞口环框。

如图 6-23 所示,洞口环框适用于洞口石质坚硬稳定、地形陡峻、无排水要求的地区。

②端墙式(一字式)洞门。

如图 6-24 所示,端墙式洞门适用于地形开阔、石质较稳定的地区。

图 6-23　洞口环框　　　图 6-24　端墙式洞门

③翼墙式(八字式)洞门。

如图 6-25 所示,当洞口地质较差(Ⅳ级及以上围岩),山体纵向推力较大时,在端墙式洞门的单侧或双侧设置翼墙,形成翼墙式洞门。

④柱式洞门。

如图 6-26 所示,当仰拱因地形较陡(Ⅳ级围岩)有下滑的可能,又受地形或地质条件限制,不能设置翼墙时,可在端墙中部设置 2 个(或 4 个)断面较大的柱墩,形成柱式洞门,以增强端墙的稳定性。

图 6-25　翼墙式洞门　　　图 6-26　柱式洞门

⑤台阶式洞门。

如图 6-27 所示,当洞门位于傍山侧坡地区,洞门一侧边仰坡较高时,为了提高靠山侧仰坡起拔点,减小仰拱高度,可将端墙顶部改为逐级升高的台阶形式,形成台阶式洞门。

⑥削竹式洞门。

如图 6-28 所示,当隧道洞口段有一节较长的明洞衬砌,且洞门背后一定范围内是以回填土为主,山体的推滑力不大时,可采用削竹式洞门。因结构形式类似竹筒被斜向削砍的样子而得名,这种洞门结构近年来被普遍使用。

图 6-27　台阶式洞门

图 6-28　削竹式洞门

(2) 明洞。

明洞是隧道的一种变化形式,采用明挖法修筑。所谓明挖,是指把岩体挖开,在露天条件下修筑衬砌,然后回填土石。这样修筑的构筑物,外形几乎与隧道无异,有拱圈、边墙和底板,净空与隧道相同,和地表相连处,也设有洞门、排水设施等,如图 6-29 所示。

明洞一般修筑在隧道的进出口处,当地质条件差且洞顶覆盖层较薄,用暗挖法难以进洞,或洞口路堑边坡上有落石而危及行车安全时,均需要修建明洞。它是隧道洞口或线路上起防护作用的重要建筑物,在铁路线上使用得较多。

图 6-29　明洞

明洞的结构类型常因地形、地质和危害程度的不同而有多种形式,采用最多的为拱式明洞和棚式明洞。

①拱式明洞。

地质差且洞顶覆盖层较薄,用暗挖法难以进洞时,常采用拱式明洞。拱式明洞由拱圈、边墙和仰拱(或铺底)组成,它的内轮廓与隧道一致,但结构厚度要比隧道大,如图 6-30 所示。

②棚式明洞。

当路线外侧地形狭窄或外侧基岩埋置较深,设置稳固的基础工程难度较大时,或者是山坡的坍方、落石数量较少,山体侧向压力不大,或因受地质、地形限制,难以修建拱式明洞时,可采用棚式明洞。棚式明洞常见的结构形式有盖板式、刚架式和悬臂式,如图 6-31 ~ 图 6-33 所示。

5. 附属设施

为使隧道正常使用,确保交通安全,除主体构造物外,还必须修建一些附属设施。公路隧道附属设施包括通风设施、照明设施、安全设施、应急设施及公用设施等,在此简要介绍其中几种。

(1) 紧急停车带。

紧急停车带是隧道内供故障车辆、巡检车辆等临时停放的区域,其有效长度应满足停放车辆进入所需的长度。紧急停车带宽度为向行车方向右侧加宽不小于 3.0m,且紧急停车带宽度与右侧侧向宽度之和不应小于 3.5m,紧急停车带长度不宜小于 50m,其中有效长度不应小于40m。单向行车隧道紧急停车带设置间距不宜大于750m,并不应大于1000m,如图6-34、图6-35所示。

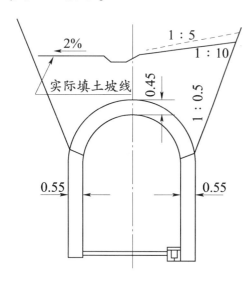
a)路堑式对称型拱式明洞

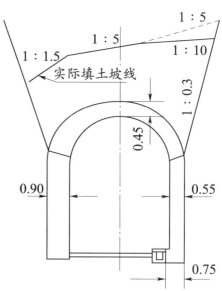
b)路堑式偏压型拱式明洞

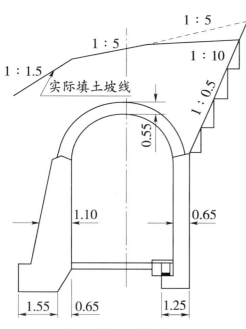
c)半路式偏压型拱式明洞

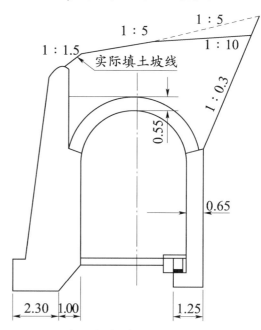
d)半路堑式单压型拱式明洞

图6-30 拱式明洞(尺寸单位:m)

图6-31 盖板式明洞

图6-32 刚架式明洞

图 6-33　悬臂式明洞　　　图 6-34　紧急停车带

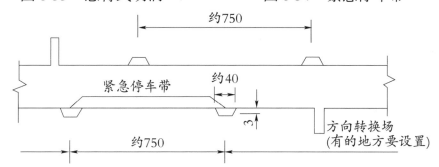

图 6-35　紧急停车带及方向转换场的设置（尺寸单位：m）

(2) 横洞和预留洞室。

《公路隧道设计规范　第一册　土建工程》(JTG 3370.1—2018)规定,分离式公路隧道,当长度超过 400m 时宜设置行人横洞,长度超过 800m 时宜设置行车横洞;500m 以上的高速公路隧道和一级公路隧道宜设置专用消防器材洞室。横洞实例如图 6-36 所示。

图 6-36　横洞实例图

(3) 通风设施。

《公路隧道通风设计细则》(JTG/T D70/2-02—2014)规定,隧道宜设置机械通风,通风方式主要包括纵向射流式通风、带竖井的纵向式通风、半横向式通风、全横向式通风及混合式通风。公路隧道对运营通风的要求较高,可供选择的通风方式也较多,选择时应主要考虑隧道的长度、交通流量以及当地的气象、环境、地形等因素。

(4) 照明设施。

公路隧道的照明是为了把必要的视觉信息传递给驾驶员,防止因视觉信息不足而出现交通事故,从而提高驾驶的安全性,增加行车舒适感。

隧道照明与道路照明的显著不同是隧道白天也需要照明,而且白天照明问题比夜间更加复杂。《公路隧道照明设计细则》(JTG/T D70/2-01—2014)规定,公路隧道中长度超过

100m 的高速公路和一、二级公路隧道设置昼夜不断的照明;对于能通视、交通量较小、行人密度不大的短隧道可不设白天照明。

## 第二节　隧道设备

### 一、凿岩台车

1. 用途与分类

凿岩台车是支撑凿岩机并能完成凿岩作业所需的推进、移位等运动的移动式凿岩机械。为了提高隧道开挖效率,将数个凿岩机支架安装在同一台车上,同时进行多个钻眼工序。

凿岩台车一般用于地质条件较好、基本不需要临时支护的大断面(开挖面积 50~100$m^2$)的隧道施工,也可作为其他工序的工作台,如凿顶、支撑、装药和设备材料的临时存放等。

凿岩台车的开挖施工工序为台车就位→多台凿岩机同时钻眼→利用台车架进行装药→台车退出掌子面→爆破→排烟凿顶、支护(视地质情况而定)→装渣机就位→装渣运输,同时也可进行上部钻眼,如此循环作业。

由于在坚固的钻臂上安装了凿岩机和支架,因此可装备中型、重型大功率的凿岩机,并且可以提高冲击频率,使凿岩机推进力得到保证。所以,采用凿岩台车的凿岩效率高,钻进速度快,能适应各类岩层,在同等开挖断面下,可减少凿岩机台数。一般来讲,采用凿岩台车修建隧道,日进尺在 10m 左右,月进尺可达 200~300m。

按所能开挖隧道断面的不同,凿岩台车可分为全断面台车、半断面台车及导坑台车;按车架形式可分为门架式和框架式;按行走装置可分为轨行式、轮胎式及履带式;按钻臂可分为液压钻臂式和梯架式。

2. 构造与工作原理

凿岩台车由钻臂、推进器、底盘、台车架、稳车机构、动力系统、凿岩机等部分组成,其主要构件如图 6-37 所示。

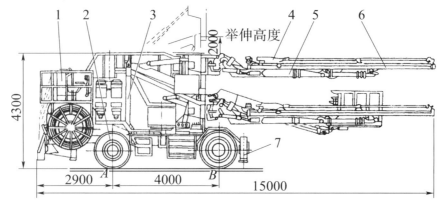

图 6-37　凿岩台车主要构件(尺寸单位:mm)

1-动力系统;2-底盘;3-台车架;4-凿岩机;5-钻臂;6-推进器;7-稳车机构

工作时,凿岩台车掘进工作面,由稳车机构使凿岩台车定位,操纵钻臂和推进器,使推进器的顶尖按要求的孔位顶紧工作面,开动凿岩机钻孔。钻完全部炮孔后,凿岩台车退出工作面。

钻臂是凿岩台车的核心部件,它支撑着凿岩机按规定的炮孔位置打孔,又是给予凿岩机一定推进力的部件。它还可以用来提举重物,如组装拱形支架、装炸药等,因此也可以称为台车的机械手。

钻臂是独立的可装拆部件,可用钻臂的系列组件装配成各种钻孔台车,如将同一种标准钻臂安装在不同的行车底盘上,或在不同的行车底盘上装上不同数量的同一种标准钻臂,都可以构成不同形式的钻孔台车。

为了获得良好的爆破效果,要求工作面炮孔有较好的平行精度,因此,钻臂设有平动机构,钻臂移位时保持推进器平行移动。平动机构的形式有机械自动平行式、电液式和液压自动平行式。

钻臂可分为直角坐标钻臂、极坐标钻臂和液压钻臂。图 6-38 所示为直角坐标钻臂。直角坐标钻臂由仰角油缸驱动支臂垂直摆动,摆角缸驱动支臂做水平摆动,从而使安装在支臂上的推进器按直角坐标方式移位。操纵仰角油缸,使支臂除了能钻平行炮孔外,还能根据工艺要求钻与工作面中轴线有一定倾角的炮孔。翻转缸可使推进器绕自身轴线回转180°,以适应钻工作面底部炮孔的需要。有的支臂为了控制周边孔的角度,设置外摆角机构。钻周边炮孔时,外摆角机构可使推进器产生所要求的偏角。钻完周边孔后,推进器能准确地恢复原位。

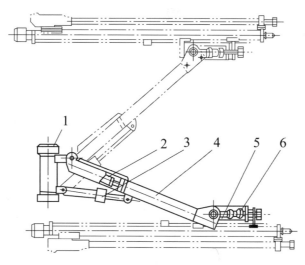

图 6-38　直角坐标钻臂

1-转柱;2-支臂油缸;3-仰角油缸;4-支臂架;5-翻转缸;6-摆角缸

推进器给凿岩机提供轴推力和支承力,并完成凿岩机推进和退离岩壁的动作。推进器的形式有马达丝杠式、油缸钢丝绳式、油缸链条式,驱动的动力形式有风动及液压两种。

图 6-39 所示为马达丝杠式推进器,由马达、导轨、丝杠等组成,作业时紧顶在掌子面上,以增强导轨的稳定性。马达可正转和反转,使传动丝杠做相应的转动。丝杠只能转动,不能移动,因此,与丝杠相啮合的传动螺母做前后移动;凿岩机是固定在传动螺母上的,所以螺母做前后移动时,凿岩机也随之前进或后退。

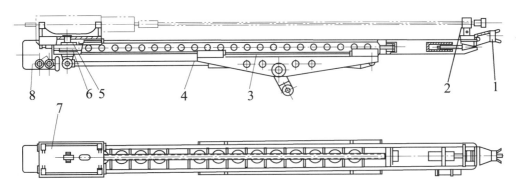

图 6-39　马达丝杠式推进器

1-顶尖；2-扶钎器；3-导轨；4-补偿油缸；5-螺母；6-丝杠；7-凿岩机底座；8-马达

## 二、喷锚机械

1. 锚杆台车

锚杆台车是在隧道施工中用于围岩支护的专用设备。在需要锚杆支护的地方用锚杆台车进行钻孔、注浆、插入锚杆，全套工序均由锚杆台车完成。图 6-40 所示为锚杆台车示意图。

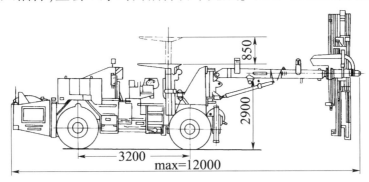

图 6-40　锚杆台车示意图（尺寸单位：mm）

锚杆台车由台车底盘、大臂、锚杆机头等组成。其中锚杆机头由凿岩机及其推进器、锚杆推进器、注浆或喷射导架、转动定位器、三状态定位油缸、夹持器等部件组成，可完成从钻孔、注浆到锚杆安装全过程的工作。更换少数部件即可安装涨壳式锚杆。图 6-41 所示为锚杆机头结构图。

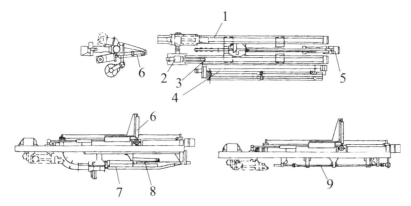

图 6-41　锚杆机头结构图

1-凿岩机及其推进器；2-马达；3-锚杆推进器；4-夹持器；5-转动定位器；6-三状态定位油缸；7-注浆导架；8-抓杆器；9-喷射导架

注浆导架和喷射导架可上下升降和左右摆动,利于找位;锚杆机头上的抓杆器,向右摆动抓住锚杆,然后夹紧,随着锚杆机头的转动,自动地将锚杆从夹持器上抓出。

锚杆推进器配有旋转马达。打注浆锚杆时锚杆无须旋转,马达不用工作;打树脂卷锚杆时,旋转马达使锚杆边旋转边推进,到顶后等待片刻,使马达反向旋转,给锚杆施加预应力。锚杆推进器与凿岩机推进器相似,只是无自动停止功能。

使用圆盘式锚杆夹持器,每次可夹持 8 根锚杆,由液压马达驱动,可自动定位。

转动定位器由一个带蓄能器的液压缸及橡胶头组成。安装锚杆时,锚杆机头围绕定位器转动,其顶紧力保持恒定。定位器与蓄能器在工作时处于闭锁状态,以确保定位稳定。

三状态定位油缸由一个缸体、两个活塞杆组成。活塞杆全部回收时,锚杆机头处于打锚杆孔位置;一端活塞杆伸出时,锚杆机头处于注浆或喷树脂卷位置;活塞杆全部伸出时,锚杆机头处于放置锚杆位置。

2. 混凝土喷射机

喷射混凝土有干喷和湿喷两种方式。干喷是先用搅拌机将骨料和水泥干拌均匀,投入喷射机料斗,同时加入速凝剂,用压缩空气将混合料输送到喷头,在喷头处加水喷向岩面。湿喷是将水加到搅拌机里,投入喷射机的是已拌好的成品混凝土,速凝剂在喷头处加入。喷射机是喷混凝土的关键设备,分为干式喷射机和湿式喷射机。

干式喷射机主要有转子式、螺旋式、鼓轮式等,湿式喷射机主要有双罐式、螺旋式、挤压软管泵式、活塞泵式、离心式等。

转子式喷射机一般由动力传动系统、气路系统、给输料机构、电气系统、底盘等组成,集干喷、湿喷于一体。其详细构造如图 6-42 所示。图 6-43 所示为其工作原理图,其上部是料斗,下部是转子体,转子上均布着若干料孔,转子体下面是下座,其上固定有出料弯头。转子转动时,有的出料孔对准了出料孔的卸料口,即向出料孔内加料;有的出料孔对准了出料弯头,则把拌和料压送出去。

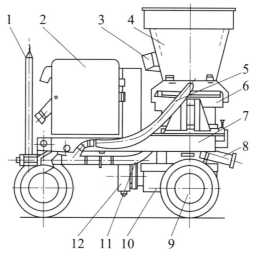

图 6-42 转子式喷射机详细构造

1-牵引杆;2-动力装置;3-振动器;4-料斗;5、11-风管;6-给输料机构;7-车架;8-出料弯头;9-轮胎;10-减速器;12-皮带传动

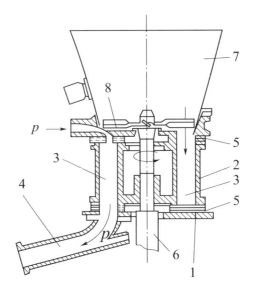

图 6-43 转子式喷射机工作原理

1-齿轮箱盖板;2-转子;3-出料孔;4-出料弯头;5-橡胶密封板;6-驱动轴;7-料斗;8-搅拌叶片

## 三、衬砌模板台车

隧道衬砌模板台车由一部台车和数套钢模板组成。模板以型钢为骨架,上铺钢板形成外壳,并设有收拢机构,通过安装在台车上的电动液压装置,进行立模与拆模作业。模板与台车各自为独立系统,每段衬砌灌筑混凝土完毕后,台车可与模板脱离,衬砌混凝土由模板结构支撑。台车将后面另一段已灌混凝土可以拆模的模板收拢后,由电动平车牵引,穿过安装好的模板,到达前方预灌筑段进行立模作业。这样的钢模台车适用于曲线半径大于或等于400m、衬砌厚度小于或等于45cm、使用先墙后拱法进行衬砌施工的单线隧道。该台车衬砌作业快速、高效、优质、安全,并节省人力、钢材、木料,减轻劳动强度。

衬砌模板台车由模板、台车和液压系统三大部分组成。图 6-44 所示为衬砌模板台车示意图。

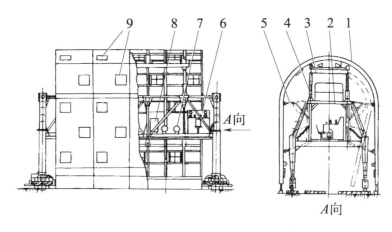

图 6-44 衬砌模板台车示意图

1-模板;2-台车;3-托架;4-垂直油缸;5-侧向油缸;6-液压操纵台;7-电动机;8-油箱;9-作业窗

1. 模板

每套模板由拼接段组成,分为基脚模板、折叠模板、边墙模板、拱脚模板、拱腰模板、加宽块等。另外,还有基脚千斤顶、斜撑、堵头块、收拢铰、连接铰等。各模板间均用螺栓对接。

2. 台车

台车体为桁架结构,立柱和横梁采用箱形截面结构,其他部件为型钢组合构造。台车分为上、下两层平台,平台两侧均设有可翻转的脚手平台,便于衬砌施工作业。

台车行走装置为轮轨式,设有顶机装置,可用电动平车或机车顶推牵引;还设有制动器和卡轨器,能让台车安全、稳妥地停止和固定;轨道应专门铺设。

3. 液压系统

液压系统由油缸、油泵及操纵系统等组成。其中,油缸分为上部油缸和侧向油缸。上部垂直油缸控制拱顶模板,侧向油缸控制侧模板。油泵由电机驱动,一般设置两套供油系统,以保证作业的绝对可靠。

台车的作业程序如图6-45所示。

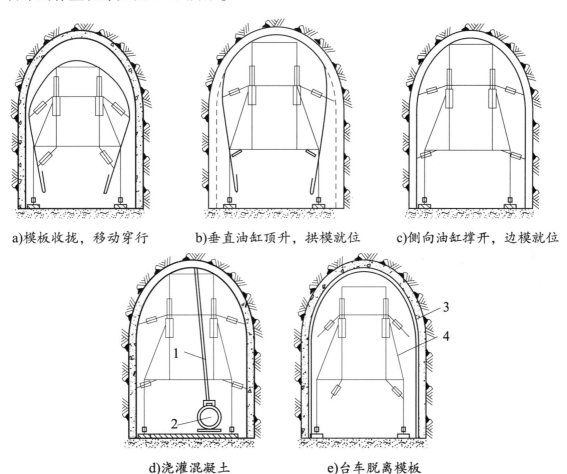

a)模板收拢,移动穿行　　b)垂直油缸顶升,拱模就位　　c)侧向油缸撑开,边模就位

d)浇灌混凝土　　e)台车脱离模板

图6-45　台车的作业程序

1-混凝土导管;2-混凝土搅拌输送机;3-钢模;4-台车

全液压衬砌模板台车如图6-46所示。该台车由基础车、臂架、拱架、模板、控制系统(由平移滚轮机构、平移油缸及相关液压控制系统组成)、混凝土浇筑系统组成。运输台车时,应将模板拱架收拢。施工实例已表明全液压衬砌模板台车大大改善了一次衬砌的作业环境,减少了支护工作量,缩短了作业周期。

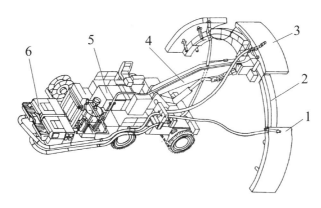

图 6-46　全液压衬砌模板台车
1-侧模板；2-拱架；3-顶模板；4-臂架；5-基础车；6-混凝土泵车

### 四、全断面隧道掘进机

全断面隧道掘进机是一种在岩层中挖掘隧道的机械，其特点是用机械法破碎切削岩石（刀头直径与开挖隧道的直径一致，故称全断面开挖），挖掘与出渣同时进行。掘进机的直径一般为 2～11m，最大可达 15m。对于可挖掘的岩石，其岩石单轴抗压强度为 20～200MPa，最大值接近 300MPa。

全断面隧道掘进机适用于公路工程、铁路工程、水电工程、排污工程、军事工程及其他地下工程中开挖岩石隧道。因此，在公路山岭隧道和海底隧道工程中被广泛采用。

1. 分类

（1）按破碎岩石方式分类。

①切削式：刀盘上安装割刀，可像金属切削刀具一样将工作物切割下来，适用于软岩、土质等抗压强度小于 42MPa 的地层。

②铣削式：靠滚刀的旋转和推进及铣刀的自转完成切削，像铣削金属的铣床一样，适用于软岩地质。

③挤压剪切式：用圆盘形滚刀使岩石受挤压和剪切而破碎（以剪切为主）。刀具有硬质合金的刀圈或中碳合金钢堆焊碳化钨、钴等，适用于中硬岩石，如抗压强度为 42～175MPa 的岩石。

④滚压式：以挤碎岩石来切削，其刀具为圆盘式、牙轮式和锥形带小球状刀具，适用于硬岩，即抗压强度大于 175MPa 的岩石。

（2）按切削头回转方式分类。

①单轴回转式。切削头的回转轴只有一根。由于在大直径的切削头上，不同半径上的刀具线速度不同，即不是真正的同轴回转，因此，它只适用于小直径的掘进机。

②多轴回转式。切削盘上有几个小切削轮，小切削轮均有回转轴，可独自旋转。

（3）按掘进方式分类。

按掘进方式的不同，其可分为推进式和牵引式。推进式又分为抓爪式和支撑反力式。

（4）按排渣方式分类。

按排渣方式的不同，其可分为铲斗式、旋转刮板式、泥浆输送式等，常用的是前两种。

（5）按外形特征分类。

①敞开式。结构简单，靠撑踏装置支持机身，适用于岩层比较稳定的隧道。

②护盾式。有单护盾和双护盾之分,单护盾掘进机前部用护盾掩护,双护盾掘进机机体由前后两节护盾掩护,适用于易破碎的硬岩或软岩及地质条件较复杂的岩层。

2. 主要结构及工作原理

全断面隧道掘进机一般由切削头工作机构、切削头驱动机构、推进及支撑装置、排渣装置、液压系统、除尘装置以及电气和操纵等装置组成。

图 6-47 是开挖直径为 3m 的 LJ-30 型掘进机的结构图。切削头工作机构 1 的上下导框套在机架大梁 8 上,靠四个推进油缸可以移动 750mm。切削头前端有刀盘,靠两个 85kW 的电动机经减速箱和驱动小齿轮带动齿圈旋转,齿圈和刀盘刚性连接。切削下来的岩渣经刀盘上均布的三个铲斗收集并提升到皮带输送机 3 上,向后排出。切削头还有四个前支撑靴 2,在换位时前支撑靴 2 的油缸外伸,使靴板紧顶洞壁,以便推进油缸回缩,将后部前移。

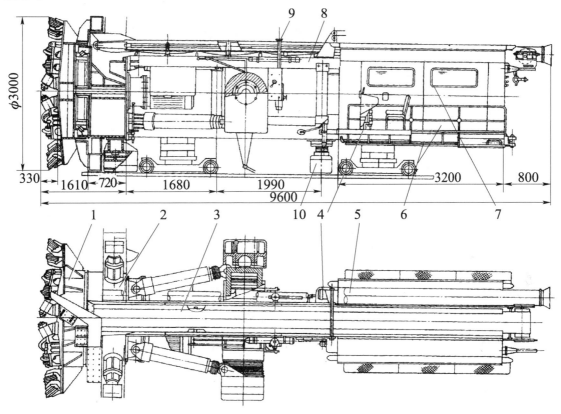

图 6-47 LJ-30 型掘进机(尺寸单位:mm)

1-切削头工作机构;2-前支撑靴;3-皮带输送机;4-液压泵;5-吸尘风管;6-机架及驾驶室;7-配电室;8-机架大梁;9-电钻;10-后支撑座

在机架大梁 8 上装有左右水平方向的水平支撑靴,在切削推进时,支撑靴由油缸紧顶洞壁。机架大梁最后连接着驾驶室 6,驾驶室内设操纵台、配电盘、液压泵 4 等装置。机架大梁上面有吸尘风管 5,可将切削时的岩粉吸出,保证掌子面空气清洁。

为防止隧洞顶部塌方,多采用锚杆临时支护,因此在机架大梁中部两侧安装有打眼的电钻 9,机架大梁后下方安装有后支撑座 10。

掘进机开挖隧道的工作原理如图 6-48 所示。将水平支撑靴 10、11 顶紧洞壁,前、后支撑靴 12、9 缩回,开动切削头旋转,后推进油缸 6 收缩,前推进油缸 5 伸出,开动排渣用的输送机,如图6-48a)所示;当切削头掘进一定深度时(一般为推进油缸的一个行程),如图6-48b)所示,将前、后支撑靴12、9顶紧洞壁,水平支撑靴10、11缩回,后推进油缸6伸出,前推进油缸5缩回,如图6-48c)所示,这样掘进机外机架就会前移一段距离,如图6-48d)所示。按上述程序机器不断旋转掘进,不断换位前移,直至完成隧道开挖工作。

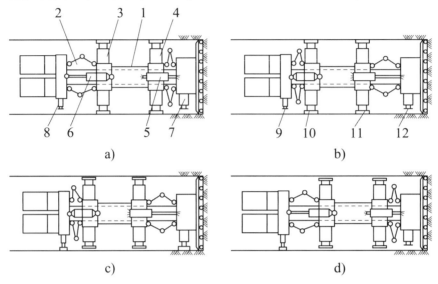

图6-48 掘进机开挖隧道的工作原理

1-外机架;2-内机架;3-后支撑油缸;4-前支撑油缸;5-前推进油缸;6-后推进油缸;7、8-前、后支撑油缸;9、12-后、前支撑靴;10、11-水平支撑靴

### 五、臂式隧道掘进机

臂式隧道掘进机也可称为悬臂掘进机,是一种有效的开挖机械。它集开挖、装卸功能于一体,广泛应用于矿井、公路隧道、铁路隧道、矿用巷道、水利涵洞及其他地下工程中。

经验表明,这种掘进机适用于开挖泥质岩、凝灰岩、砂岩等岩层,具有极好的性能。与钻爆法相比,机械开挖的最大优势是不扰动围岩,隧道的掌子面非常平坦,几乎没有产生凹凸不平和龟裂,容易达到新奥法的要求;断面超挖量少,经济性好;此外,施工时减少了噪声和振动,符合环境保护的要求。

与全断面开挖的隧道掘进机相比,臂式隧道掘进机体积小,质量轻,易于搬运。

臂式隧道掘进机通常由切割装置、装载装置、输送机构、行走机构、液压系统、电气系统等几部分组成,如图6-49所示。

臂式隧道掘进机的作业工序是:机械驶入工位,切割头切入作业面,再按作业程序向两边及由下而上进行切割。切割臂有伸缩、左右摆动和升降功能,因而机体小,质量轻,无须占领整个掌子面,其余空间可供其他装备使用,有利于提高作业效率。

切割头切割岩石的顺序分以下两种情况:

**1. 切割中硬岩及硬岩**

在岩石较硬的情况下,考虑到机器的稳定性,切割通常从整体切割断面的最下部(底板处)开始。同时,为使机器的振动最小,切割头应从中心点切入,再向两边摆动,反复交错进行(每次切入约100mm),如图6-50所示。待充分切入后,切割头即可从一边到另一边,由下向上切割,这时的切割顺序和切割软岩时的顺序相同,如图6-51所示。

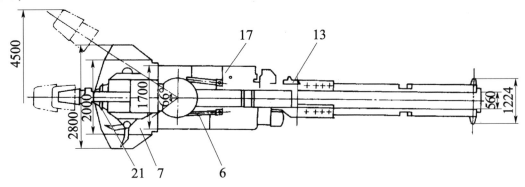

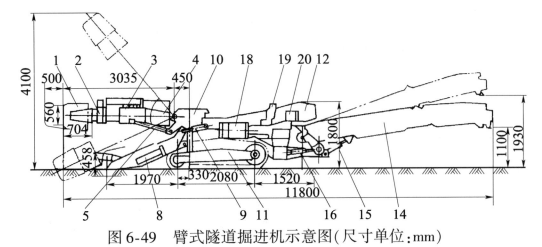

图6-49 臂式隧道掘进机示意图(尺寸单位:mm)

1-切割头;2-伸缩臂;3-切割减速器;4-切割马达;5-切割装置升降油缸;6-切割装置摆动油缸;7-装载铲;8-集料减速器;9-装载装置升降油缸;10-主车体;11-行走装置;12-一级输送机;13-一级输送机减速器;14-二级输送机;15-二级输送机升降油缸;16-二级输送机回转油缸;17-液压油箱;18-液压泵;19-控制开关柜;20-驾驶座位;21-水喷头

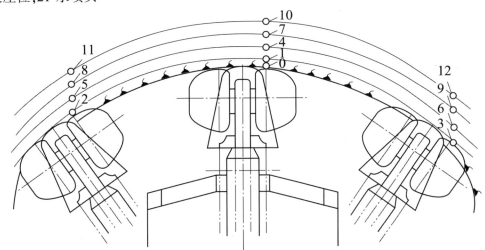

图6-50 切割中硬岩及硬岩时的切割顺序

(切割顺序:0→1;1→2→3→1;1→4;4→5→6→4;4→7……)

**2. 切割软岩**

一般情况下,切割软岩时采用从底部开始,由下向上、由左向右的切割顺序,如图6-51所示。

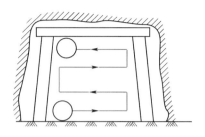

图 6-51 切割软岩的切割顺序

切割顺序并不仅仅取决于岩石的硬度,还取决于岩石的强度、劈理和层结、顶板和底板的状况、巷道的横向坡度、除尘用水、顶板支承方法、装载铲的石渣堆积面积等诸多因素。因此在施工前,应对这些因素进行充分的调查,以便选择最佳的切割顺序。但无论采用哪种切割顺序,都应遵循充分切入底部后再朝上切割的原则。

## 六、盾构

盾构是一种集开挖、支护、衬砌等多种作业于一体的大型隧道施工机械,是用钢板做成圆筒形的结构物,在开挖隧道时,作为临时支护,并在筒形结构内安装开挖、运渣、拼装隧道衬砌的机械手及动力站等装置,以便安全作业。它主要用于软弱、复杂等地层的铁路隧道、公路隧道、城市地下铁道、上下水道等隧道的施工。

使用盾构来建筑隧道的方法称为盾构施工法。其施工程序是:在盾构前部盾壳下一面挖土(机械挖土或人工挖土),一面用千斤顶向前顶进盾体,顶至一定长度后(一般为一片衬砌圈宽度),再在盾尾拼装预制好的衬砌块,并以此作为下次顶进的基础,继续挖土顶进;在挖土的同时,将土屑运出盾构。如此不断循环,直至修完隧道。

盾构施工法的选择,要根据地质条件、覆盖土层深度、断面大小、电源问题、离主要建筑物的距离、水源、施工段长度等多种因素加以综合考虑。

1. 盾构的分类

盾构的形式很多,可按盾构的断面形状、构造及开挖方式进行分类。按断面形状的不同,盾构可分为圆形、拱形、矩形和马蹄形;按前部构造的不同,盾构可分为全部开口形、部分开口形、密封形;按开挖方式的不同,盾构可分为手工挖掘式、半机械化挖掘式、机械化挖掘式。在盾构施工法使用初期,人工挖掘式盾构占很大的比例。但发展的趋势是机械化盾构越来越多。从断面形状来看,应用最广泛的是圆形盾构。因此,本节将以机械挖掘的圆形盾构为主,介绍其结构原理。

2. 机械化盾构施工的特点

(1)机械化盾构施工的优点。

①提高工效,缩短工期。一般机械化盾构施工在砂质土壤中的日挖进能力为人工的2倍,在砂和亚黏土中为人工的3~5倍,在黏性土中为人工的5~8倍。

②减少塌方,生产安全。无论哪一种盾构都具有防止工作面塌方、平衡地下水压及减少塌方的优点。而且施工人员无须直接在掌子面操作,安全性高。

③由于能缩短工期,节省劳力,故可降低施工成本,经济性高。

④环境好,施工人员无须在气压下工作,改善了恶劣的施工条件。

⑤随着土层地质的变化,能调整挖进方法及进度。

(2)机械化盾构施工的缺点。

①机械造价高、质量大,较普通盾构质量大1.5~2.0倍,适用于长距离施工。由于质量大,因此在特软地层施工时容易发生沉陷。

②任何一部分机械出故障,必须全部停工检修。机械检修和准备作业时间长,机械利用率低。

③设计、加工制造时间长。

④掌子面局部塌方(盾构顶部),如发现不及时而继续掘进,会导致沉陷、局部超挖和加固操作困难。

⑤更换磨损刀具困难。

**3. 盾构施工法简介**

盾构种类较多,其施工方法也各有不同,现仅就圆形机械开挖的切削轮式、气压式、泥水加压式、土压平衡式盾构施工法介绍如下。

(1)切削轮式盾构。

切削轮式盾构是用主轴旋转驱动切削轮挖土,随切削轮旋转的周边铲斗将挖下的土屑倾落于皮带输送机上,由运输机运到盾构后部的运土斗车里,再用牵引车(电瓶机车或小内燃机车)运往洞外。与此同时,千斤顶不断推进。当推进一个衬砌管片宽度时,立即使用拼装器逐片地拼装管片(一般一圈分为六片、八片,因断面大小而异)。逐片拼装时只回收拼装片范围内的几个千斤顶。整圈衬砌拼装完后,再开始一面顶进、一面挖土,如此循环前进。切削轮式盾构施工如图6-52所示。

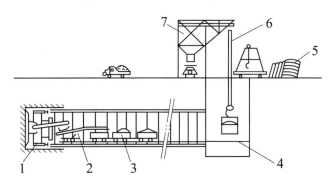

图6-52 切削轮式盾构施工图

1-盾构;2-管片台车;3-运土斗车;4-轨道;5-材料场;6-起重机;7-弃土仓

用切削轮式盾构施工的地质条件要求是:掌子面土壁能直立,土层颗粒均匀,如黏性土类。易于坍塌的砂、砾土地层,敏感性高的黏土地层,非常软且接近液化的黏土地层都不利于使用机械开挖。

(2)气压式盾构。

气压式盾构适用于在地下水位以下易于坍塌的土壤中施工,如图6-53所示。为了防止掌子面坍塌,可将工作面密封在一定气压下,阻止地下水外流,以利于挖土。这时挖土可以是人工挖,也可以用机械开挖。由于注入的压缩空气可能会从掌子面渗漏到地层中,这样既不能保证工作面上气压的稳定,还会消耗大量压缩空气,因此,使用气压式盾构的土壤的渗

透系数 $K$ 应适当(一般约为 $10^{-4}$ cm/s),在渗透系数较大的砂砾层地质条件下使用气压式盾构是无效的。

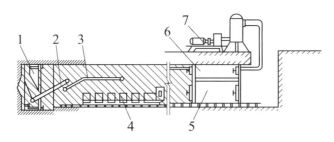

图 6-53 气压式盾构施工图

1-盾构卸土器;2、3-皮带机;4-运土斗车;5-气压工作区;6-气闸;7-压气机

使用气压式盾构时,在距开挖面一定距离内设立双层气闸,向其中充满压缩空气。操作人员出入和材料、土屑的运输都要经过气闸。由于施工人员在气压下工作,为保证施工人员的健康,使用的气压不能过大,一般为 50kPa 左右,最高不大于 0.3MPa。正由于其施工困难,现在很少使用这种方法。

施工人员在气压下操作,不仅工效低,而且易患职业病。为解决这一问题而发展出了局部气压式盾构。这种施工方法只在盾构的局部范围内加以密封,注入压缩空气,施工人员在密封室外的常压下工作。因此,可采用正常开挖或局部气压开挖,且只需在盾构上预装气压设备和气闸室,并根据地层情况而启用。

气压式盾构和局部气压式盾构,除了具有密封设备、压气设备外,其余装置与机械开挖盾构或人工开挖盾构相同。

(3)泥水加压式盾构。

泥水加压式盾构,即在盾构前部设置一个密封区,向其中注入一定压力的泥水,以平衡地下水压力,阻止地下水流出,防止塌方。在密封区里有切削轮或其他切削机具,还有泥浆搅拌器(将切割下来的土块搅碎,同时防止泥浆沉淀)以及泥浆泵的吸头,如图 6-54 所示。

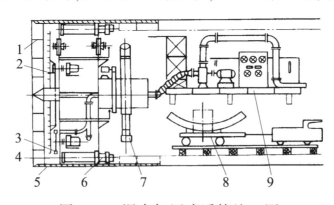

图 6-54 泥水加压式盾构施工图

1-网格;2-切削轮;3-搅拌器;4-泥水腔;5-盾壳;6-盾构千斤顶;7-拼装器;8-管片台车;9-后工作平台

其施工程序是:将具有一定压力的泥水灌入掌子面,用盾构千斤顶将盾体向前推进,由切削轮旋转切碎进入盾构内的土壤。切削下来的泥土与灌入的具有一定压力的泥水由搅拌器搅拌成泥浆,经排泥管道输送至地面。一面切削,一面用盾构千斤顶向前顶进盾体,顶至一定长度后(一般为一个衬砌管片的宽度),再由盾尾的拼装器安装预制好的衬砌块,并以此

作为下次顶进的支承座,继续顶进切土,如此不断循环,直至修完隧道。

泥水加压式盾构适用于软弱的地层或地下水位高、带水砂层、亚黏土地层、砂质亚黏土地层及流动性高的土质,尤在冲积层、洪积层使用泥水加压式盾构稳定掌子面效果最显著。

(4) 土压平衡式盾构。

土压平衡式盾构是在气压式盾构、水压式盾构和泥水加压式盾构的基础上发展起来的。气压式盾构要求土壤的渗透系数适当;水压式盾构和泥水加压式盾构在透水性高的砂质土、砂砾土或者地下水位过高的地层下施工困难。而土压平衡式盾构所适用的地质范围比较广,因为它无须考虑更多的土壤物理性能。

如图 6-55 所示,土压平衡式盾构是在螺旋输送机和切削轮机架内充满土砂,利用螺旋的回转力压缩土壤,形成具有一定压力的连续防水壁,以抵抗地下水压力,阻止流水和塌方。但是它也只适用于亚黏土和黏性土地层。对砂土、砂砾土地层等渗水性大的土层,在螺旋输送机内仍不大可能形成有效的防水壁。这种情况下,可在螺旋输送机卸料口处加装一个具有分离砾石功能的卸土调整槽,并向槽内注入具有一定压力的水,以平衡地层水压,这就形成了土压平衡型"加水式盾构",进一步扩大了对地层的适应范围。同时,两种方法可根据地质情况交替使用。因此,土压平衡式盾构的适用范围较广。

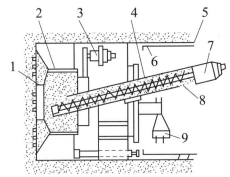

图 6-55　土压平衡式盾构施工图
1-切削轮;2-切削轮机架;3-驱动马达;
4-螺旋输送机;5-盾尾密封;6-衬砌管片;
7-输送机马达;8-土屑出口;9-拼装器

## 第三节　隧道的防水与排水

水不仅是影响隧道正常施工的因素之一,还是影响隧道正常运营的重要因素之一。在施工期间,地下水不仅会降低围岩的稳定性(尤其是对软弱破碎围岩影响更为严重),增加开挖难度,而且增加了支护的难度和费用,甚至需采取超前支护或预注浆堵水的措施来加固围岩。若对地下水处理不当,则可能造成很大的危害。如导致地下、地上水位下降及水环境改变,影响农业生产和生活用水,或使工程被迫停工,影响工程进度等。

在隧道运营期间,地下水常从混凝土衬砌的施工缝、变形缝(伸缩缝和沉降缝)、裂缝甚至混凝土孔隙等通道渗入隧道中,造成隧道内照明、供电、通信等设备处于潮湿环境而产生用电安全隐患,且无法正常通信;使路面积水或结冰,导致车辆打滑,危及行车安全;结冰膨胀和侵蚀性地下水的作用,不仅使衬砌受到破坏,而且使得以上危害加剧。总之,隧道工程中,地下水的存在是必然的,但只要处理得当,它对工程的危害是可以避免或减少的。

隧道防水与排水工程是一个复杂的、有机联系的系统工程,实践证明,地下防水与排水工程是集材料、规划、设计、施工、维护于一体的综合性、系统性工程,它们之间既各自独立,又相互关联。材料是基础,规划与设计是前提,施工是关键,维护是保证,这已成为专家们的共识。

## 一、基本要求

为了保证公路隧道结构安全和满足必需的运营条件,《公路隧道设计规范 第一册 土建工程》(JTG 3370.1—2018)规定公路隧道应达到下列防水要求:

(1)高速公路、一级公路、二级公路隧道防水与排水应做到拱部、边墙、设备箱洞不渗水,路面无湿渍。有冻害地段的隧道衬砌背后不积水,排水沟不冻结。车行横通道、人行横通道等服务通道拱部不滴水,边墙不淌水。

(2)三级公路、四级公路隧道防水与排水应做到拱部不滴水,边墙不淌水,设备箱洞不渗水,路面不积水、不淌水。有冻害地段的隧道衬砌背后不积水,排水沟不冻结。

## 二、防水和排水原则

针对公路隧道的防水和排水要求和目前公路隧道普遍出现的渗漏水情况,隧道防水和排水应遵循"防、排、截、堵结合,因地制宜,综合治理"的原则,保证隧道结构物和运营设备的正常使用和行车安全。

(1)"防"是要求隧道衬砌结构、防水层具有防水能力,防止地下水透过防水层、衬砌结构渗入隧道内。

(2)"排"是要求隧道有畅通的排水设施,将衬砌背后、路面结构层下的积水排入洞内路侧边沟和中心水沟。

(3)"截"是指对可能渗漏到隧道内的地表水、采空区积水和溶洞水,通过设置节(排)水沟、导流洞引排。

(4)"堵"是指采用注浆或嵌填等各种方法对隧道围岩裂隙、隧道结构本身存在的渗漏水路径进行封堵。

防、排、截、堵应有机结合,达到排水通畅、防水可靠、经济合理、不留后患的防水和排水目的。

结合的一层含义是要因地制宜、综合考虑,选择适当的治水方案,以实现技术可行、费用经济、效果良好、保护环境的目标。这要根据围岩的工程地质条件、地下水的水量及埋藏和补给条件、工程结构的设计使用与要求、施工技术水平及环境保护要求等情况来选择和确定。结合的另一层含义是设计、施工、维修相结合,但以施工为主,充分结合现场实际,实行点面结合,将大面积渗漏水汇集为局部出水,进行有组织排水。应尽可能在施工中就将水治理好,保护地下水及地表水的自然环境,减少对水环境的破坏并尽量恢复其自然环境。

## 三、常用方法

1. 防水措施

施工前必须先做好洞顶、洞口和隧道周围地表的防水与排水工作,主要内容有:

(1)平整洞顶地表,排出积水。所有坑洼、陷穴、探坑、钻孔等,应用不透水土壤回填夯实;湿陷性陷穴和岩溶孔洞等特殊地质应按设计要求认真处理。

(2)整理对隧道有危害的流水沟渠,必要时以圬工铺砌,防止下渗,并使水流畅通,远离洞口;洞顶设有高压水池时,必须防渗漏、防溢;避免在洞顶安置生活区。

(3)洞口边、仰坡坡顶外天沟应确保截水引流,路堑纵坡向隧道内为下坡时应在洞口设置横向盲沟,路基边沟应挖成反坡用于排水;如为临时水沟,须用防水砂浆抹面封闭。

(4)隧道洞口、辅助坑道口或井口的排水系统必须尽早安装完成并应妥善处理出水口,防止冲刷矿渣危害农田和水利设施。

2. 排水措施

排水是利用盲沟、泄水管、渡槽、中心排水沟或路侧排水沟等,将水排出洞外。盲沟可用片石或卵石干砌成厚30～40cm、宽100～150cm的排水通道。盲沟可以根据需要砌至拱脚或砌至边墙底部,然后用泄水管将水引入隧道的排水沟内。盲沟间距应因地制宜地设置。渡槽是在衬砌内表面设置的环向槽,其尺寸按水量确定,其间距一般应与筑拱环节长度相适应,施工缝往往是漏水最多的位置。隧道内一般采用排水沟方式排水,排水沟主要分为中心排水沟和路侧排水沟,在严寒地区应设置防冻水沟,如图6-56、图6-57所示。排水沟断面可为矩形或圆形,通常为矩形,便于清理和检查,过水面积应根据水量确定。沿纵向在适当间隔处应设置检查坑和汇水坑,但不应设在车道中心。

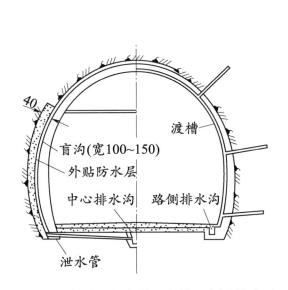

图6-56 盲沟、泄水管、渡槽、路侧排水沟、
中心排水沟(尺寸单位:cm)

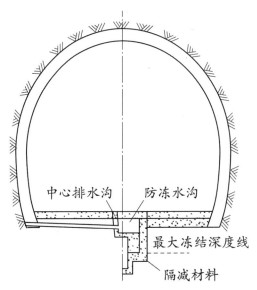

图6-57 中心排水沟、防冻水沟

(1)盲沟。

盲沟的作用是在衬砌与围岩之间提供过水通道,并使之汇入泄水孔,引导较为集中的局部渗流水。

我国较为传统的盲沟有灌砂木盒、灌砂竹筒。因其加工、安装均较麻烦,且接头处易被混凝土阻塞,所以现在逐步被新型柔性盲沟替代。

柔性盲沟通常由工厂加工制造而成,具有现场安装方便、布置灵活、连接容易、接头不易被混凝土阻塞、过水效果良好、成本不高等优点。其构造形式有以下几种:

①弹簧软管盲沟。这种盲沟一般采用10号铁丝缠成直径为5～8cm的圆柱形弹簧,或者采用硬质且具有弹性的塑料丝缠成半圆形弹簧或带孔塑料管,以此作为过水通道的骨架,安装时外覆塑料薄膜和铁窗纱,从渗流水处开始沿环向铺设并接入泄水孔,如图6-58所示。

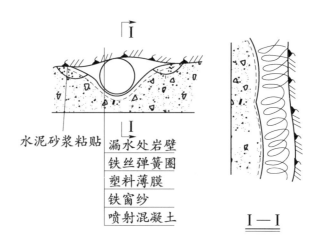

图 6-58　弹簧软管盲沟引排局部渗水

②化学纤维渗滤布盲沟。这种盲沟是以结构疏松的化学纤维布作为水的渗流通道,其单面有塑料敷膜,安装时使敷膜朝向混凝土一面,以阻止水泥浆渗入滤布。这种渗滤布式盲沟质量轻,便于安装和连续加垫焊接,宽度和厚度也可以根据渗排水量进行调整,是一种较理想的渗水盲沟,如图 6-59 所示。

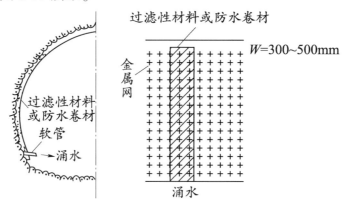

图 6-59　化学纤维渗滤布盲沟汇集引排大面积渗水

(2)排水沟。

排水沟承接泄水孔泄出的水,并将其排出隧道。隧道纵向排水沟有单侧、双侧、中心式三种形式,实际应用中是根据线路坡度、路面形式、水量等因素确定的。洞外排水应根据地形、地质、气象情况,结合农田水利情况全面规划,综合治理,因地制宜地设置疏水、截水、引水设施。

(3)泄水孔。

泄水孔是设置于衬砌边墙下部的出水孔道,它将盲沟流出来的水直接泄入隧道的纵向排水沟内。泄水孔的施作方法有以下两种:

①在立边墙模板时,就安设泄水管,并特别注意使其里端与盲沟接通,外端穿过模板。泄水管可用钢管、竹管、塑料管、蜡封纸管等材质。这种方法主要用于水量较大时。

②当水量较小时,则可以待模筑边墙混凝土拆模后,再根据记录的盲沟位置钻泄水孔。泄水孔的位置应按设计要求设置。

3. 截水措施

截水措施:在地表水上游设截水导流沟,在地下水上游设泄水洞或洞外井点降水

(图6-60)。如某隧道在运营十年后,因水害严重影响行车,于是又设计施工了上游泄水洞。

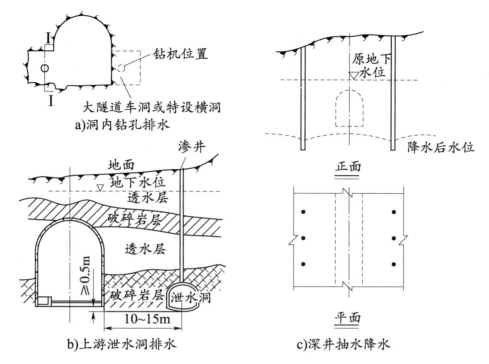

图 6-60　截水措施

截水导流沟和泄水洞完成后即可自行发挥作用,而洞外井点降水,则需用水泵抽水,因此它只能解决浅埋隧道在施工期间的降水问题。当隧道埋深较大时,可在洞内设井点降水,以解决洞内局部区段的降水问题。此外,辅助坑道中的平行导坑、横洞、斜井、竖井均可以作为泄水洞。

4. 堵水措施

常用的堵水措施有喷射混凝土堵水、塑料板堵水、模筑混凝土衬砌堵水。当水量大、压力大时,则可采取注浆堵水措施,注浆既可以堵水,也可以起到加固围岩的作用。

应当注意的是,完全堵住地下水是很困难的,因此,要求在设计和施作堵水设施时,充分考虑排水的组织,做到堵排结合,边排边堵。

(1)喷射混凝土堵水。

当围岩有大面积裂隙渗水,且水量、压力较小时,可结合初期支护采用喷射混凝土堵水措施。但应注意此时需加大速凝剂用量,并进行连续喷射,且在主裂隙处不喷射混凝土,使水流能集中于主裂隙流入盲沟,通过盲沟排出。

(2)塑料板堵水。

当围岩有大面积裂隙滴水、流水,且水量压力不太大时,可于喷射混凝土等初期支护施作完毕后,二次支护施作前,在岩壁大面积铺设塑料板堵水。

塑料板防水层是近十多年国际上发展起来的一项堵水新技术,它具有优良的堵水和耐腐蚀性能,在隧道及地下工程中得到了日益广泛的应用。

塑料板铺设固定时不能绷得太紧,要预留一定的松弛度,使得在灌筑二次支护混凝土时,塑料板能向凹处变形、服帖,不会因过度张拉而产生破坏。

(3)模筑混凝土衬砌堵水。

模筑混凝土本身就具有一定的抗渗阻水性能,但普通混凝土的抗渗性较差,尤其是在施工质量不高的情况下,如振捣不密实,施工缝、沉降缝、伸缩缝处理不好,配合比不当等,则更易导致水的渗漏、漫流。当地下水有侵蚀性时,对混凝土的腐蚀就更为严重。

如果能保证混凝土衬砌的抗渗防水性能,则不需要另外增加堵水措施。因此,充分利用混凝土衬砌堵水,是经济合算和最基本的防水措施。

工程中,改善和利用混凝土衬砌的抗渗防水性能,可以从两个方面来考虑。

一方面是防水混凝土的抗渗等级及抗压强度应满足设计要求,其配合比选择应注意以下几点:

①水灰比不得大于0.6;
②水泥用量不得少于$280kg/m^3$;
③砂率应适当提高,并不得低于35%。

另一方面是防水混凝土衬砌施工必须采用机械振捣。施工缝、沉降缝及伸缩缝则可以采用中埋式塑料或橡胶止水带,或采用背贴塑料止水带止水。

(4)注浆堵水。

注浆在加固围岩的同时,实际上也起到了堵水作用。由此看来,一种方法或措施,其效用有时是多方面的。所以在隧道施工工序安排和方法(措施)选择时,一定要充分考虑它们彼此之间的相互关系和相互影响。

此外,若二次支护因混凝土质量欠佳而产生渗漏,则可以对其进行结构注浆堵水。在地下水较丰富的地区,衬砌接缝处常用止水带防水。其类型有很多,如金属(铜片)止水带、聚氯乙烯止水带,以及橡胶止水带等。金属止水带现在已经很少使用了,聚氯乙烯止水带的弹性较差,只能用于变形相对较小的场合,橡胶止水带则可用于变形较大的场合。在水底隧道中,20世纪50年代以后广泛使用钢边止水带,它是在两侧镶有0.6~0.7mm厚的钢片翼缘的一种橡胶止水带,刚度较高,便于安装。

## 第四节 隧道施工

### 一、隧道施工概述

1. 隧道施工的特点
(1)隐蔽性大;
(2)作业的循环性强;
(3)作业空间有限;
(4)作业具有综合性;
(5)施工是动态的;
(6)作业环境恶劣;
(7)作业的风险性大;

(8)受气候影响小。

2.隧道施工方法的选择及分类

(1)选择隧道施工方法时需考虑的基本因素大体上可归纳为施工条件、围岩条件、隧道断面积、埋深、工期和环境条件。

(2)根据隧道穿越地层的情况和目前隧道施工方法的发展,隧道施工方法可按图6-61所示方式分类。

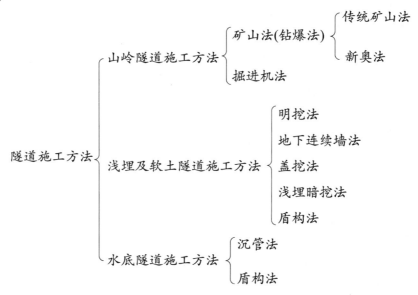

图6-61 隧道施工方法

3.隧道施工应遵循的基本原则

隧道施工的基本原则可概括为:少扰动、早喷锚、勤量测、紧封闭。在实际施工过程中,这些原则也不是一成不变的,应该结合实际情况进行完善和调整。

施工中不管采用哪种方法,都应注意下列问题:

(1)因为围岩是隧道的主要承载单元,所以要在施工中充分保护围岩。

(2)为了充分发挥围岩的结构作用,应容许围岩有可控制的变形。

(3)对变形的控制主要是通过支护阻力(即各种支护结构)的效应实现的。

(4)在施工中,必须进行实地量测监控,及时提供可靠、充足的量测信息,以指导设计和施工。

(5)在选择支护手段时,一般应选择大面积的、牢固的、能与围岩紧密接触的、能及时施设的和应变能力强的支护手段。

(6)隧道施工过程是围岩力学状态不断变化的过程。

(7)在任何情况下,使隧道断面能在较短时间内闭合是极为重要的。

(8)在隧道施工过程中,必须建立"设计—施工检验—地质预测—量测反馈—修正设计"一体化的施工管理系统,以不断提高和完善隧道施工技术。

## 二、隧道施工方法

1.新奥法

新奥法是以控制爆破或机械开挖为主要掘进手段,以锚杆、喷射混凝土为主要支护方法,将理论、量测和经验相结合的一种施工方法,有其一系列指导隧道设计和施工的原则。其基本原则为少扰动、早支护、勤量测、紧封闭。

新奥法的施工工序如图6-62所示。

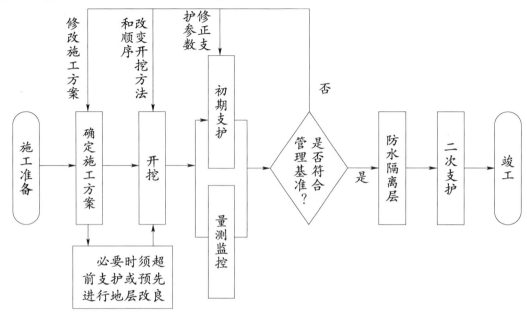

图6-62 新奥法的施工工序

按其开挖断面的大小及位置,新奥法基本上可分为以下几种:

(1)全断面开挖法。

全断面开挖法施工按设计开挖断面一次开挖成型(图6-63)。全断面开挖法适用于岩层覆盖条件简单、岩质较均匀的硬岩,必须采用大型施工机械,隧道长度或施工区段长度不宜太短,根据经验,隧道长度不应小于1km。

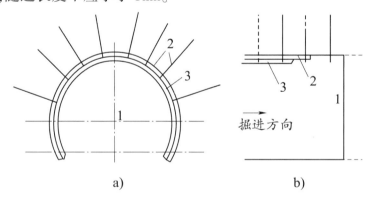

图6-63 全断面开挖法

1-全断面开挖法;2-锚喷支护;3-模筑混凝土衬砌

(2)台阶开挖法。

台阶开挖法施工一般是将设计断面分为上半断面和下半断面两次开挖成型(图6-64)。台阶开挖法包括长台阶法、短台阶法和超短台阶法,其划分依据为台阶长度。

(3)分部开挖法。

分部开挖法施工是将隧道断面分部开挖、逐步成型,且一般将某部超前开挖。故此施工方法也可称为导坑超前开挖法,如图6-65所示。

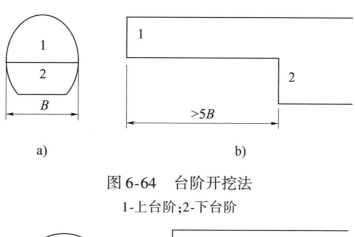

图 6-64 台阶开挖法

1-上台阶;2-下台阶

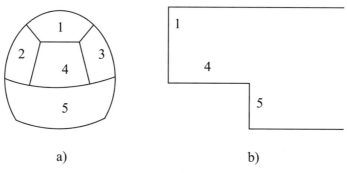

图 6-65 分部开挖法

1、2、3-环形拱部;4-核心土;5-下台阶

2. 明挖法

明挖法施工是从地表面向下开挖,形成露天的基坑,然后在基坑中修筑衬砌,敷设外贴式防水层,最后用土回填。明挖法施工中,常用的基坑开挖方式有如下几种:

(1)放坡开挖法。

放坡开挖法适用于隧道埋深较浅,地势较为平坦,地面空旷,土质稳定,地下水位较低的情况。此法机械化程度高,施工速度快,质量也易于保证。

(2)支护开挖法。

支护开挖法施工是将基坑围护结构插入基坑底部以下,开挖到设计高程后,再进行主体结构施工。基坑内是否设置支撑视边坡的稳定性而定,如图 6-66、图 6-67 所示。

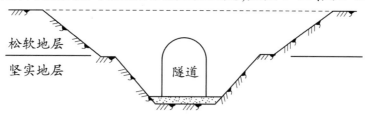

图 6-66 基坑内无支撑

3. 地下连续墙法

地下连续墙分为现浇地下连续墙、预制地下连续墙、排桩地下连续墙。地下连续墙法(图 6-68)的特点为:施工时不产生大的噪声和震动,墙体刚度大,防渗性能好,能适应软土地质条件,对周围土体扰动小,灌筑混凝土不需要模板,节省木板和劳力,但须根据地质条件选用不同的挖槽机械,成本高,另外,采用泥浆等措施稳定槽壁也较麻烦。

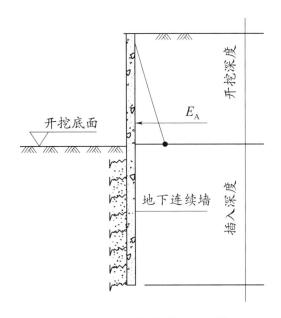

图 6-67 围护结构有支撑

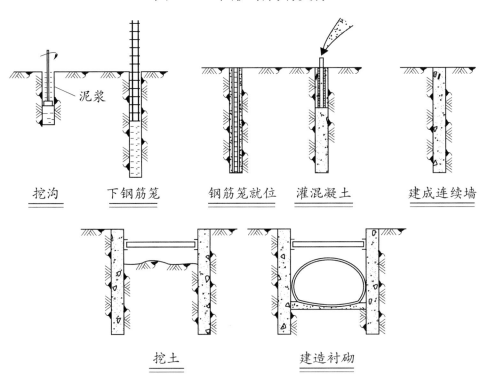

图 6-68 地下连续墙法

4. 盖挖法

盖挖法施工是先盖后挖,即先以临时路面或结构顶板维持地面畅通再向下施工。盖挖法施工主要分为盖挖顺作法和盖挖逆作法。

5. 掘进机法

隧道掘进机(简称 TBM)是一种机械化的隧道掘进设备,掘进机法是利用掘进机切削破岩、开凿隧道的施工方法。掘进机法施工有着钻爆法施工不可比拟的优点。

采用掘进机开挖隧道,具有一次成洞,洞壁光滑,施工质量好,速度快,劳动条件好,对围岩的损伤小,掉块、崩塌的危险小,支护的工作量、超挖小,节省衬砌,震动及噪声小,对周围的居民和结构物的影响小等一系列优点。图 6-69 所示为护盾掘进机示意图。

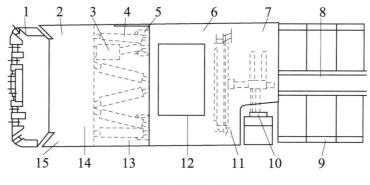

图 6-69　护盾掘进机示意图

1-刀盘；2-前护盾；3-驱动组件；4-推进油缸；5-铰接油缸；6-撑靴护盾；7-尾护盾；8-出渣输送机；9-拼装好的管片；10-管片安装机；11-辅助推进靴；12-支撑靴；13-伸缩护盾；14-主轴承大齿圈；15-刀盘支撑

6. 盾构法

盾构实质上就是软土隧道掘进机，但它既可能是机械开挖，也可能是人工开挖。它既是一种施工机具，又是一个强有力的临时支撑结构。在盾壳的保护下，既可进行开挖，又能进行衬砌。采用盾构施工，具有不影响地面交通，不产生震动，对地面邻近建筑物危害较小，施工费用几乎不受埋深影响等特点。在土质差、水位高的地方建设埋深较大的隧道，盾构法有较好的技术、经济优越性。

盾构由盾壳、推进机构、取土机构、拼装或现浇衬砌机构以及盾尾等部分组成，如图 6-70 所示。

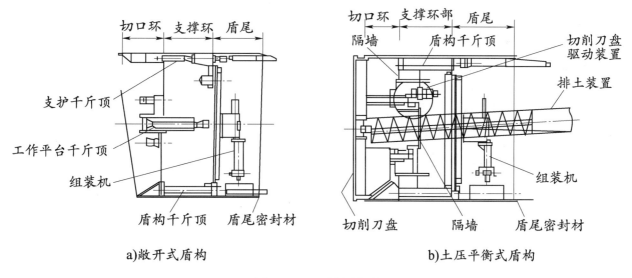

a) 敞开式盾构　　　b) 土压平衡式盾构

图 6-70　盾构构造

7. 沉管法

沉管法全称为预制管段沉埋法，是用来修筑穿越江河、港湾、海峡的水底隧道的方法之一。此法施工的要点是先在船坞中或船台上预制隧道管段，可以是钢壳混凝土的，也可以是钢筋混凝土的，管段的长度一般为 60~100m。管段两端用临时封墙密闭，浮放在水中，用拖轮拖运到设计的隧道位置上，在此以前，已经在预定的隧址处通过水下施工挖好沟槽，整好地基。接着往管段里灌水，使之下沉至预定的高程，并将沉放就位的各节管段在水下连接起来,再在隧道上覆土回填。最后抽出隧道内的水,拆除管段两端的密封墙,完成内部装修。沉埋管段如图 6-71、图 6-72 所示。

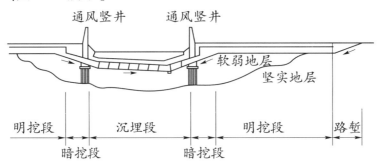

图 6-71　一般沉埋管段水底隧道的纵断面图

图 6-72　沉埋管段的横断面图

## 复习思考题

1. 隧道分为哪几类?
2. 隧道的支护和衬砌主要方式各有哪些?
3. 隧道洞门类型有哪些?
4. 什么是明洞?明洞的类型有哪些?
5. 盾构的种类有哪些?
6. 盾构施工方法及程序是什么?
7. 隧道防水和排水的原则和常用方法是什么?
8. 隧道施工方法有哪些?
9. 隧道施工的特点是什么?

# 第七章 公路交叉

## 知识点

公路交叉口的类型、基本要求；
公路平面交叉设计的基本要求、平面交叉的形式；
公路立体交叉设置要求、立体交叉的形式；
公路与其他道路交叉的类型。

## 技能点

区分公路交叉的类型；
根据公路交叉的特点和适用范围选择公路交叉的类型。

公路与公路、公路与铁路及公路与其他道路或管线相交的形式称为交叉,相交的地方称为交叉口。公路的交叉口是公路系统的重要组成部分,是公路交通的咽喉。相交公路的各种车辆都要通过交叉口,在交叉口相遇、汇集,也是公路最易发生交通事故的路段。特别是有非机动车通行的路段,干扰尤为严重,非机动车不仅阻滞交通,而且降低了道路的通行能力。因此,提高公路交叉口的通行能力是公路设计中的一项重要任务。

1. 公路交叉口的分类

根据相交道路交会点和空间布置的不同,公路交叉口可以分为平面交叉口和立体交叉口。相交公路在同一平面位置时,称为平面交叉(图7-1);相交公路在不同平面位置时,称为立体交叉(图7-2)。

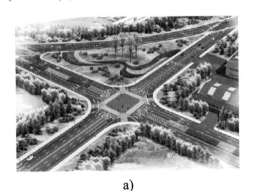
a)

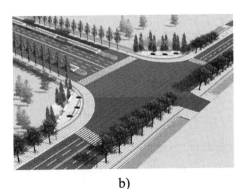
b)

图7-1 公路平面交叉

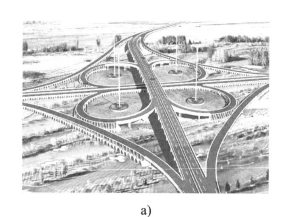 

a) b)

图 7-2 公路立体交叉

**2. 公路交叉口设计的基本要求**

公路交叉口设计的基本要求:一是在保证相交公路上所有车辆和行人安全的前提下,使车流、非机动车流和人流受到的交通阻碍最小,即保证车辆、非机动车和行人在公路交叉口以最少的时间安全通过,这样公路交叉口的通行能力就能满足各条道路的行车要求;二是设计的交叉口立面能保证车辆正常、安全地驶入和驶出主干道路;三是交叉口的设计应根据交通工程规划设计要求,确定交叉口形式、交通组织方案、进出口道布置、信号控制等方案。

根据公路交叉口的技术要求,对于各等级的公路,其交叉形式各有不同。高速公路上的交叉全部采用立体交叉的形式,一级公路少数采用平面交叉,二级及以下公路多数采用平面交叉,市政道路视情况可采用立体交叉,也可采用平面交叉。

# 第一节 公路与公路平面交叉

## 一、公路平面交叉设计的基本要求

公路平面交叉是公路的一个重要组成部分,在城市道路中最为常见。在设计公路平面交叉口时,应符合以下要求:

(1)根据实际条件确定公路平面交叉口的规模、技术标准和形式。

(2)保证公路的使用质量、通行能力和交通安全。

(3)公路平面交叉范围内相交公路线形的技术指标应能满足视距的要求。

(4)公路平面交叉处行人穿越岔路口的设施应根据行人流量、公路等级、交通管理方式等,设置人行横道、人行天桥或人行通道。

(5)公路平面交叉的几何设计应与标志、标线和信号设施一并考虑,统筹布设。视距不良的小型平面交叉,可根据具体情况设置反光镜。

(6)视距要求:驾驶员应能看清交叉路口各条岔道上的交通情况。左右侧岔道必须满足视距条件,通视三角形范围内,应保证驾驶员通视,如图 7-3 所示。

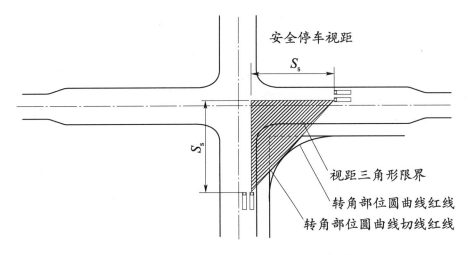

图 7-3　公路平面交叉视距三角形

## 二、公路平面交叉的形式

1. 按交通管制方式分类

公路平面交叉按照交通管制方式可分为主路优先交叉、无优先交叉和无信号交叉。

（1）主路优先交叉：公路功能、等级、交通有明显差别的两条公路相交，或交通量较大的 T 形交叉，应采用主路优先交叉。

（2）无优先交叉：两条相交公路或多条交叉岔路的等级均低且交通量较小时，应采用无优先交叉。

（3）信号交叉：下述交叉应采用信号交叉。

①两条交通量均大，且功能、等级相同的公路相交，难以采用"主路优先"的交通管理方式时。

②两相交公路虽有主次之别，但交通量均较大（主要公路双向交通量大于或等于 750 辆/h，次要公路单向交通量大于或等于 300 辆/h），采用"主路优先"交通管理方式会出现较频繁的交通事故和过度的交通延误时。

③主要公路交通量相当大（主要公路双向交通量大于或等于 900 辆/h），而次要公路尽管交通量不大，但采用"主路优先"交通管理方式，次要公路上的车辆由于难以遇到可供驶入的主流间隙而引起不可接受的交通延误，或出现冒险驶入长度不足的主流间隙而危及安全时。

④两相交公路的交通量虽未达到上述程度，但由于有相当数量的行人和非机动车穿越交叉而引起交通延误，甚至造成阻塞或发生交通事故时。

⑤环形交叉的入口因交通量大而出现过多的交通延误时。

⑥位于城镇路段的平面交叉。

2. 按构造类型分类

公路平面交叉按照构造类型可分为渠化平面交叉和非渠化平面交叉。

（1）渠化平面交叉。

渠化是指在交通组织管理上采用交通信号灯控制车辆和行人的通行，在平面几何构造上通过加铺转角、加宽路口、设置转弯车道和交通岛等实现人车分流，引导或强制车流和行人各行其道,互不干扰。二级及以上公路的平面交叉必须进行渠化设计,三级公路的平面交叉应进行渠化设计,四级公路的平面交叉宜进行渠化设计。

①主要公路为二级公路的 T 形交叉,当直行交通量不大,而与次要公路间有相当比例的转弯交通量时,只在次要公路上设分隔岛的渠化 T 形交叉,如图 7-4a)所示。

②对于直行交通量较大的主要公路,在主、次要公路上均设分隔岛的渠化 T 形交叉,如图 7-4b)所示。

③对于主要公路为四车道的公路,或设计速度≥60km/h 且有相当比例转弯交通量的二级公路,设置导流岛的渠化 T 形交叉,如图 7-4c)所示。

④对于与互通式立体交叉直接沟通的双车道公路,设置导流岛的渠化 T 形交叉,如图 7-4d)所示。

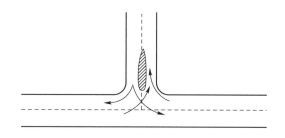

a)只在次要公路上设分隔岛的渠化T形交叉

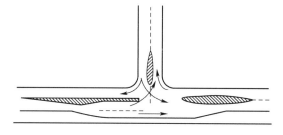

b)在主、次要公路上均设分隔岛的渠化T形交叉

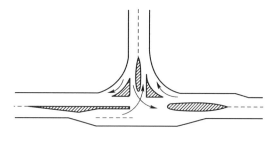

c)设置导流岛的渠化T形交叉(一)

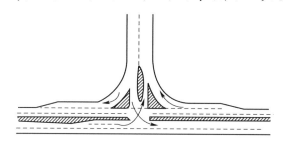

d)设置导流岛的渠化T形交叉(二)

图 7-4 渠化平面交叉的形式

(2)非渠化平面交叉。

①主要公路的设计速度≤60km/h 或设计速度为 80km/h,但交通量较小,次要公路为县乡公路或四级公路的 T 形交叉,转弯交通量较小时,可采用非加宽 T 形交叉,如图 7-5a)所示。

②主要公路的设计速度为 80km/h,次要公路为县乡公路或四级公路,且主要公路右转弯交通量较大,会导致直行车辆过分减速时,可采用加宽式 T 形交叉,如图 7-5b)所示。

③县乡公路或三、四级公路相交的十字交叉,可采用非加宽十字交叉,如图 7-5c)所示。

④主要公路的设计速度为 80km/h,次要公路为县乡公路或三、四级公路且转弯交通量不大时,可采用加宽式十字交叉,如图 7-5d)所示。

⑤主要公路左转弯交通量较大,会导致直行车辆过分减速时,可采用加宽式 T 形交叉,如图 7-5e)所示。

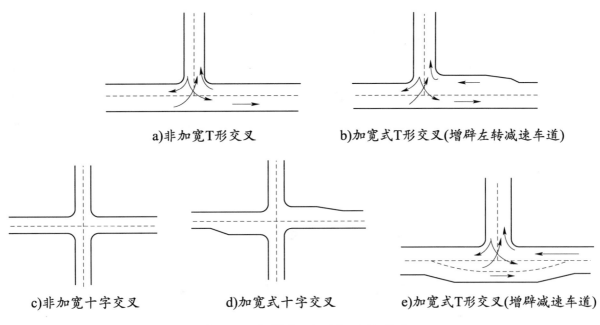

a) 非加宽T形交叉  b) 加宽式T形交叉(增辟左转减速车道)

c) 非加宽十字交叉  d) 加宽式十字交叉  e) 加宽式T形交叉(增辟减速车道)

图 7-5  非渠化平面交叉的形式

3. 按交叉形式分类

公路平面交叉按交叉形式可分为十字形、X 字形、T 字形以及多路复合交叉等,如图 7-6 所示。

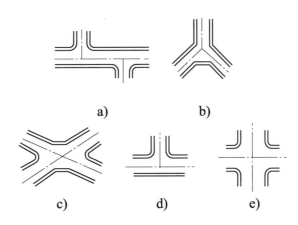

图 7-6  公路交叉形式

(1)错位交叉是两个相距不太远的 T 形交叉相对拼接,由斜交(X 形交叉)改造而成的交叉形式,如图 7-6a)所示。

(2)Y 形交叉是路线分叉的结果,如图 7-6b)所示。

(3)X 形交叉为两路斜交,一对角为锐角,另一对角为钝角。转弯交通不便,锐角太小时,不宜采用此种形式,如图 7-6c)所示。

(4)T 形交叉,适用于次干路连接主干路或尽头式干线连接主干线的交叉口,如图 7-6d)所示。

(5)采用最多的是十字形交叉,如图 7-6e)所示。它形式简单,交通组织方便,城镇街角建筑容易处理,适用于相同或不同等级公路交叉,适用范围最广。

(6)复合交叉是多条道路交叉拼接的交叉形式。它能达到突出中心的效果,但占地面积较大,并给交通组织带来很大困难,采用时需要综合考虑交通流量的影响。

(7)环形交叉。环形交叉是在交叉口中央设置中心岛,用环道组织渠化交通,使进入的所有车辆一律按逆时针方向绕岛单向行驶至要去的路口再离岛驶出的平面交叉形式。其优点是当车辆驶入环岛时,不需要专人指挥交通,不需要等待信号灯通行;利用交通岛绿化或布设小景可以美化环境。其缺点是占地面积大,直行车也需要绕环岛通过,增加了行驶距离,左转弯车辆绕行距离更长,当车辆较多或有非机动车混合通行时,容易影响车辆行驶速度,引起交通阻塞。环形交叉如图7-7所示。

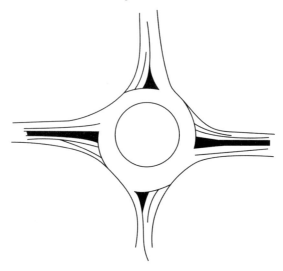

图 7-7　环形交叉

## 第二节　公路与公路立体交叉

公路立体交叉是指两条公路不在同一平面上的交叉,它能将车道空间分离,让车流各自保持原有的车速通过交叉路口,从而避免交叉口冲突点的形成,保证交通安全,大大提高了道路的通行能力和运输效率。因此,公路立体交叉是保证行车安全和提高交叉口通行能力的最有效办法。但是,与公路平面交叉相比较,公路立体交叉具有设计复杂、占地面积较大、造价高等特点,因此,在设计时需综合考虑相交道路的等级、交通量、交通特点、地形、地物、环境条件等。

### 一、公路立体交叉设置要求

(1)高速公路与各级公路相交必须采用立体交叉。
(2)一级公路同交通量大的其他公路交叉应采用立体交叉。
(3)二级、三级公路间的交叉,直行交通量大时或有条件的地点宜采用立体交叉。

### 二、公路立体交叉的形式

1. 按交通功能分类

公路立体交叉按交通功能可分为分离式立体交叉和互通式立体交叉。

(1)分离式立体交叉。

分离式立体交叉是在交叉口处设一座跨线桥,使相交道路空间分离,上下道路无匝道连接的交叉方式。它是一种最简单的立交桥,其特点是立交结构简单,占地面积小,造价较互通式立体交叉低,相交道路的车辆不能转弯行驶,适用于高速道路与铁路或其他次要道路之间的交叉。分离式立体交叉的形式一般有分离式两层立交桥和分离式三层立交桥,如图7-8所示。

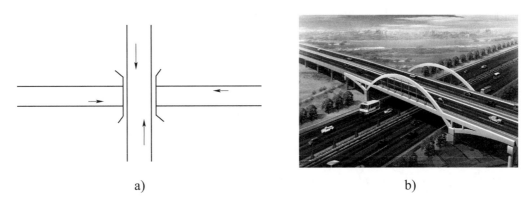

图7-8 分离式立体交叉

(2)互通式立体交叉。

互通式立体交叉是在交叉口处设置匝道且各向车流经主线和匝道完全相互贯通,以供转弯车辆行驶的立体交叉方式。它是互通式功能齐全、安全性最高的立体交叉形式。它的特点是车辆可以转弯行驶,全部或部分消灭了冲突点,各方向车辆行车干扰较小,但立体交叉结构复杂,占地面积大,造价高。

互通式立体交叉适用于高速公路与其他各级道路、大城市出入口道路以及通往重要港口、机场或旅游胜地的道路相交处。根据交叉口车流轨迹线的交错方式和几何形状的不同,互通式立体交叉又可分为完全互通式立体交叉、部分互通式立体交叉和交织型立体交叉,如图7-9所示。

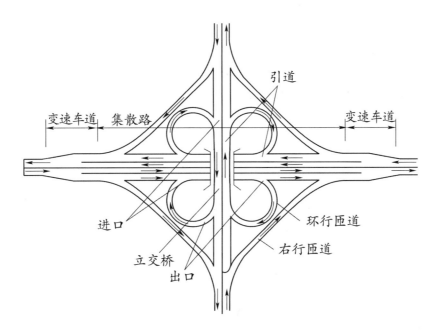

图7-9 互通式立体交叉

互通式立体交叉由主体部分和附属部分组成。

①主体部分:包括跨线构造物、主线、匝道。跨线构造物主要有跨线桥和跨线地道两种,是实现交通流线空间分离的设施,是形成立体交叉的基础。主线是指相交道路的直行车道,有上线和下线之分。匝道是连接互通式立体交叉上、下道路,供左右转弯车辆行驶的道路,如图7-10所示。匝道由三个部分组成:驶出道口,即由主线进入匝道的路口;行经路段,即匝道的中间路段;驶入道口,即有匝道进入主线的路口。匝道与主线或相交公路的交点称为匝道的终点。匝道有的分成内、外两条单向车道分道行驶。

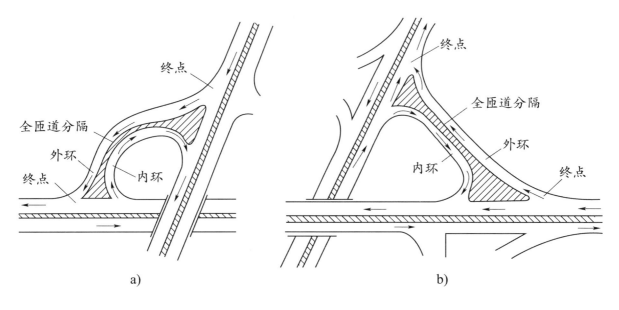

图7-10 匝道

②附属部分:包括出口、入口、变速车道、斜带或三角形地带、集散道路及立交范围内其他一切附属设施。

a. 出口与入口:由主线驶出,进入匝道的路口称为出口;由匝道驶出,进入主线的路口称为入口。

b. 变速车道:由于匝道上车辆的车速低于主线上的车速,由主线驶入匝道时车辆要减速,反之,由匝道驶入主线时车辆要加速。因此,在主线进出口附近、主线右侧要增设一条改变车速的附加车道,即变速车道。入口端为加速车道,出口端为减速车道。

c. 斜带或三角形地带:变速车道与主线衔接处的三角形渐变段称为斜带。匝道与主线间或匝道间所围成的地区统称三角形地带。三角形地带可用作交叉口的绿化、美化和照明设施的布置用地。

d. 集散道路:位于城市附近交通繁忙的高速公路立体交叉内,为使车流进出紧贴主线的交织路段和出入口处不致干扰主线交通,在高速公路两侧设置的与主线并行而又隔开供车辆出入的专用道路。

2. 按交叉岔数分类

公路立体交叉按交叉岔数可分为三岔交叉、四岔交叉和多岔交叉。当两处或多处互通式立体交叉相互连接并组合成整体时,形成复合式互通式立体交叉。

3. 按互通式立体交叉的形状分类

公路立体交叉按互通式立体交叉的形状可分为喇叭形立体交叉[图7-11a)]、苜蓿叶形立体交叉、菱形立体交叉[图7-11b)]等,实例如图7-12所示。

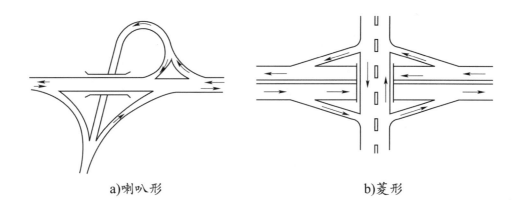

图7-11 按形状划分的互通式立体交叉

图7-12 互通式立体交叉实例图

## 第三节 公路与其他路线交叉

除了公路与公路交叉外,还有公路与铁路交叉,公路、铁路与乡村道路交叉,公路与管线交叉等。

### 一、公路与铁路交叉

公路与铁路交叉,按其交叉方式分为平面交叉和立体交叉。公路与铁路平面交叉通常称为铁路平交道口,简称道口(图7-13)。道口一般设置在铁路线路等级较低、道路交通量小、地势平坦、瞭望条件好的地点,不宜设置在站场、岔道咽喉区和繁忙的调车线范围内。道口可分为有人看守道口和无人看守道口。道口,应当设置道口信号机、警示标志或安全防护设施。无人看守的铁路道口,应当在距道口一定距离处设置警示标志。

随着公路与铁路的交叉越来越多,交叉处的车流密度逐渐增加,行车速度日益提高,平面交叉的技术设备也日趋完善,自动化程度不断提高,并向着集中控制和集中监视方向发展。立体交叉方式获得广泛应用,一些平面交叉逐渐被改建为立体交叉,新建铁路也尽量采用立体交叉。修建高速铁路时,采用高架线路,不再设置道口,如图7-14所示。

图 7-13 铁路平交道口　　图 7-14 公路与铁路交叉

公路与铁路交叉设置要求如下：

(1) 新建的公路或铁路项目应首选立体交叉。

(2) 高速公路、一级公路与铁路交叉时，必须设置立体交叉。

(3) 高速铁路、城际铁路和路段旅客列车设计行车速度为 140km/h 及以上的铁路与公路交叉时，必须设置立体交叉。

(4) Ⅰ级铁路与公路交叉时，应设置立体交叉。

(5) 铁路路段旅客列车设计行车速度大于或等于 120km/h 的地段与公路交叉，应设置立体交叉。

(6) 铁路与二级公路交叉时，应设置立体交叉。

(7) 由于铁路调车作业会导致公路上行驶的车辆造成较严重延误时，应设置立体交叉。

(8) 受地形等条件限制，采用平面交叉会危及公路行车安全时，应设置立体交叉。

(9) 结合地形或桥涵构造物情况，具备设置立体交叉条件时，应设置立体交叉。

(10) 公路与铁路立体交叉的公路引道范围内，不得设置公路平面交叉。

(11) 公路与铁路交叉宜采用正交，受地形条件或其他特殊情况限制必须斜交时，应结合公路、铁路的线形条件，尽量设置较大的交叉角度。

(12) 上跨铁路桥的桥下净空应符合公路的净空要求，上跨公路桥的桥下净空区应符合铁路 1435mm 标准轨距铁路建筑界限的规定。

## 二、公路与乡村道路交叉

乡村道路是指未列入等级公路的乡村地区通行机动车、非机动车和行人的道路。

1. 公路与乡村道路交叉设置要求

(1) 高速公路与乡村道路交叉时必须设置天桥或者通道。

(2) 一级公路与乡村道路交叉时宜设置天桥或者通道。

(3) 二级公路、三级公路与乡村道路交叉时应设置平面交叉，四级公路与乡村道路交叉时宜设置平面交叉，地形条件有利或公路交通量大时宜设置天桥或者通道。

(4) 二级公路、三级公路、四级公路与乡村道路相交时，应对其交叉范围一定长度的路段进行改造，使其达到四级公路的标准。

(5) 二级及二级以上公路位于城镇或人口稠密的村落或学校附近时，宜设置专供行人横向通行的人行通道或人行天桥。

**2. 通道设计要求**

(1) 通道的间隔以 400m 左右为宜。农业机械化程度高的地区和人烟稀少地区通道间隔宜适当加大。

(2) 通道的交叉角以 90°为宜。必须斜交时,其交叉的锐角应不小于 60°;受地形条件或其他特殊情况限制时,应不小于 45°。

(3) 通道处的乡村道路平面线形宜为直线。其两侧的直线长度应不小于 20m。

(4) 通道处的乡村道路纵面线形应为直坡,坡度宜不大于 3%,构造物不得设于凹形竖曲线底部。通道应采用自流排水方式做好排水设计。

(5) 通道净空高度满足相关规范要求,如图 7-15 所示。

**3. 天桥设计要求**

(1) 主要公路为路堑地段或地形条件有利时可设置天桥,并以正交为宜,其主要技术指标可参照四级公路相关标准执行,桥面净宽不小于 4.5m。

(2) 天桥的车道荷载等级应不低于公路—Ⅱ级,并设置限载标志。

(3) 跨越高速公路、一级公路的天桥应设置防撞护栏和防落网,如图 7-16 所示。

(4) 天桥的桥面雨水不得直接排至公路路面。

图 7-15  通道

图 7-16  人行天桥

### 三、公路与管线交叉

**1. 管线的类型**

(1) 管线按性质和用途分为管道、电缆和渠道三大类型。其中,管道包括给水管、污水管、雨水管、煤气管、暖气管和天然气管,电缆包括电信线、电力线、无轨电车、地下铁道等电力交通电缆。

(2) 管线按布置位置分为地下埋设、空中架设和桥上铺设。地下埋设的管线称为地下管道,如给水管、污水管、雨水管、煤气管、暖气管、天然气管等。空中架设的管线有地上电杆(电力、电讯线)、地上管道(石油管道、天然气管道等)。沿跨线桥有时也铺设各种公用管线,如电缆、给水管、暖气管等。

**2. 公路与管线交叉设计要求**

(1) 公路与架空输电线路相交,以正交为宜。必须斜交时,其交叉的锐角应大于 45°。

(2) 公路与油气输送管道相交时,以正交为宜。必须斜交时,其交叉的锐角不宜小于 30°。

(3)油气输送管道与各级公路相交叉且采用下穿方式时,应设置地下通道(涵)或套管。

(4)穿越公路的地下专用通道(涵)的埋置深度,除应符合石油天然气行业标准的荷载相关规定外,尚应符合《公路桥涵设计通用规范》(JTG D60—2015)的有关规定,并按所穿越公路的车辆荷载等级进行验算。穿越公路的保护套管,其顶面距路面底基层的底面应不小于1.0m。

(5)严禁有毒有害、易燃易爆、高压等管线设施利用公路桥梁跨越河流。输送有毒有害、易燃易爆物质的管线穿(跨)越河流时,管线距特大桥、大桥、中桥的距离,应不小于100m;与小桥的距离,应不小于50m。

(6)严禁有毒有害、易燃易爆、高温高压等管线设施通过公路隧道。

(7)各种管线跨越公路的设施,不得侵入公路建筑限界,不得妨碍公路交通安全,损害公路设施,也不得对公路及其设施形成潜在威胁。

**复习思考题**

1. 公路交叉口的种类有哪些?
2. 公路平面交叉的基本要求是什么?
3. 公路平面交叉的类型有哪些?
4. 公路立体交叉的类型有哪些?
5. 互通式立体交叉的主要组成有哪些?
6. 高速公路与各级公路交叉在什么条件下应设置互通式立体交叉?
7. 公路与其他路线交叉的类型有哪些?

# 第八章 交通工程及沿线设施

### 知识点

交通工程安全防护设施的类型、作用；
道路交通标志与标线的分类、作用；
交通工程机电设施的类型。

### 技能点

掌握交通工程安全防护设施的构造、形式选择；
明确三大系统的作用、相互的关系；
基于通信系统传输方式的优缺点，根据实际情况进行选择。

交通工程及沿线设施是公路的重要组成部分，是发挥公路经济效益，保障行驶安全必不可少的配套设施，是公路现代化、智能化的标志之一。交通工程及沿线设施包括交通工程安全防护设施、道路交通标志与标线、交通工程机电设施等。

## 第一节 交通工程安全防护设施

常见的交通工程安全防护设施是指为保障行车和行人的安全，充分发挥道路的作用，在道路沿线设置的护栏、隔离栅、轮廓标、诱导标、防眩设施等。它能为公路使用者提供各种警告、禁令、指示、指路信息和视线诱导，排除行车道内干扰，提供路侧保护，减少潜在的交通事故隐患。

### 一、护栏

护栏是公路交通工程安全防护设施的重要组成部分，它的作用为：一是能够在一定程度上阻止车辆驶出路外，或阻止失控车辆穿越中央分隔带驶入对向车道；二是车辆碰撞防护栏的运动轨迹应能圆滑过渡，使车辆回到正常行驶方向，并减少发生二次事故的可能性；三是一旦失控车辆与护栏发生碰撞，能减轻对驾驶员和乘客的损伤；四是能诱导驾驶员的视线，使其能清晰地看到道路前进方向和道路轮廓。

1. 护栏的分类
(1)按照刚度不同，护栏可分为柔性护栏、刚性护栏和半刚性护栏。

①柔性护栏（图 8-1）：一般指缆索护栏，它是一种以数根施加初拉力的缆索固定于立柱上而组成的结构，主要依靠缆索的拉应力来抵抗车辆的碰撞，吸收碰撞能量。缆索护栏属柔性结构，车辆碰撞时缆索在弹性范围内工作，可以重复使用，容易修复。这种护栏形式美观，车辆行驶时没有压迫感，但视觉诱导效果较差。

②刚性护栏（图 8-2）：一般指水泥混凝土墙式护栏，它是一种具有一定断面形状的水泥混凝土墙式结构，依靠汽车爬高、变形和摩擦来吸收碰撞能量。刚性护栏在受到碰撞时不易变形，几乎不会损坏，所以维修费用低，但对车辆行驶有压迫感，车辆与护栏相撞时，对车辆和驾乘人员的伤害较大。

图 8-1 柔性护栏

③半刚性护栏（图 8-3）：一般指梁式护栏，是一种连续的梁柱结构。它是通过车辆与护栏间的摩擦、车辆与地面间的摩擦及车辆、土基和护栏本身产生一定量的弹、塑性变形（以护栏系统的变形为主）来吸收碰撞能量，延长碰撞过程的作用时间来降低车辆速度，并迫使失控车辆改变行驶方向，使其恢复正常的行驶方向，从而确保驾乘人员安全和减轻车辆损坏程度。梁式护栏按照结构又可以分为 W 形波形梁护栏、管梁护栏、箱梁护栏等几种。

图 8-2 刚性护栏　　　　图 8-3 半刚性护栏

（2）按照设置位置不同，护栏可分为路侧护栏和中央分隔带护栏。

路侧护栏一般设置于公路土路肩内，但护栏的任何部位都不能侵入公路建筑限界。设置原则是根据人们对公路等级、交通量、车辆组成、路侧特征等因素的主观判断及参照相关标准、规范制定的。一般车辆驶出路外有可能造成二次特大事故的路段必须设置路侧护栏。根据车辆驶出路外可能造成的交通事故等级，选取路侧护栏的防撞等级。

中央分隔带护栏设置要求：①高速公路和作为干线的一级公路，当整体式断面中间带宽度小于或等于 12m 时，必须设置中央分隔带护栏；当整体式断面中间带宽度大于 12m 时，应分路段确定是否设置中央分隔带护栏。②高速公路和一级公路采用分离式断面的，行车方向左侧应按路侧护栏设置；上、下行路基高差大于 2m 时，可只在路基较高的一侧按路侧护栏设置。③高速公路和禁止车辆掉头的一级公路中央分隔带开口处，必须设置活动护栏。

2. 几种常见的护栏形式

（1）波形护栏。

波形护栏是一种以波纹状钢护栏板相互拼接，并由主柱支撑的连续结构。它利用土基、立柱、横梁的变形来吸收碰撞能量，并迫使失控车辆恢复正常的行驶方向，防止车辆冲出路外，以保护车辆和驾乘人员，减少事故造成的损失。波形护栏刚柔相济，具有较强的吸收碰撞能量和防撞的能力，具有较好的视线诱导功能，能与道路线形相协调，外形美观、协调，可在小半径弯道上使用，损坏处容易更换。组合波形护栏可在窄中央分隔带上使用。对于车辆冲出路（桥）外，有可能造成严重后果的区段，可选择加强波形护栏。波形护栏如图8-4所示。

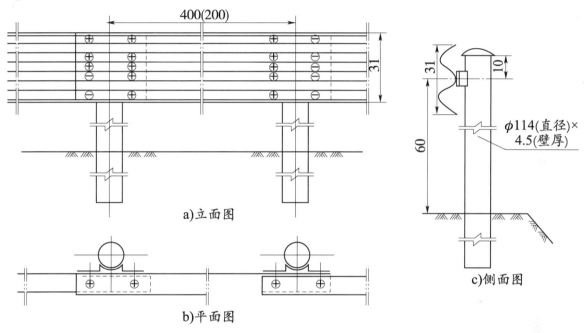

图8-4　波形护栏（尺寸单位：cm）

波形护栏一般由波形梁板、立柱和托架组成，它的高度应符合相关规定，如二波波形护栏的横梁中心高度，从路面开始算至连接螺栓孔中心的距离为600mm，三波波形护栏的横梁中心高度，从路面开始算至连接螺栓孔中心的距离为697mm。

（2）缆索护栏（以埋入式结构为例）。

路侧缆索护栏位于公路土路肩内，护栏面与土路肩左侧边缘线或路缘石左侧立面重合，立柱外侧土路肩保护层厚度不小于25cm。中央分隔带缆索护栏宜以公路中心线为对称轴设置。缆索护栏适用于交通量小、大型车占有率小、对景观要求高的公路。缆索护栏如图8-5所示。

缆索护栏由端部结构、中间端部结构、中间立柱、托架、缆索、索端锚具等组成。其中端部结构由三角形支架、地板和混凝土基础组成，中间端部结构由一对三角形支架、底板和混凝土基础组成。

（3）水泥混凝土护栏。

水泥混凝土护栏按防撞等级可分为A、SB、SA和SS四个等级，混凝土的强度等级、配筋量和基础设置应通过计算确定。一般高速公路、一级公路混凝土的强度等级不低于C30，其他公路混凝土的强度等级不低于 C20。水泥混凝土护栏如图 8-6 所示。

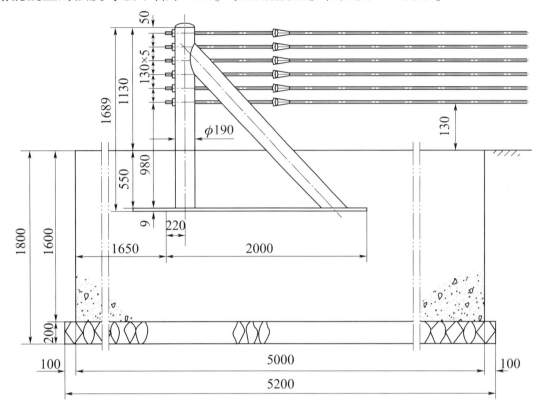

图 8-5 缆索护栏(尺寸单位:mm)

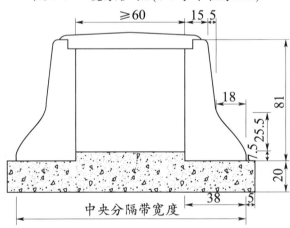

图 8-6 水泥混凝土护栏(尺寸单位:cm)

路侧水泥混凝土护栏按构造可分为 F 型、单坡型和加强型三种,根据路侧危险情况选用。中央分隔带水泥混凝土护栏可采用整体式或分离式,可根据中央分隔带的宽度、构造物和管线的分布加以确定。

3. 护栏形式选择

选择护栏形式时主要考虑以下几点因素:①护栏的防撞性能;②受碰撞后的护栏变形程度;③护栏所在位置的现场条件;④护栏材料的通用性;⑤护栏的全寿命周期成本;⑥护栏养护工作量和养护的方便程度;⑦护栏的美观、环境因素和对视距的影响;等等。

对景观有特殊要求的公路可选择外观自然、与周围环境相融合的护栏形式。从路面到护栏顶部的高度一般为 70~100cm,当需要的护栏高度超过 100cm 时,设计护栏结构时应考虑避免失控车辆的驾乘人员头部直接撞击护栏。

护栏在设置的起止点、交通分流处三角地带、中央分隔带开口以及隧道入、出口处等位置,应进行便于失控车辆安全导向的端头处理。不同形式的路基护栏之间或路基护栏与桥梁护栏之间应进行过渡处理。

## 二、隔离栅

隔离栅是高速公路实施封闭的专用设施,能有效地阻止行人、动物误入需要控制的公路,排除横向干扰,避免由此产生的交通事故。

1. 隔离栅的设置

高速公路、需要控制出入的一级公路沿线两侧必须连续设置隔离栅,其他公路可根据需要设置。隔离栅的中心线应沿公路用地界线以内20~50cm处设置。遇到桥梁、通道、车行和人行涵洞时,应在桥头锥坡或端墙处围封,当沿隔离栅中心线地形起伏较大时,可做成阶梯模式。

2. 隔离栅形式及其选择

隔离栅按其使用的材料,可以分为金属隔离栅和非金属隔离栅两种形式。隔离栅的形式选择上除需考虑性能、造价、美观和与公路周围环境的协调外,还应考虑施工条件、养护维修和地形等因素。

(1)金属隔离栅。

金属隔离栅一般可分为金属网隔离栅、钢板网隔离栅、刺铁丝隔离栅几类,如图8-7所示。金属网、钢板网隔离栅结构合理、美观大方,但单位造价高,故主要用于城镇、郊区人员密集的路段,风景旅游区等对美观性要求较高的路段及互通立交、服务区、收费站的重要设施两侧。刺铁丝隔离栅是一种结构比较简单的隔离栅,美观性、耐久性较差,常用于山岭重丘地区路段、人烟稀少路段,郊外公路保留用地及高架构造物下部,以及跨越沟渠需要封闭的路段。

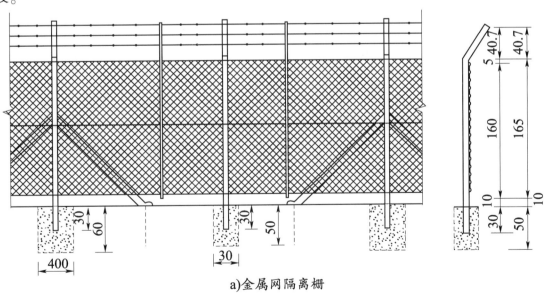

a)金属网隔离栅

图 8-7

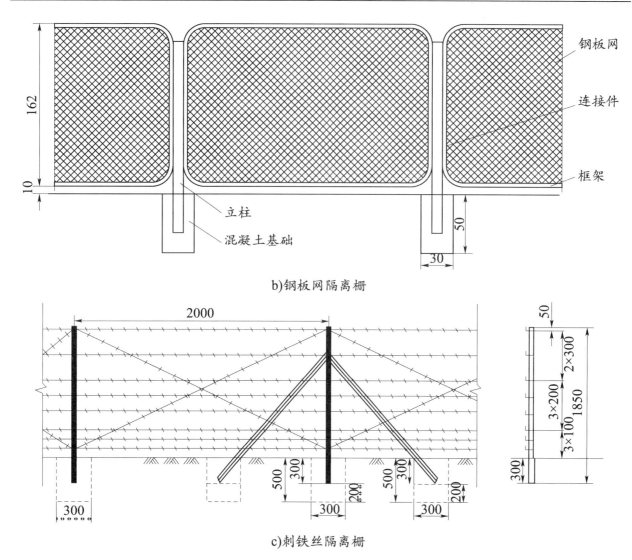

b) 钢板网隔离栅

c) 刺铁丝隔离栅

图 8-7 隔离栅构造图(尺寸单位:mm)

(2)非金属隔离栅。

非金属隔离栅一般为常青绿篱,在南方地区与刺铁丝隔离栅配合使用,具有隔音、降噪、美化路容和节约投资的综合功效。

## 三、防眩设施

夜间车辆在道路上行驶会车时,其前照灯(大灯)的强光会引起驾驶员眩目,致使驾驶员获得视觉信息的质量显著降低,对视觉机能造成伤害和引起心理的不舒适感觉,使驾驶员产生紧张和疲劳感,这是诱发交通事故的潜在因素。要解决高等级公路汽车前照灯引起的眩目问题,经济可行的方法就是设置防眩设施。

1. 防眩设施设置要求

防眩设施按部分遮光原理设计,直线路段遮光角不应小于8°,平、竖曲线路段遮光角应为8°~15°。

一般高速公路、一级公路中央分隔带宽度小于9m的路段且符合下列条件之一者,宜设置防眩设施:

(1)夜间交通量较大,且设计交通量中,大型货车和大型客车自然交通量之和所占比例大于或等于15%的路段。

(2)设置超高的圆曲线路段。

(3)凹形竖曲线半径等于或接近《标准》规定的最小半径值的路段。

(4)公路路基横截面为分离式断面,上下车行道高差小于或等于2m时。

(5)与相邻公路、铁路或交叉公路、铁路有严重眩光影响的路段。

(6)连拱隧道进出口附近。

公路沿线有连续照明设施的路段,可以不设置防眩设施。

2. 防眩设施形式选择

选择防眩设施形式时,应针对公路的平纵线形、气候条件,比较各种防眩设施的性能,分析行车安全感、压迫感、景观要求,并考虑与公路周围环境的协调性,结合经济性、施工条件及养护维修等因素来确定。

高速公路、一级公路宜采用防眩板和植树交替设置的方式进行防眩。中央分隔带护栏间距小于树冠直径,或植树对中央分隔带通信管道有影响时,不宜采用植树的方式防眩。

### 四、视线诱导设施

视线诱导设施是一种沿车道两侧设置,用以指示道路方向、车行道边界及危险路段位置等的设施的总称,包括轮廓标、分流诱导标或合流诱导标、线形诱导标等。它们可在白天、黑夜诱导驾驶员的视线,表明道路轮廓,保证行车安全。

1. 轮廓标

轮廓标是指示道路方向、车行道方向的设施,应根据不同等级道路来设置。对于高速公路、一级公路主线及互通立交、服务区、停车场的进出匝道或连接通道,应全线连续设置轮廓标;中央分隔带开口路段应连续设置轮廓标。对于二级及以下公路视距不良路段、设计速度大于或等于60km/h的路段、车道数或车道宽度有变化的路段及连续急弯陡坡路段,宜设置轮廓标。其他路段视需要可设置轮廓标。

轮廓标在公路行车道左、右侧对称设置,设置于隧道检修道上的轮廓标应保持在同一高度上,设置于其他位置的轮廓标反射器中心高度应为60~75cm。有特殊需要时,经论证可采用其他高度。轮廓标反射器应面向交通流,其表面法线应与公路中心线成0°~25°。直线段轮廓标设置间距不应超过50m。轮廓标通常附着在建筑物上,如图8-8所示。

2. 分流诱导标或合流诱导标

分流诱导标或合流诱导标是设置于交通分流或交通汇合区段的诱导设施,用以唤起驾驶员对高速公路进、出口匝道附近交织运行的注意,如图8-9所示。

3. 线形诱导标

线形诱导标又称为导向标,是指设置于急弯或视距不良路段,用来指示道路改变方向,或设置于施工、维修作业路段,用来警示驾驶员,进而改变行驶方向的设施。

线形诱导标设计一般原则:①导向标的设置和线形一致,垂直于车的行驶方向,至少在距离150m处就能看见;②设置间距保证驾驶员至少看到2块导向标或能辨明前方进入弯道运行;③在曲线半径较小的匝道上,驾驶员应连续看到不少于 3 块线形诱导标。

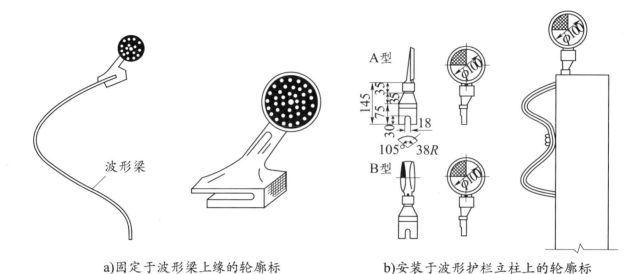

图 8-8　轮廓标(尺寸单位:mm)

图 8-9　分流诱导标或合流诱导标

线形诱导标的箭头所指方向为通行、绕行方向,当公路允许行车速度 $v \geqslant 100$km/h,线形诱导标尺寸为 60cm×80cm,当 $v \leqslant 100$km/h,线形诱导标尺寸为 22cm×40cm。线形诱导标为蓝底、白图案,表示指示性标志;线形诱导标为红底、白图案,表示警告性标志。线形诱导标设置形式可以分为独立式和附着式,如图 8-10 所示。

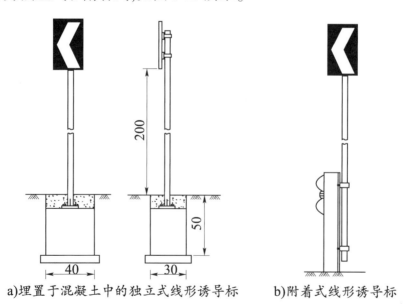

图 8-10　线形诱导标(尺寸单位:cm)

# 第二节　道路交通标志与标线

道路交通标志和标线的设置目的主要是通过为公路使用者提供安全、统一、高效的行车引导,提高公路的安全水平和运输效率。

## 一、道路交通标志

道路交通标志是以图形符号或文字的形式传递特定的信息,用于管理交通、保障安全的设施。

1. 道路交通标志的分类

(1) 警告标志。

警告标志的颜色均为黄底、黑边、黑图案,形状为等边三角形或矩形,其中三角形顶角朝上。警告标志是指用于警告驾驶员注意前方路段存在的危险,并提前采取避让措施的标志,如急弯路段标志、注意横风标志、道路变窄标志等,如图8-11所示。

a) 急弯路段标志　　b) 注意横风标志　　c) 道路变窄标志

图8-11　警告标志

(2) 禁令标志。

禁令标志为白底、红圈、红杠、黑图案,图案压杠。禁令标志的形状为圆形、矩形、八角形、顶角向下的等边三角形。禁令标志是指根据道路和交通量情况,为保证安全而对车辆加以禁止或者限制的标志,如禁止驶入标志、停车让行标志、禁止右转标志,如图8-12所示。

a) 禁止驶入标志　　b) 停车让行标志　　c) 禁止右转标志

图8-12　禁令标志

(3) 指示标志。

指示标志为蓝底、白图案,通常为圆形、长方形和正方形。指示标志是指一般设于驾驶员、行人容易产生迷惑处或者必须遵循行驶规定处,用于提示车辆和行人按规定方向、地点行进的标志,如允许掉头标志、直行标志、机动车道标志,如图8-13所示。

a)允许掉头标志　　　　b)直行标志　　　　c)机动车道标志

图 8-13　指示标志

2.道路交通标志的支撑方式

道路交通标志的支撑方式可分为柱式、悬臂式、门架式和附着式四种。道路交通标志的支撑方式应根据交通量、车型构造、运行速度、公路宽度、车道数、沿线构造物分布以及路侧条件等因素综合确定,并尽可能经济、美观。

## 二、道路交通标线

道路交通标线是指在道路的路面上用线条、箭头、文字、立面标记、突起路标、轮廓标等向交通参与者传递引导、限制、警告等交通信息的标识。其作用是管制和引导交通,可以与道路交通标志配合使用,也可单独使用。它是交通设施的重要组成部分,是保障交通安全、维护行车秩序的重要措施,也是道路交通法规的重要组成部分之一。它具有强制性、诱导性和服务性。高速公路、一级公路、二级公路和城市快速路、主干路应按相关标准的规定设置反光交通标线,其他道路可根据需要按相关标准设置道路交通标线。

1.道路交通标线的分类

(1)按功能可以分为:①指示标线,指示行车道、行车方向、路面边缘、人行道、停车位、停靠站等的标线;②禁止标线,告示公路交通的遵循、禁止、限制等特殊规定的标线;③警告标线,促使公路使用者了解公路上的特殊情况,提高警觉,准备采取应变防范措施的标线。

(2)按设置方式可分为:①纵向标线,沿公路行车方向设置的标线;②横向标线,与公路行车方向交叉设置的标线;③其他标线,字符标记或其他形式的标线。

(3)按形态可以分为:①线条,标画在路面、缘石或立面上的实线或虚线;②字符,标画在路面上的文字、数字及各种图形、符号;③突起路标,安装在路面上用于标示车道分界、边缘、分合流、弯道、危险路段、路宽变化、路面障碍物位置等的反光体或不反光体。

2.道路交通标线的标划区分

(1)单黄虚线:在保证安全的条件下,允许双向车辆越线超车或向左转弯、掉头。其适用于双向双车道公路,如图 8-14 所示。

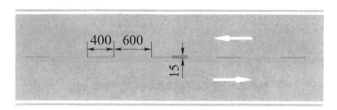

图 8-14　单黄虚线设置图(尺寸单位:cm)

(2)单黄实线:任何情况下,双向车辆不得越线超车或向左转弯、掉头。其适用于双向双车道公路,如图8-15所示。

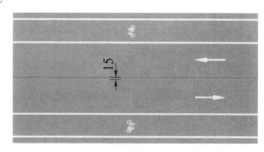

图8-15 单黄实线设置图(尺寸单位:cm)

(3)黄色虚实线:在保证安全行车的条件下,允许虚线一侧的车辆超车或向左转、掉头;任何情况下,实线一侧的车辆不得超车或向左转弯、掉头。其适用于双向四车道以下且路基为整体式的公路,如图8-16所示。

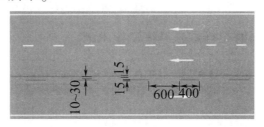

图8-16 黄色虚实线设置图(尺寸单位:cm)

(4)双黄实线:任何情况下,双向车辆均不得超车或向左转弯、掉头。双向四车道及以上的整体式路基未设置中央分隔带时,应设置双黄实线,如图8-17所示。

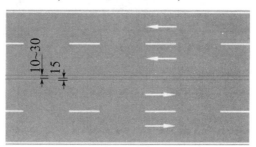

图8-17 双黄实线设置图(尺寸单位:cm)

(5)白色实线:禁止跨越同向车行道分界线,用于禁止车辆变换车道和借道超车,如图8-18所示。

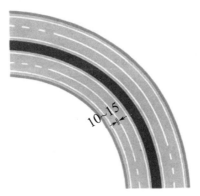

图8-18 白色实线设置图(尺寸单位:cm)

（6）白色虚线：车辆在道路上行驶时可以调换车道，也可以并线，如图8-19所示。

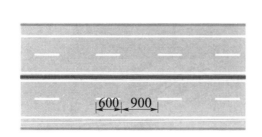
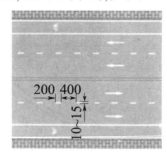

a) 二级及以上公路　　b) 其他公路或城市公路

图8-19　白色虚线设置图（尺寸单位：cm）

## 第三节　交通工程机电设施

高速公路机电工程一般包括交通监控系统、收费系统和通信系统，三者是密切相关的，在建设和发展过程中是同步进行、协调发展的，在高速公路网建成后已达到统一运行、统一管理、统一组织收费和管理交通的目的。交通监控系统是实现高速公路大流量、快速和安全运行的指挥调度系统，它是根据交通流、气候、路况及随时发生的意外情况，对车流进行适时指挥。收费系统是通过对所管辖段的车流量、汽车类型及收费情况，进行实时地科学统计、分析及数据备份，并对收费广场、车道进行监控，及时处理站区内发生的紧急或异常情况，是对进出口车道的车辆进行收费或发卡、将收费数据实时存入收费站的管理服务器。通信系统是高速公路建设中的重要配套项目和基础设施，它为高速公路各级部门的运营、管理以及沿线设立的收费系统、监控系统提供语音、数据和图像传输通道，为各种网络服务及会议电视系统提供传输通道。

交通监控系统、收费系统和通信系统三者之间的关系如下：

（1）交通监控系统与收费系统的关系。交通监控系统与收费系统的关系表现在多个方面，包括：①收费操作与车道监控；②收费识别与监控系统；③收费系统与交通监控系统的局域网统一；④收费系统与交通监控系统的数据共享。

（2）交通监控系统与通信系统的关系。交通监控系统以通信系统提供的信道作为数据传输通道。通信系统为交通监控系统提供了一个外场设备（监控站）、监控分中心、监控中心的通信平台。此外，通信系统还需向交通监控系统提供通信网管理信息，包括通信网络与通信设备状态和通信系统维护计划及状态等。

（3）收费系统与通信系统的关系。收费系统要求交通通信系统提供各种数据传输通道，为保障收费数据传输的可靠性，应提供备份路由。

### 一、交通监控系统

1. 交通监控系统的分类

（1）公路监控系统按所辖路段范围可分为主线控制、匝道控制、隧道控制、通道控制和综合控制。

(2)按照信息处理方式可分为单一的计算机集中处理、多计算机功能分散的计算机网络处理。

(3)按照功能划分一般分为收费监控系统、道路监控系统。

(4)按照管理层次可分为外场设备、监控站(或隧道管理站)、监控分中心和监控中心。

2.交通监控系统的功能

(1)信息采集:实时采集变化着的道路交通状态,包括交通信息、气象信息、交通异常事件信息等。

(2)信息分析处理:包括对交通运行状态正常与否的判断,对交通异常事件严重程度的确认,对交通异常状态的预测,对已经发生或可能发生的异常事件处置方案的确定等。

(3)信息提供:为在高速公路上行驶着的驾驶员提供道路状态信息,对行驶车辆发出限制性、劝诱性、建议性指令,为交通事故和其他异常事件的处理部门提供处置指令,向信息媒体或社会提供应用更为广泛的高速公路交通信息。

3.交通监控系统的构成

高速公路交通监控系统主要由信息采集系统、信息提供系统及监控中心三大部分组成,如图8-20所示。信息采集系统包括车辆检测器、气象检测器、紧急电话和巡逻车。信息提供系统包括交通标志、标线、信号等,是交通监控管理为汽车用户服务的主要形式。监控中心是高速公路全线路交通监控系统的最高层,即控制中心,主要负责全线路范围内交通情况的监视和控制。国内现阶段的监控主要是视频监控。

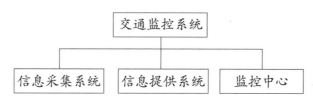

图8-20 交通监控系统的构成

4.交通监控系统监控的内容

高速公路交通监控系统按照功能一般分为收费监控系统和道路监控系统两部分。收费监控系统主要是对收费站的车道、收费广场、收费亭的收费情况,收费车道通过的车辆类型,收费员的操作过程以及收费过程中的突发事件和特殊事件进行观察和记录,并实施有效的监督。道路监控系统主要是对高速公路干线、互通立交、隧道、路面等高速公路重点路段进行监控,以方便道路管理者及时掌握高速公路交通状况,及时发现交通阻塞路段、违章车辆,并及时给予引导,保证高速公路的安全、通畅。设备分布在高速公路沿线,如图8-21所示。

5.交通监控系统组织结构

交通监控系统先将道路和收费站的监控数据送入监控站(图8-22),监控站再将各种数据由通信设备通过主干通信线路发送到监控中心或监控分中心。

监控中心的数据接收根据路程的长短分为集中监控和分层级监控管理,如图8-23、图8-24所示。

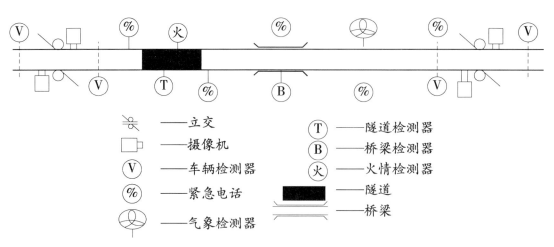

图 8-21　高速公路沿线外场设备分布示意图

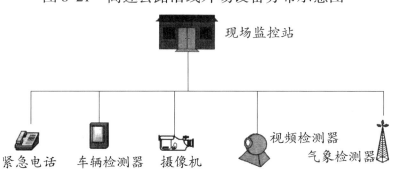

图 8-22　外场设备接入结构图

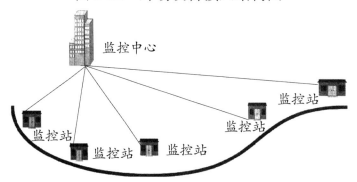

图 8-23　集中监控

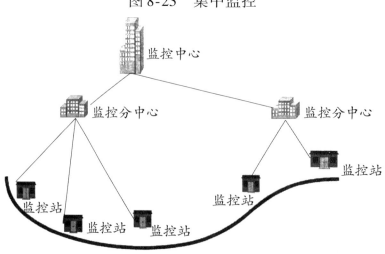

图 8-24　长路段分层级监控

## 二、收费系统

道路交通管理领域的收费系统主要有公路收费系统、拥挤收费系统、停车收费系统、机动车管理收费系统等。而高速公路的收费主要针对道路使用者,他们在使用高速公路时需缴纳费用。而对于以下车辆,可享受免费待遇:高速公路运营管理所需的路政车、拯救车、维修车等内部管理使用的车辆,同时其必须配备必要的标牌和标志;正在执行紧急任务时,设置有专用设备或专门标志的消防车、救护车、公安和司法部门的警车等;挂军队牌照的车辆;根据地方政府法律性文件可以享受免费待遇的特许车辆。

1. 收费系统的分类

(1)按收费方式,收费系统可分为人工收费系统、半自动收费系统、全自动收费系统。

①人工收费系统:这种收费系统存在严重缺陷,仅限于作为短期的临时系统使用。

②半自动收费系统:由人工进行收费操作,计算机系统对车道设备进行控制,并对收费数据进行自动统计管理的收费系统。

③全自动收费系统:又分为自动机械收费系统和自动电子收费系统。自动机械收费系统是指在无人值守的收费车道,由自动收费机械及计算机系统自动完成收费操作、车道设备控制和收费数据统计处理的收费系统。自动电子收费系统是指在无人值守的收费车道,应用无线电射频识别及计算机等技术自动完成对通过车辆的识别、收费操作、车道设备控制和收费数据处理的收费系统,又称为不停车收费系统。

(2)按车辆通过收费站是否停车,收费系统可分为停车收费系统、电子不停车收费(Electronic Toll Collection,ETC)系统。

(3)按收费制式,收费系统可分为均一式收费系统、开放式收费系统、封闭式收费系统、混合式收费系统(前述几种收费系统的混合形式)。

均一式收费系统是最简单的一种收费制式,其收费站一般设置在收费公路的各个入口处(包括主线两端入口和互通立交入口),而主线和出口都不再设站。均一式的收费标准仅根据车型这一个因素确定。而与行驶里程无关,各个收费站都取同一收费标准。

开放式收费系统,其收费站建在收费公路的主线上,距离较长的收费公路可以建多个收费站,间距一般在30~50km之间。各个出入口不再设站,这样车辆可以自由进出,不受控制,收费公路对外界呈"开放"状态。

封闭式收费系统,其收费站建在收费公路的所有出入口处,其中:起终点的出入口收费站一般建在主线上,称为主线起点收费站;互通式立交出入口收费站建在出入匝道上,称为互通立交匝道收费站。车辆驶入收费公路时,先在收费站的入口车道领取一张通行券,其记录着该收费站的名称或编号,当通过收费站的出口车道时,收费站根据车型和行驶里程计价收费。

2. 收费系统设备

收费系统一般采用"收费车道—收费站—各运营公司收费中心—收费结算中心"的四级收费体制。各级站点的核心都为计算机设备,这些设备通过以太网交换机连成网络。收费车道采集的原始收费数据,通过计算机网络实时发送给收费站,收费站将采集的数据集中后发送给收费结算中心和相应运营公司的收费中心,因此,收费系统设备包括以下几部分。

（1）收费车道设备，包括收费员终端、车道控制器、票据打印机、非接触式IC卡读写器、雨棚信号灯、手动栏杆、自动栏杆、通行信号灯、黄色闪光报警器、雾灯、费额显示器、车辆检测器及必需的附属设备，根据入、出口车道类型安装的相应设备。

（2）收费计算机系统硬件，包括收费中心计算机系统和收费站计算机系统两级，各级计算机系统主要包括服务器、工作站、以太网交换机、IC卡读写器、激光打印机等。

（3）收费系统软件，包括收费车道、收费站和收费中心计算机系统的操作系统、数据库、应用软件以及完成本系统功能的全部应用软件。

（4）收费闭路电视监视系统，包括外场设备、收费站监视控制设备。外场设备主要指广场摄像机、入出口车道摄像机、亭内摄像机、视频数据叠加器等；收费站监视设备设于各个收费站控制室内，主要指视频控制矩阵、硬盘录像机、彩色监视器等。

（5）收费站与收费亭内部有线对讲系统。

（6）收费站和各收费亭的安全报警系统。

（7）收费附属设施，包括电源、配电箱、设备保护系统、传输介质（电力电缆、信号电缆、光缆）、设于收费控制室内的控制台、活动椅等。

3. 电子不停车收费（ETC）系统

电子不停车收费（ETC）系统，是一个服务于公路收费业务的专业管理信息系统。它实现了高速公路、收费桥梁的智能交通，达到了车辆经过收费站时不停车、不滞留、不用现金、不用人工干预、自动收费的目的，提高了车辆的通行效率，减少了收费站排队缴费的时间。

电子不停车收费系统可分为前台系统和后台系统。前台系统包括车辆自动识别系统、车辆自动分类系统和录像实施系统。后台系统包括计算机管理系统、道路运营管理系统、结算中心管理系统、客户服务中心管理系统、银行管理系统。系统采用车载装置记录代付款协议等信息，插入IC卡后，当通过电子收费口时，收费口通信天线与车载设备之间的通信，使计算机收费系统和IC卡双方均完成对通行费的记录，从而实现电子结算收费。

ETC车道主要由天线、车道控制器、费额显示器、电动栏杆机、车辆检测器等组成，其主要组成部分如图8-25所示。

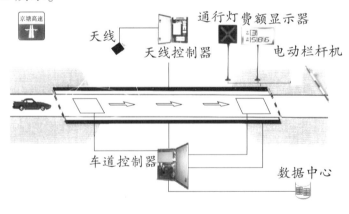

图8-25　ETC车道

## 三、通信系统

通信系统主要是为高速公路运营管理及监控、收费系统实施提供必要的语音业务及数据、图像信息传输通道,它是保障高速公路安全、高速、畅通、舒适、高效运营及实现现代化交通管理必不可少的手段,是高速公路管理系统的中枢神经。根据目前的技术状况,通信系统基本采用两种实现方法:一种为SDH(Synchronous Digital Hierarchy,同步数字体系)光纤数字传输系统,另一种为可实现语音、数据、视频三网合一的千兆以太网技术。

1. 高速公路通信系统的特点

高速公路通信系统以内部通信为主,并入电信公用网,以有线通信为主,并综合多种通信方式。

2. 高速公路通信系统的基本组成

高速公路的通信系统大致由语音、数据和图像三大部分组成。

(1)语音业务包括业务电话、指令电话、紧急电话、广播等。业务电话是通信系统基本的通信业务,包括网内各级管理机构的业务电话和个人电话,它能实现高速公路专用网内用户和公用网用户间的通话;指令电话为在高速公路内部进行的交通管理和调度指挥服务,指令电话调度台对分机具有选呼、组呼、令呼等功能,它包括有线指令电话和无线指令电话;紧急电话是高速公路内部专用的安全报警电话,为高速公路使用者提供紧急呼救求援的通信手段;广播包括路侧道路情报广播及交通信息电台广播。

(2)数据业务包括高速数据业务和低速数据业务。

高速数据业务主要是指高速公路收费系统和综合管理信息系统(包括办公自动化系统、路政和养护管理信息系统等)计算机通信网络的数据业务,通信系统为其提供传输信道。其中,收费系统计算机网络要实现收费站、收费(分)中心、收费总中心的三级收费网络互连,计算机收费局域网的速率一般为10Mbps/100Mbps。

低速数据业务主要是指外场交通监控数据业务,包括可变情报板、限速标志、车辆检测、气象检测、图像切换和控制等。

(3)图像业务主要是指交通监控图像及会议电视图像。CCTV交通监控图像包括收费站中收费车道、收费亭、广场图像以及重要路段和立交桥的外场监控图像。

3. 通信系统的传输方式

通信系统的传输方式主要有光纤通信、微波通信和卫星通信三种,其各自的特点、优缺点及适用范围见表8-1。

**通信系统的传输方式的特点、优缺点及适用范围**　　表8-1

| 类别 | 特点 | 优 缺 点 | 适 用 范 围 |
|---|---|---|---|
| 光纤通信 | 光波为载体,光纤为传输媒质 | 优点是传输频带宽,通信容量大;损耗低,传输距离远;不受电磁干扰,线径细、质量轻、资源丰富;抗腐蚀,不易老化。缺点是光纤质地脆,机械强度差 | 从光纤通信的优势和高速公路的客观条件看,全封闭的高速公路为敷设光缆提供了最佳路由,工程建设简易、方便。光纤通信的大容量为高速公路通信系统的综合通信和今后的扩容提供了良好条件,高速公路通信系统应优选光纤通信作为基本的主干线传输方式 |

续上表

| 类别 | 特点 | 优 缺 点 | 适 用 范 围 |
|---|---|---|---|
| 微波通信 | 微波携带信号在自由空间中传输 | 在微波中间站之间传输不需任何设备,所以建站方便,维护方便,但微波通信干扰严重 | 在高速公路上一般不提倡采用微波通信;个别路段不具备采用光纤通信条件时,可考虑采用 |
| 卫星通信 | 微波接力通信(地球站之间传送) | 几乎可以向地球上的任何地方发送信息,传输成本与发送和接收的距离无关。但线路长,易受干扰,损耗及时延较大 | 从交通运输部通信中心到各省交通通信中心,有些省份将其作为路段管理处到各省交通运输厅公路局的通信方式,不适用于路段内部通信 |

### 复习思考题

1. 公路交通安全设施有哪些?各自有什么作用?
2. 公路上的护栏形式如何选择?
3. 高速公路上为何要设置防眩设施?
4. 道路交通标志分为哪几类?
5. 交通工程机电设施由哪些组成?
6. 交通监控系统如何分类?
7. 高速公路通信系统由哪些组成?

# 课 程 标 准

**【课程名称】**公路概论

**【参考学时】**72学时,理论教学为62学时,实训教学为10学时

## 一、课程性质

公路概论是道路与桥梁工程施工、公路养护与管理专业基础课之一。本课程以培养学生了解我国公路发展简史与技术等级划分,掌握公路工程的基本概念、基本结构及组成,了解公路平面、纵断面和横断面的相关内容,掌握公路沿线设施的基本知识,加深对公路工程的基本认识等职业能力为重点,要求学生能够掌握公路、桥涵、隧道、交通工程的基本组成及各部分名称作用,会运用《公路工程技术标准》等规范文件查找本专业相关知识,为专业课的学习打下基础。

本课程与主要相关课程的关系详见表1。

主要的后续课程一览表　　　　　　　　　　表1

| 序号 | 后期的主要课程名称 | 需要掌握的知识和基本能力 |
| --- | --- | --- |
| 1 | 道路勘测设计 | 知识:平面设计、纵断面设计、横断面设计、选线、定线、公路外业勘测、公路交叉设计、公路现代测设技术等内容。<br>基本能力:通过本课程的学习,使学生掌握道路的平面、纵断面、横断面及道路线形组合设计的原理和方法;熟悉道路选线方法;掌握公路工程现场勘测的工作内容、要求和方法等,培养学生道路、桥梁、隧道等工程的施工放样技能,为学生从事公路勘测相关工作奠定基础 |
| 2 | 路基路面施工技术 | 知识:施工现场组织与管理;一般地基与特殊地基处理;排水工程施工;防护工程施工;路基施工;路面基层施工;沥青路面施工;水泥混凝土路面施工。<br>基本能力:通过本课程的学习,使学生了解路基路面工程材料特性、施工前的准备工作;掌握公路施工中各结构层及附属设施的施工工艺、施工方法、施工要求及质量控制检验方法,培养学生与实际相结合,解决实际问题的能力 |

续上表

| 序号 | 后期的主要课程名称 | 需要掌握的知识和基本能力 |
|---|---|---|
| 3 | 桥隧施工技术 | 知识：桥涵的发展概况、桥涵的类型、组成与构造；桥涵施工前准备工作、钢筋工程、混凝土工程、预应力工程、支架与模板等施工基础知识；桥涵构造图、钢筋图；桥涵上、下部结构施工方法、工艺流程及技术要点、质量标准等。隧道工程基础知识、隧道围岩的分级、隧道的组成构造、隧道的各种施工方法、隧道施工辅助作业以及隧道施工管理等。<br>基本能力：通过本课程的学习，使学生掌握桥涵工程的基本知识；掌握桥涵施工前准备工作；掌握桥涵上、下部结构施工的方法、施工工艺以及施工质量控制要点；根据国家现行施工技术规范、规程、标准进行桥梁施工组织与管理、解决桥梁施工技术问题等。熟悉隧道基本知识；掌握隧道围岩、隧道构造；了解隧道施工的各种施工工艺、特点；熟悉隧道施工管理的基本知识，能够从事与隧道工程有关的技术工作 |
| 4 | 公路工程试验与检测 | 知识：试验检测数据处理；桥涵工程材料、路基材料、路面基层材料、沥青面层材料试验检测方法；公路工程质量检验评定标准；路基路面现场测试技术；桥涵工程现场测试技术。<br>基本能力：通过学习使学生了解常用道路建筑材料的技术标准和试验方法的基本原理；掌握常用道路建筑材料的技术性质；掌握公路工程现场检测的技术要求、检测指标的定义及意义；掌握公路工程质量检验评定方法、检测方法及数据处理方法；能正确地进行现场检测操作，能正确地进行数据分析处理；会出具正确完整的检测报告 |
| 5 | 公路养护技术 | 知识：公路养护基础知识、路基路面养护技术、桥涵养护技术、公路沿线设施养护技术、养护管理等。<br>基本能力：通过本课程的学习，使学生能够正确识别病害；掌握路况巡查、检查以及特殊检查的方法，能够进行路况评定；掌握公路小修保养、大中修的施工方法；熟悉养护质量检测和验收程序要点，能够进行养护质量检测和验收工作 |

## 二、课程目标

### (一)总目标

通过本课程的学习，学生能够掌握公路工程的基本结构，准确掌握公路工程的基本概念，能识读公路各类结构图，具备本专业相关工种的基本职业能力和职业规划能力。同时，养成良好的职业道德、实事求是和耐心细致的工作态度,在此基础上形成以下职业能力。

## (二)知识目标

1. 能认知公路工程结构的基本知识和原理;
2. 能认知公路工程各项基本结构组成、技术性质以及特性。

## (三)能力目标

1. 能熟读路线的平面图;
2. 能熟读路线纵断面图;
3. 能熟读路基横断面图;
4. 能熟读路基、路面、桥梁、涵洞和隧道的结构图;
5. 能识别平面交叉的类型、立体交叉的类型;
6. 了解各类公路沿线设施的类型、构造和材料。

## (四)素质目标

1. 通过教师采用教具、模型、多媒体课件、工程照片、录像、动画等形象生动地讲解演示、使学生能具体感受到公路工程实体的存在,激发学生的学习兴趣,培养学生科学观察、独立思考、自主探究的良好学习习惯;
2. 培养科学、缜密、严谨、实事求是的工作作风;
3. 养成良好的职业道德、实事求是和不断求知的工作态度。

## 三、课程教学内容和建议学时(表2)

课程教学内容和建议学时　　　　表2

| 章　节 | 知识点与技能点 | | 知识目标 | 能力目标 | 教学实施建议 | 参考学时 |
|---|---|---|---|---|---|---|
| 第一章 总论 | 1.绪论 | 1.公路运输的特点 | 1.了解公路运输特点,以及我国公路发展概况; 2.掌握公路分级与组成; 3.理解公路设计的依据和设计阶段 | 学生能够运用所学知识区分和选用公路等级 | 1.结合工程实例,运用多媒体教学 2.小组讨论 | 4 |
| | | 2.我国公路发展概况 | | | | |
| | 2.公路功能、分级与设计依据 | 1.公路功能 | | | | |
| | | 2.公路分级 | | | | |
| | | 3.公路设计依据 | | | | |
| | 3.公路基本组成及公路工程设计阶段划分 | 1.公路基本组成 | | | | |
| | | 2.公路工程基本建设程序和设计阶段 | | | | |

续上表

| 章 节 | | 知识点与技能点 | 知识目标 | 能力目标 | 教学实施建议 | 参考学时 |
|---|---|---|---|---|---|---|
| 第二章 公路线形 | 1.公路平面线形 | 1.直线、圆曲线、回旋线<br>2.圆曲线超高、加宽<br>3.平曲线长度<br>4.视距<br>5.平面线形的基本组合<br>6.平面设计成果 | 理解并掌握公路平面、纵断面和横断面线形组成及其标准要求 | 1.学生能够识读公路平面、横断面和纵断面图；<br>2.学生会计算公路平曲线和竖曲线要素 | 1.运用多媒体结合工程图纸进行学习，边学边识别图纸<br>2.演示行车视距的技术概念和要求<br>3.小组讨论 | 6 |
| | 2.公路纵断面 | 1.纵断面设计图的内容<br>2.纵坡设计<br>3.竖曲线<br>4.纵断面设计成果 | | | | 4 |
| | 3.公路横断面 | 1.横断面设计内容与方法<br>2.横断面设计成果 | | | | 2 |
| 第三章 路基工程 | 1.路基概述 | 1.路基定义及基本要求<br>2.路基分类<br>3.路基宽度<br>4.路基高度<br>5.路基边坡<br>6.路基的结构层<br>7.中间带<br>8.路肩<br>9.路基横断面尺寸 | 1.理解路基的定义及基本要求；<br>2.掌握路基的分类<br>3.掌握路基的基本构造； | 1.学生能够熟练识读路基排水设计图； | 1.结合工程实例进行启发式教学<br>2.运用多媒体结合视频、图片、模型讲解<br>3.小组讨论 | 4 |

续上表

| 章　节 | | 知识点与技能点 | 知识目标 | 能力目标 | 教学实施建议 | 参考学时 |
|---|---|---|---|---|---|---|
| 第三章　路基工程 | 2.路基排水 | 1.地表排水设施 | 4.掌握路基地表、地下排水设施的类型；<br>5.掌握路基防护于加固的类型 | 2.学生能识读路基防护与加固设计图 | 4.参观实习,从实物中认识路基基本构造、排水设施及加固和防护 | 2 |
| | | 2.地下排水设施 | | | | |
| | 3.路基防护与加固 | 1.概述 | | | | 2 |
| | | 2.路基防护工程 | | | | |
| | | 3.路基加固工程 | | | | |
| 第四章　路面工程 | 1.路面概述 | 1.路面的基本要求 | 1.理解并掌握路面的基本要求及分类；<br>2.掌握路面结构层的划分、作用及要求；<br>3.掌握路面排水设施的类型；<br>4.掌握路面基层的分类及施工工艺流程；<br>5.掌握沥青路面、水泥混凝土路面的分类及施工工艺流程 | 1.学生能够识别沥青路面各个结构层；<br>2.学生能够识别水凝混凝土路面面板的构造 | 1.结合工程实例进行启发式教学<br>2.运用多媒体结合视频、图片、模型讲解<br>3.小组讨论<br>4.参观实习,从路面实物中认识路面的种类与构造 | 2 |
| | | 2.路面的分类 | | | | |
| | | 3.路面类型及结构形式选择 | | | | |
| | | 4.路面设计使用年限 | | | | |
| | | 5.路面结构及其层次划分 | | | | |
| | | 6.公路路面结构设计使用年限 | | | | |
| | 2.路面排水 | 1.路界地表排水 | | | | 2 |
| | | 2.路面内部排水 | | | | |
| | 3.路面基层和底基层 | 1.半刚性基层 | | | | 4 |
| | | 2.粒料稳定类基层 | | | | |
| | 4.路面面层 | 1.沥青路面 | | | | 4 |
| | | 2.水泥混凝土路面 | | | | |
| | | 3.块石类路面 | | | | |
| | | 4.砂石类路面 | | | | |

续上表

| 章 节 | | 知识点与技能点 | 知识目标 | 能力目标 | 教学实施建议 | 参考学时 |
|---|---|---|---|---|---|---|
| 第五章 桥涵工程 | 1.概述 | 1.桥梁的基本组成部分 | 1.理解并掌握桥梁的分类、基本组成和类型；<br>2.掌握钢筋混凝土空心梁（板）的分类及构造；<br>3.掌握桥面系的构造；<br>4.掌握桥梁墩台形式和构造；<br>5.掌握桥梁基础的种类；<br>6.掌握涵洞的组成、分类及构造 | 1.学生能够根据所学知识区分桥梁的类型；<br>2.能够区分桥梁结构构造；<br>3.学生能够根据所学知识明确常见涵洞的类型 | 1.结合工程实例进行启发式教学<br>2.运用多媒体结合视频、图片、模型讲解<br>3.小组讨论<br>4.参观实习，从桥涵实物中认识桥涵的种类与构造 | 2 |
| | | 2.桥梁的名词术语 | | | | |
| | | 3.桥梁的分类 | | | | |
| | | 4.桥梁施工方法的分类和选择 | | | | |
| | 2.桥梁上部结构 | 1.梁桥的上部构造 | | | | 4 |
| | | 2.拱桥的上部构造 | | | | |
| | | 3.桥面系构造 | | | | |
| | 3.梁桥支座 | 桥梁支座的分类及构造 | | | | 1 |
| | 4.桥梁下部结构 | 1.桥梁墩台的形式和构造 | | | | 4 |
| | | 2.桥梁基础的种类与构造 | | | | |
| | 5.涵洞 | 1.涵洞的定义、作用、组成和分类 | | | | 2 |
| | | 2.涵洞构造 | | | | |
| | | 3.公路常用涵洞的施工工艺流程 | | | | |
| 第六章 隧道工程 | 1.隧道工程概述 | 1.隧道的定义 | 1.理解并掌握隧道的定义与分类； | 1.学生能够根据所学知识，识别隧道的类型与构造； | 1.结合工程实例进行启发式教学 | 2 |
| | | 2.隧道的分类及作用 | | | | |
| | | 3.隧道衬砌、洞门与明洞、附属设施等的构造 | | | | |

续上表

| 章　　节 | | 知识点与技能点 | 知识目标 | 能力目标 | 教学实施建议 | 参考学时 |
|---|---|---|---|---|---|---|
| 第六章　隧道工程 | 2.隧道设备 | 1.隧道施工常用设备的类型与适用范围 | 2.掌握隧道衬砌、洞门与明洞等的构造；<br>3.了解隧道施工常用设备；<br>4.掌握隧道防排水方法；<br>5.掌握隧道的施工方法 | 2.学生能够根据隧道工程特点，选择施工设备及施工方法 | 2.运用多媒体结合视频、图片、模型讲解<br>3.小组讨论 | 2 |
| | | 2.隧道施工设备的构造与工作原理 | | | | |
| | 3.隧道的防水与排水 | 1.隧道防水与排水的基本要求、原则 | | | | 2 |
| | | 2.隧道防水与排水的常用方法 | | | | |
| | 4.隧道施工 | 1.隧道施工方法的选择及分类 | | | | 2 |
| | | 2.常用的施工方法 | | | | |
| 第七章　公路交叉 | 1.平面交叉 | 1.平面交叉的基本要求 | 1.理解公路交叉口的类型及基本要求；<br>2.掌握平面交叉的基本要求及平面交叉形式；<br>3.掌握立体交叉的设置要求及立体交叉形式 | 1.学生能够区分公路交叉的类型；<br>2.学生能够根据公路交叉的特点和适用范围选择公路交叉的类型 | 1.通过案例导入启发式教学<br>2.运用多媒体结合视频、图片讲解<br>3.小组讨论 | 2 |
| | | 2.平面交叉的形式 | | | | |
| | 2.立面交叉 | 1.立面交叉的设置要求 | | | | |
| | | 2.立面交叉的形式 | | | | |
| | 3.公路与其他路线交叉 | 1.公路与铁路交叉 | | | | |
| | | 2.公路与乡村道路交叉 | | | | |
| | | 3.公路与管线交叉 | | | | |

续上表

| 章　　节 | | 知识点与技能点 | 知识目标 | 能力目标 | 教学实施建议 | 参考学时 |
|---|---|---|---|---|---|---|
| 第八章　公路沿线设施 | 1.交通安全防护设施 | 1.护栏的设置位置、作用、分类、形式及选用原则 | 1.掌握交通安全防护设施的类型及作用；2.掌握交通标志标线的作用；3.掌握交通工程机电设施的类型 | 1.学生能够掌握交通工程防护设施的构造、形式选择；2.学生能够明了三大系统的作用、相互的关系；3.学生能够掌握通信系统传输方式优缺点，能够根据实际情况进行选择 | 1.通过案例导入启发式教学 2.采用多媒体通过视频、图片讲解 3.小组讨论 | 1 |
| | | 2.隔离栅的设置位置、作用、分类、形式及选用原则 | | | | |
| | | 3.防眩设施作用、设置要求及选用原则 | | | | |
| | | 4.视线诱导设施的作用、分类及设置位置 | | | | |
| | 2.道路交通标志与标线 | 1.道路交通标志的定义、作用、分类及支撑方式 | | | | 1 |
| | | 2.道路交通标志的定义、作用、分类及标划区分 | | | | |
| | 3.交通工程机电设施 | 1.交通监控系统的分类、功能、构成、监控内容及组织结构 | | | | 1 |
| | | 2.收费系统的分类、设备 | | | | |
| | | 3.通信系统的特点、基本组成及传输方式 | | | | |
| 实习实训课时 | | | | | | 10 |
| 总课时 | | | | | | 72 |

# 参 考 文 献

[1] 中华人民共和国行业标准. 公路工程技术标准：JTG B01—2014[S]. 北京：人民交通出版社股份有限公司，2014.
[2] 中华人民共和国行业标准. 公路路线设计规范：JTG D20—2017[S]. 北京：人民交通出版社股份有限公司，2017.
[3] 中华人民共和国行业标准. 公路路基设计规范：JTG D30—2015[S]. 北京：人民交通出版社股份有限公司，2015.
[4] 中华人民共和国行业标准. 公路路基施工技术规范：JTG/T 3610—2019[S]. 北京：人民交通出版社股份有限公司，2019.
[5] 中华人民共和国行业标准. 公路路面基层施工技术细则：JTG/T F20—2015[S]. 北京：人民交通出版社股份有限公司，2015.
[6] 中华人民共和国行业标准. 公路沥青路面施工技术规范：JTG F40—2004[S]. 北京：人民交通出版社，2004.
[7] 中华人民共和国行业标准. 公路水泥混凝土路面施工技术细则：JTG/T F30—2014[S]. 北京：人民交通出版社，2014.
[8] 中华人民共和国行业标准. 公路桥涵施工技术规范：JTG/T 3650—2020[S]. 北京：人民交通出版社股份有限公司，2020.
[9] 中华人民共和国国家标准. 道路交通标志和标线：GB 5768—2009[S]. 北京：中国标准出版社，2009.
[10] 中华人民共和国交通运输部. 公路工程标准施工招标文件(2018年版)[M]. 北京：人民交通出版社股份有限公司，2018.
[11] 中华人民共和国行业标准. 公路工程质量检验评定标准 第一册 土建工程：JTG F80/1—2017[S]. 北京：人民交通出版社股份有限公司，2017.
[12] 中华人民共和国行业标准. 公路交通安全设施设计规范：JTG D81—2017[S]. 北京：人民交通出版社股份有限公司，2017.
[13] 中华人民共和国行业标准. 公路交通安全设施施工技术规范：JTG/T 3671—2021[S]. 北京：人民交通出版社股份有限公司，2021.
[14] 中华人民共和国行业标准. 公路排水设计规范：JTG/T D33—2012[S]. 北京：人民交通出版社，2013.
[15] 中华人民共和国国家标准. 公路路线标识规则和国道编号：GB/T 917—2017[S]. 北京：中国标准出版社，2017.
[16] 刘治新. 公路工程基础[M]. 北京：人民交通出版社，2008.
[17] 刘治新，张风亭. 公路施工技术(上、下册)[M]. 北京：人民交通出版社，2014.
[18] 高红宾，舒国明. 公路概论[M]. 3版. 北京：人民交通出版社股份有限公司，2018.
[19] 王景峰. 路基路面施工与养护技术[M]. 2版. 北京：人民交通出版社股份有限公司，2019.
[20] 熊广忠. 公路工程施工质量监理手册[M]. 北京：知识产权出版社，中国水利水电出版社，2003.

[21] 韩山农.公路工程施工测量[M].北京:人民交通出版社,2004.
[22] 俞高明.公路施工技术[M].北京:人民交通出版社,2002.
[23] 沙庆林.高等级公路半刚性基层沥青路面[M].北京:人民交通出版社,1998.
[24] 全国造价工程师执业资格考试培训教材编审委员会.建设工程技术与计量(土建工程部分)[M].北京:中国计划出版社,2006.
[25] 白淑毅.桥涵设计[M].北京:人民交通出版社,2002.
[26] 姚玲森.桥梁工程[M].2版.北京:人民交通出版社,2010.
[27] 刘吉士,阎洪河,李文琪.公路桥涵施工技术规范实施手册[M].北京:人民交通出版社,2002.
[28] 王常才.桥涵施工技术[M].2版.北京:人民交通出版社,2007.
[29] 李新梅.桥涵施工与养护技术[M].北京:人民交通出版社,2005.
[30] 孙大权.公路工程施工方法与实例[M].北京:人民交通出版社,2003.
[31] 王书斌,杜群乐.公路路基施工要点与质量控制[M].北京:人民交通出版社,2005.
[32] 李辅元.桥梁工程[M].2版.北京:人民交通出版社,2013.
[33] 许金良,等.道路勘测设计[M].5版.北京:人民交通出版社股份有限公司,2019.